Intelligent Open Finance

Gerrit Heinemann • Jana Bartholomäus •
Sebastian Bleil

Intelligent Open Finance

Intelligente und integrierte Plattformlösungen im Banking

2., vollständig überarbeitete Auflage

Springer Gabler

Gerrit Heinemann
eWeb Research Center
Hochschule Niederrhein
Mönchengladbach, Deutschland

Jana Bartholomäus
FINMAS GmbH
Berlin, Deutschland

Sebastian Bleil
FINMAS GmbH
Berlin, Deutschland

ISBN 978-3-658-47924-4 ISBN 978-3-658-47925-1 (eBook)
https://doi.org/10.1007/978-3-658-47925-1

Die Deutsche Nationalbibliothek verzeichnet diese Publikation in der Deutschen Nationalbibliografie; detaillierte bibliografische Daten sind im Internet über https://portal.dnb.de abrufbar.

Planung/Lektorat: Barbara Roscher
Springer Gabler ist ein Imprint der eingetragenen Gesellschaft Springer Fachmedien Wiesbaden GmbH und ist ein Teil von Springer Nature.
Die Anschrift der Gesellschaft ist: Abraham-Lincoln-Str. 46, 65189 Wiesbaden, Germany

Vorwort zur 2. Auflage

Die Payment Service Directive 2 (PSD2) der EU gilt als Startschuss für das Open Banking, das neben künstlicher Intelligenz (KI) als das wohl wichtigste Zukunftsthema für den Finanzsektor gilt. Die erhofften Potenziale von PSD2 blieben bisher jedoch weitgehend ungenutzt. Jetzt soll PSD3 bzw. die EU Payment Regulation neuen Schwung in die Umsetzung bringen. Für die Banken geht es insbesondere um die Frage, ob sie sich auch bei komplexen Bankprodukten entweder von FinTechs oder von branchenfremden Plattformen Geschäft entgehen lassen wollen oder aber mit einer eigenen und wettbewerbsfähigen Plattformlösung kontern können. Im Gegensatz zur Zeit vor der Covid-Pandemie erfordert das Open Banking aktuell jedoch den verstärkten Einsatz von KI-Anwendungen und -Ökosystemen, um für die Kunden weiterhin relevant zu bleiben. Hinzu kommt, dass Pandemie und Dauerkrisen das Kaufverhalten maßgeblich verändert haben. Es ist derzeit preisgetrieben und geprägt von Kaufzurückhaltung und Ängsten, die auch den Einsatz von KI betreffen.

Wie zuerst im Einzelhandel praktiziert, wechseln die Kunden mittlerweile auch bei Finanzprodukten im Kaufprozess selbstbestimmt den Kanal und erzwingen damit die Integration aller Vertriebskanäle („Kanal egal"). Da Plattformen und „Marktplätze" im Retail weiterhin an der Spitze der Angebots- und Prozess-Digitalisierung stehen und unentwegt Marktanteile gewinnen, ist dies auch für den Bankensektor zu erwarten – allerdings in veränderter Form. So erscheint der stationäre Vertrieb im Banking zwar unersetzbar für Kaufabschlüsse, das Online-Geschäft dient allerdings als Schlüssel für die Geschäftsanbahnung. Insofern bleiben die Plattformökonomie und branchenfremde Trends aus dem Retail-Sektor äußerst relevant für Finanzdienstleister. Größter Hemmschuh für die Umsetzung der Zukunftsthemen rund um das Open Banking bleiben jedoch die Organisation und die IT-Infrastruktur und dabei vor allem Datensilos und Defizite bei der Informationsqualität. Dies bestätigt auch eine Sparkassenbefragung, die im September 2024 exklusiv für das vorliegende Buch durchgeführt wurde und wichtige Erkenntnisse für die Umsetzung von Open Finance liefert.

Das Werk „Intelligent Open Finance" soll Banken bzw. Sparkassen wichtige Hinweise geben und sie dabei unterstützen, die schon in anderen Branchen gemachten Fehler bei der Umsetzung der Plattformökonomie zu vermeiden. Diesbezüglich sollen auch die wichtigsten Trends und Entwicklungen aus anderen Branchen aufgezeigt werden, die für Banken relevant sind. Dazu zählen vor allem App-basierte Plattformmodelle und KI-Anwendungen.

Unser Dank gebührt der FINMAS GmbH, die mit der gleichnamigen Studie „Intelligent Open Finance“ die Initialzündung für die zweite Auflage des vorliegenden Buches gab. Zudem möchten wir gern darauf verweisen, dass es unser vordringlichstes Anliegen war, mit diesem Buch eine Brücke zwischen Theorie und Praxis zu bauen und es entsprechend benutzerfreundlich zu gestalten. Sollten wir diesem Anspruch nicht genügt haben, bitten wir um entsprechendes Feedback.

Mönchengladbach, Deutschland
Berlin, Deutschland

Gerrit Heinemann
Sebastian Bleil
Jana Bartholomäus

Vorwort zur 1. Auflage

Die digitale Revolution stellt gerade den Bankensektor auf den Kopf. Den letzten Kick dazu dürfte vor allem die neue Zahlungsdienstrichtlinie der EU, die zweite Payment Service Directive (PSD2), gegeben haben, die am 14. September 2019 in Kraft getreten ist. Sie soll den Wettbewerb verstärken und die Teilnahme von Nichtbanken am Zahlungsverkehr unter gleichen Wettbewerbsbedingungen erhöhen. Was aus Verbrauchersicht durchaus von Vorteil sein kann, bedeutet für die Bankenwelt eine enorme Zäsur und bricht deren bisher lukratives Monopol beim Zugriff auf Kontodaten. So müssen Finanzdienstleiter künftig auch Drittanbietern wie Finanz-Start-ups bzw. FinTechs den Zugang auf Konten und Daten ihrer Kunden ermöglichen. Dies geht mit der Pflicht einher, zu diesem Zweck PSD2-konforme Schnittstellenlösungen (sogenannte „Application Programming Interfaces" (API)) bereitzustellen. Es verdeutlicht auch die Möglichkeiten der Banken, über entsprechende APIs spezielle Online-Banking-Angebote zu realisieren. Wer allerdings weiß, wo und wie viel Geld Privatkunden liegen haben und wofür sie es ausgeben, kann ihnen schnell und einfach weitere Dienste wie u. a. Kredite, Versicherungen, Baufinanzierungen oder Wertpapiere anbieten. Im Mittelpunkt steht demnach der Bankkunde, der sich bereits umfassend im Netz über Finanzprodukte informiert, auch wenn er vielfach sein Konto (noch) bei Traditionsbanken oder Sparkassen hat.

Für Banken geht es jetzt schlicht und ergreifend darum, sich entweder von FinTechs oder branchenfremden Plattformen, deren Gebührenmodelle in der Regel hochattraktiv für Endkunden sind, nun auch bei komplexen Bankprodukten die Butter vom Brot nehmen zu lassen oder aber mit einer eigenen und wettbewerbsfähigen Plattformlösung zu kontern. Jedoch ohne zeitraubende Experimente, denn die FinTechs und vor allem externe Plattformen wie Google und Facebook nehmen die Bankkunden bereits ins Visier. „Banken haben Angst vor Kundenabwanderung", schrieb die FAZ treffend am 19. November 2019. Das offenbart ein großes Dilemma der Traditionsbanken: Ausschließlich die Digitalisierung ermöglicht es, die traditionelle Bankenwelt auf sinnvolle Art neu zu erfinden und die schleichende Kundenabwanderung zu den FinTechs und bankenfremden Plattformen zu verhindern. Dies erfordert allerdings eine konsequente Kursänderung und enorme Investitionen sowie digitalen Sachverstand. Dieser ist in den IT-Abteilungen der Banken bisher kaum vorhanden, auch wenn hier bereits enorm investiert wurde. Allerdings nicht in die Zukunft, sondern eher in die Regulatorik, die bis zu 80 % der IT-Kapazitäten bei Großbanken und Sparkassen in Deutschland bindet. Das sollte der Gesetzgeber wissen, vor allem wenn bankenfremde Anbieter diese Regeln nicht einhalten müssen. Banken und Sparkassen sollte gesagt sein, dass es bereits schlagkräftige B2B2C-White-Llabel-Lösungen für Plattformmodelle im Banking gibt, die einen kooperativen Ansatz möglich machen, sodass blutige Nasen und zeitfressende Experimente überflüssig sind. Denn die Zeit drängt, zumal Amazon schon den Verkauf von Versicherungsprodukten über die eigene Plattform testen soll. Insofern kommt jetzt das Plattformthema in geballter Ladung auf die Banken und Sparkassen zu, und zwar nicht nur über die bereits existierenden Marktplätze und Vergleichsseiten à la Amazon, Check24 oder Verivox, sondern höchstwahrscheinlich auch aus der Bankenwelt selbst.

Das vorliegende Werk will Banken bzw. Sparkassen diese Angst nehmen und sie dabei unterstützen, die schon in anderen Branchen gemachten Fehler bei der Umsetzung der Plattformökonomie zu vermeiden. Dazu sollen die wichtigsten Plattformmodelle anderer Branchen skizziert und systematisch aufgezeigt werden, welche Geschäftsmodelle und Optionen plattformökonomisch im Banking zur Verfügung stehen.

Unser Dank gebührt der FINMAS GmbH, die mit der Studie „Plattformökonomie im Banking“ die Initialzündung zu diesem Buch gab. Zudem möchten wir gerne darauf verweisen, dass es unser vordringlichstes Anliegen war, mit diesem Buch eine Brücke zwischen Theorie und Praxis zu schlagen und es maximal benutzerfreundlich zu gestalten. Sollten wir diesem Anspruch nicht genügen, bitten wir um Nachsicht, aber auch um entsprechendes Feedback.

Mönchengladbach, Deutschland
Berlin, Deutschland

Gerrit Heinemann
Klaus Kannen
Sebastian Bleil

Inhaltsverzeichnis

Die Autoren

Prof. Dr. Gerrit Heinemann ist Professor für Betriebswirtschaftslehre, Management und Handel an der Hochschule Niederrhein und leitet dort das eWeb Research Center.

Sebastian Bleil leitet als Prokurist den Geschäftsbereich Kredit bei der FINMAS GmbH.

Jana Bartholomäus leitet als Prokuristin den Geschäftsbereich Plattformökonomie & Immobilie bei der FINMAS GmbH.

Abkürzungsverzeichnis

AI	Artificial Intelligence
App	Applikation
API	Application Programming Interface
AR	Augmented Reality
B2B	Business-to-Business
B2C	Business-to-Consumer
BaaP	Banking-as-a-Product
BaaS	Banking-as-a-Service
bevh	Bundesverband E-Commerce und Versandhandel
C2C	Customer-to-Customer
CBC	Customer Buying Cycle
CEO	Chief Executive Officer
CFPB	Consumer Financial Protection Bureau
CRM	Customer Relationship Management
CX	Customer Experience
D2C	Direct-to-Customer
EDI	Electronic Data Interchange
ERP	Efficient Replenishment
EU	Europäische Union
FDL	Finanzdienstleistung/Finanzdienstleister
FDX	Finanzdatenaustausch
FOMO	Fear of Missing Out
GMV	Gross Merchandise Volume
IoT	Internet of Things
IT	Informationstechnologie
KI	Künstliche Intelligenz
KYC	Know Your Customer
LBS	Location-based Services
NLP	Natural Language Processing
PFM	Personal Financial Management

PoS	Point of Sale
PSD2	Payment Service Directive 2
PSD3	Payment Service Directive 3
PWA	Progressive Web Apps
QR	Quick Response
ROPO	Research online – purchase offline
RPA	Robotic Process Automation
SERP	Search Engine Result Page
SFG	Sparkassen-Finanzgruppe
USP	Unique Selling Proposition
UX	User Experience
VR	Virtual Reality
XS2A	Access to Account

Standortbestimmung der Plattformökonomie

1

Zusammenfassung

Die Bankenbranche steht vor großen Herausforderungen. Plattformen und digitale Technologien sowie die dadurch initiierte Veränderung des Kundenverhaltens lassen einen rasanten Wandel im Banking erkennen. Dieser erinnert an die digitale Disruption bankenfremder Branchen durch Firmen, die als Vorreiter in der Plattformökonomie gelten: Google, Amazon, Meta/Facebook und Apple stehen mit ihrer dominanten Marktstellung im Zentrum der digitalen Ökonomie, weswegen die sogenannte Plattformökonomie auch als „GAFA- bzw. GAMA-Ökonomie“ bezeichnet wird.

Im Gegensatz zu Portalen sind Plattformen transaktionsorientiert und treten in der Regel als Vermittler in Form eines Marktplatzes („E-Connection“) auf, wobei Netzwerkeffekte eine Skalierung ermöglichen. Je mehr Besucher eine Plattform hat, desto interessanter ist sie für Anbieter, die diese gegen Vergütung als Intermediär nutzen, was weitere Investitionen in die Plattform ermöglicht und damit deren Expansion antreibt. Dabei sind in der bankenfremden Plattformökonomie bereits vielfältige Geschäftsmodelle identifizierbar, zum Beispiel Werbeplattformen wie Google, Cloud-Plattformen wie Dropbox, Industrieplattformen wie MindSphere, Produktplattformen wie eBay sowie schlanke Plattformen wie Flixbus (Heinemann et al., 2021).

Auch Banken werden sich im Zuge der Einführung der Pattformökonomie radikal ändern (müssen). Noch gibt es allerdings viele Spekulationen darüber, wie diese Veränderungen genau aussehen werden. In bankenfremden Konsumgütermärkten ist das Internet bereits zum dominierenden Informationskanal für den Kauf geworden. Das Netz bildet heute auch bei Käufen im stationären Einzelhandel bereits mehrheitlich einen wesentlichen Teil des Kaufprozesses ab. Die Mehrzahl der Kunden nimmt dabei zuerst

G. Heinemann et al., *Intelligent Open Finance*,
https://doi.org/10.1007/978-3-658-47925-1_1

über Online-Suche und Online-Vergleiche die Produktauswahl und danach erst die Anbieterauswahl vor. Sie wechseln selbstbestimmt die Kauf- und Kommunikationskanäle im Kaufprozess und erzwingen damit eine Integration aller Vertriebskanäle (Omnichannel-Konzepte). Denn nur 12 % der Deutschen kaufen ausschließlich in Geschäften und nur gelegentlich online ein. Der Großteil setzt also auf Omnichannel-Optionen. Dies deckt die aktuelle Studie der Einzelhandelsberatung Retail Economics auf, die im Auftrag von Packlink und Metapack veröffentlicht wurde (Packlink, 2024). Dementsprechend reagiert der Handel mit Omnichannelling und weist damit den Finanzdienstleistern den Weg.

1.1 Wesen der Plattformökonomie und Begriffsabgrenzungen

1.1.1 Banken im Wandel: Plattform werden oder sterben

Niemand kann vorhersagen, wie der Bankensektor in zehn oder gar zwanzig Jahren aussehen wird. Dabei ist die Frage, ob Banken in derselben Form wie heute noch existieren werden, mehr als berechtigt. Die Mehrzahl der Bankmanager erwartet, dass nur rund die Hälfte aller Banken die technologischen und sozialen Entwicklungen überleben wird. Insofern wird deutlich, dass disruptive Technologien, Innovationen sowie Veränderungen im Kundenverhalten erhebliche Auswirkungen auf die Zukunft der Banken haben werden. Eines ist allerdings jetzt schon klar: Die rasante Entwicklung von FinTechs zeigt, dass die Plattformökonomie bereits in der Bankenwelt angekommen ist (Feiler, 2019; Seidel, 2019; Heinemann et al., 2021).

Spätestens seit der Finanzkrise von 2007/2008 liegt eine regelrechte digitale Götterdämmerung über der Bankenwelt. Zweifelsohne wurde der damalige Zusammenbruch des Bankensystems durch die digitale Revolution mitverursacht. Seither ist die Zahl der Bankfilialen in Deutschland im freien Fall und hat sich seit 1997 von über 63.000 auf weniger als 20.000 gedrittelt – so der Bankstellenbericht 2023 (Bundesbank Bankstellenbericht 2024). Dies zeigt, dass die Bankensphäre eine andere geworden ist. Längst ist nicht mehr nur in der akademischen und publizistischen Welt eine Diskussion darüber entbrannt (davon zeugen Buchtitel wie Jonathan McMillans „Das Ende der Banken: Warum wir sie nicht brauchen“ von McMillan, 2018), sondern auch in den Vorstandsetagen der Banken (Kremer, 2018; Heinemann et al., 2021).

Tatsache ist, dass innovative digitale Finanzdienstleister bereits einen Großteil des Produktangebots großer Banken abdecken (Rehfisch, 2018; Heinemann et al., 2021). Ob beim Payment und im Zahlungsverkehr, im Finanzierungs- und Kreditvergabeprozess oder in der Immobilien- und Versicherungsbranche (PropTech und InsureTech), in nahezu allen Produktkategorien gibt es digitalbasierte Alternativen. Dabei setzen FinTechs nicht selten an den Schwachstellen der Banken an und definieren Banking oftmals neu. Der Einsatz von Cloud-Technologien und mobilen Service-Angeboten ermöglicht es beispielsweise Kunden, die keinen unmittelbaren Zugang zum Filialnetz einer Bank haben, via App ihre Bankgeschäfte zu erledigen. Ihre Kreditwürdigkeit wird automatisiert von Algorithmen ermittelt, die dann auch die Tilgungsraten festlegen (Rehfisch, 2018; Heinemann et al., 2021). Vor allem unter jüngeren Kunden gelten FinTechs mit ihren innovativen Banking-Prozessen und Customer-Journey-Analysen als wesentlich agiler und kundenorientierter. Insofern ist es für Banken von existenzieller Bedeutung, eine nachhaltige Digitalisierungsstrategie zu entwickeln. Die heutige Erwartungshaltung der Kunden an Service und Geschwindigkeit kann nur durch eine plattform- und bereichsübergreifende Datenvernetzung erfüllt werden, wie sie es von Start-ups in anderen Bereichen bereits gewohnt sind. Insofern haben FinTechs bereits die Potenziale genutzt, die Banken teilweise noch gar nicht auf dem Schirm, zumindest aber noch nicht umgesetzt haben (Rehfisch, 2018; Heinemann et al., 2021). Online-Banking oder Kundenberatung über Videochat und „digitale Kirmes mit Blingbling" genügen nicht mehr.

Ähnlich den Warenhäusern im Einzelhandel stellen nunmehr die Großbanken und Sparkassen Dinosaurier dar, die sich entweder als Plattform ganz schnell neu erfinden müssen oder aber zum Sterben verurteilt sind. Die Entwicklung erinnert stark an den Wandel im Handel, denn auch hier verliert der stationäre Einzelhandel an Bedeutung, während das Online-Geschäft weiter wächst. Dabei bilden Plattformen die Spitze der Angebots- und Prozess-Digitalisierung (Heinemann et al., 2021; Heinemann, 2024).

1.1.2 Begriffsdefinitionen im E-Commerce

Unter dem Begriff Plattform werden bisher sehr unterschiedliche Dinge verstanden, und nicht selten werden sie mit völlig anderen Erscheinungsformen des Internets vermischt (Heinemann et al., 2021; Heinemann, 2024). Diese Vermischung wirft allerdings mit jeder Bilanzveröffentlichung von Amazon, Zalando & Co. Fragen auf.

Vor allem die mehr oder weniger synonyme Verwendung der Begriffe E-Commerce und Online-Handel führt zu einem regelrechten Zahlenwirrwarr. So lässt sich nachweisen, dass die B2C-E-Commerce-Umsätze rund viermal höher sind als die bisher publizierten B2C-Online-Handelsumsätze. Beträchtliche B2C-Umsätze kommen z. B. durch Online-Reisebuchungen, Reiseticketverkäufe für Flug und Bahn, Ausgaben für DSL-Verträge, das Online-Banking, die Online-Assekuranz, Medieninhalte bzw. Downloads sowie E-Vermittlungen wie Dating-Dienste oder Online-Maklergeschäfte zustande. Die von den Statistikern geschätzten B2C-Online-Umsätze von Apple beinhalten z. B. durchweg keine iTunes-Umsätze. Auch Abo- bzw. Subscription-Einnahmen fallen in der Regel durch den Erfassungsrost: Einmal abgesehen von den Amazon-Prime-Gebühren, die der Online-Gigant hierzulande abrechnen und wahrscheinlich in Luxemburg verbuchen dürfte, schlägt u. a. auch Netflix mit erheblichen Abo-Umsätzen in Deutschland zu. Bei einem Gesamtumsatz von rund 33,7 Mrd. US-Dollar setzt der Streaming-Dienste-Anbieter entsprechend seiner Länder-Proportionen hierzulande wohl mindestens 2 Mrd. € um. Und es geht weiter: In der Regel werden Liefergebühren und sonstige Verkaufs-Dienstleistungen nicht dem Online-Handel zugeordnet, obwohl sie eigentlich im Zusammenhang mit Warenumsätzen stehen und schnell zweistellige Anteile der veröffentlichten Online-

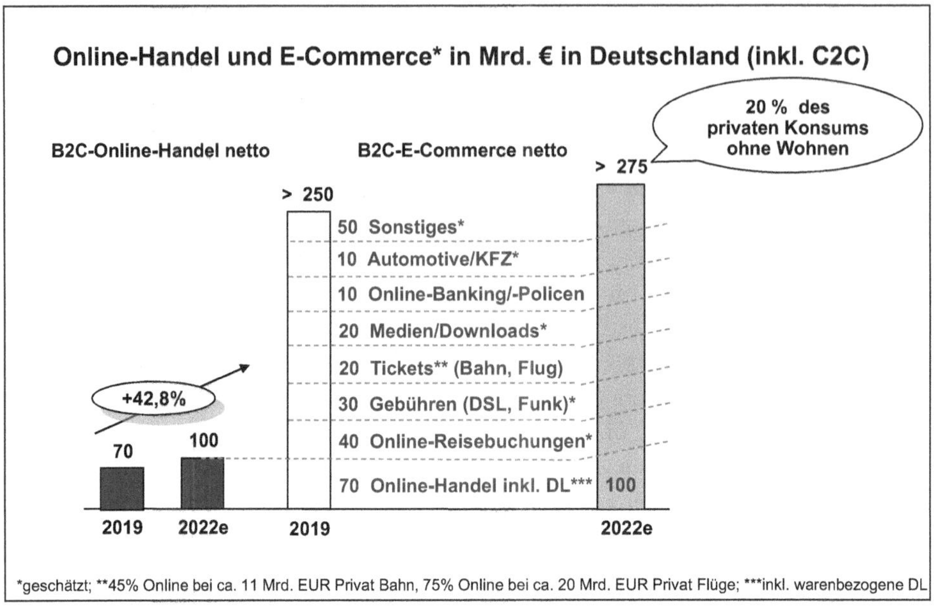

Abb. 1.1 Umsätze des B2C-Online-Handels versus E-Commerce. (Schätzungen auf Basis von bevh, 2019, 2022; IfH-Prognose, 2022)

Handelsumsätze ausmachen. Sie sollten deswegen zumindest dem B2C-E-Commerce zugerechnet werden. Gleiches gilt für Automotive-Anbieter und den Kfz-Handel, vor allem den Handel mit Gebrauchtwagen, der nicht dem Einzelhandel zugerechnet wird. Wie Abb. 1.1. 1 zeigt, ist der E-Commerce-Umsatz nahezu dreimal so groß wie der Online-Handelsumsatz. Dieser macht mehr als 10 % des gesamten privaten Konsums in Deutschland aus (Abb. 1.1). Im Vergleich dazu machen die Einzelhandelsausgaben rund ein Viertel des privaten Konsums aus (Umweltbundesamt, 2018; HDE, 2019; Statista, 2019; Destatis, 2022). Neben dem rund 100 Mrd. € großen Online-Handelsumsatz kommen im E-Commerce noch ca. 40 Mrd. € für Online-Reisebuchungen (40 % Online-Buchungen auf rund 100 Mrd. € Gastgewerbe- und Tourismusumsatz in Deutschland), 30 Mrd. € für Internetnutzung und -anschlüsse, 20 Mrd. € für Bahn- und Flugtickets (5 Mrd. € B2C-Online-Umsatz Bahn und 15 Mrd. € B2C-Online-Flugbuchungen), 20 Mrd. € für Medien und Downloads (50 % online von 40 Mrd. € im B2C), 10 Mrd. € für Online-Banking, Bankprodukte bzw. Versicherungen (geschätzt inklusive Gebühren für 65 Mio. Online-Girokonten), 10 Mrd. € für Automotive und Kfz-Vermittlungen sowie 50 Mrd. € für den Rest wie unter anderem Gastronomie/Lieferservices, Mitgliedschaften oder Partnervermittlung hinzu (bevh, 2019; Destatis, 2022).

Online-Banking ist ein Teil des E-Commerce, auch wenn Zahlungsdienste im Online-Handel abgewickelt werden. Um den Überblick zu erleichtern, soll hier deshalb zunächst eine umfassende Begriffsabgrenzung vorgenommen und klar zwischen E-Business,

E-Commerce, Online-Handel, Online-Shop, Website, Internetplattform, Plattform, Marktplatz und Portal differenziert werden.

Electronic Business (E-Business) ist die integrierte Ausführung aller automatisierbaren Geschäftsprozesse eines Unternehmens mit Hilfe der Informations- und Kommunikationstechnik (Wikipedia „E-Business", 2019). E-Commerce ist ein wichtiger Bestandteil des E-Business, da es im Frontend die Transaktions-Kontaktstelle gegenüber den Kunden darstellt. E-Business umfasst aber auch alle anderen Aktivitäten bzw. Funktionen im Rahmen der virtuellen Wertschöpfung, wie zum Beispiel Fabrik-4.0, Logistik-4.0 oder E-Procurement inklusive Electronic Data Interchange (EDI) (Heinemann, 2020b, 2024).

Electronic Commerce (E-Commerce) kann als Teil des Electronic Business (E-Business) angesehen werden und beinhaltet den Kauf und Verkauf von Waren und Leistungen über elektronische Verbindungen. Es handelt sich dabei um jede Art von geschäftlichen Transaktionen (z. B. Verkauf oder Kauf von Waren und Dienstleistungen) sowie um elektronisch abgewickelte Geschäftsprozesse (z. B. Werbung, „After-Sales-Services", Online-Banking), bei denen die Beteiligten auf elektronischem Wege (z. B. über das Internet oder Netzwerke von Mobilfunkanbietern) miteinander interagieren und nicht in direktem physischem Kontakt bzw. Austausch stehen (Kollmann, 2019). E-Commerce umfasst auch den **Mobile Commerce** (M-Commerce), welcher sich auf Transaktionen über Smartphones bezieht. Elektronisch abgewickelte Geschäftsprozesse, bei denen die Beteiligten auf elektronischem Wege kommunizieren, wie z. B. im Kundenservice und Online-Banking, zählen ebenfalls zum E-Commerce, soweit sie mit Transaktionen verbunden sind. Ansonsten sind sie dem E-Business zuzurechnen, wodurch nicht selten begriffliche Überschneidungen und Unsauberkeiten entstehen (HDE, 2019; Heinemann, 2024).

Online-Handel beinhaltet als Teil des E-Commerce den Kauf und Verkauf von Waren auf elektronische Weise. Dabei ist der B2C- und B2B-Online-Handel zu unterscheiden, wobei der B2B-Online-Handel dem Electronic Wholesale entspricht (Heinemann, 2020b). B2C-Online-Handel bezieht sich ausschließlich auf die auch im Einzelhandel getätigten Warenumsätze, also nicht Apotheken und KFZ-Handel, die dem B2C-E-Commerce zuzurechnen sind. Beides erfolgt auf Basis eines eigenen Online-Shops und ist aus der Perspektive des Verkäufers vom Verkauf auf externen Marktplätzen bzw. Plattformen abzugrenzen (Heinemann, 2020b). Online-Handel ist nicht mit Online-Shop, Website und/oder Internetplattform gleichzusetzen (Heinemann, 2019, 2024):

Ein **Online-Shop** bzw. Web-Shop sieht im Gegensatz zur Website stets auch eine elektronische Transaktion bzw. Kaufmöglichkeit vor. Private oder gewerbliche Kunden (B2C oder B2B) können dort in Form des Distanzhandels einkaufen, und zwar sowohl physische Produkte als auch Rechte, Lizenzen oder Services wie z. B. Bankprodukte und Versicherungen. Das Online-Banking ermöglicht zwar digitalbasierte Transaktionen, sieht allerdings keine direkte Kaufmöglichkeit von Bankprodukten vor (Heinemann 2019, 2024).

Eine **Website** ist die – unter einer bestimmten Domain zusammengefasste – Präsenz eines privaten oder unternehmerischen Akteurs im Internet. Zur Webpräsenz (Webauftritt, Webangebot) gehören Homepages, Webseiten und optional vorhandene Downloads. Dabei sind im Gegensatz zum Online-Shop keine Transaktionen vorgesehen (Wikipedia „Website“, 2019; Heinemann, 2024).

Die Begriffe **Internetplattform**, Internetauftritt, Internetpräsenz, Website und Webpräsenz werden häufig synonym verwendet. Allerdings ist eine Internetpräsenz weiter gefasst als eine Webpräsenz, die nur Webanwendungen beinhaltet. Eine Internetplattform umfasst auch Dienste wie u. a. E-Mails. Plattformen/Plattformmodelle – auch in Verbindung mit der Plattformökonomie – umfassen allerdings weit mehr, als der Begriff Internetplattform aussagt (Wikipedia „Website“, 2019; Heinemann, 2024).

Portale bieten keine direkte Einkaufsmöglichkeit und gelten eher als Anzeigenwebsites. Preisvergleichsportale (billiger.de, guenstiger.de, idealo.de etc.), eBay-Kleinanzeigen oder Craigslist-Kleinanzeigen lassen sich als Beispiele aufführen. Sie bündeln Angebote und werden überwiegend gezielt aufgesucht (Reyes, 2017; Heinemann 2019, 2024).

Ein **Plattformmodell** stellt eine Aggregation verschiedener Unternehmensleistungen dar und ist eindeutig transaktionsbasiert. Dabei können sich die Geschäftskonzepte deutlich unterscheiden: Es kann sich um erweiterten E-Commerce handeln, wie z. B. bei der Amazon-Plattform, wobei das ursprüngliche Handelsgeschäft um Video- und Musik-Dienste erweitert wurde. Denkbar ist aber auch E-Context wie bei Suchmaschinen, E-Content wie bei Verlagen oder aber E-Connection wie bei Marktplätzen. Auch im B2B-Geschäft sind Plattformen zur Vermittlung von Geschäften oder zum Finden von Lieferanten (z. B. Frachtvermittlungsplattform) denkbar (Kollmann, 2013, 2019; Käppler, 2017; Kolbrück, 2019; Heinemann, 2024).

Ein **Online-Marktplatz** stellt eine Plattform dar, die gewöhnlich Waren verschiedenster Anbieter gebündelt unter einer Marke oder Domain gegen eine Provision an Kunden vermittelt („E-Connection“). Alibaba, eBay oder der Amazon Marketplace sind Beispiele. Sie listen Angebote sehr vieler Anbieter in marktplatzeigenen Kategorien. Dabei sind strukturierte Marktplätze mit Branchenfokus (z. B. Schuhe.de) sowie offene Marktplätze mit universaler Auswahl (z. B. eBay) zu unterscheiden. Obwohl Marktplätze Intermediäre und nicht Online-Händler sind, findet durch sie initiiert immer auch Online-Handel statt, und zwar bei den Marktplatzpartnern. Dies sollte auch deswegen betont werden, weil die Marktanteilsgewinne der Marktplätze gegenüber den Online-Pure-Playern derzeit erneut Stimmen aus dem Marktforschungs-Establishment – unter Beifall etlicher Traditionshändler – aufflammen lassen, die der Ansicht sind, es sei nun das Ende der Fahnenstange im Online-Handel und/oder E-Commerce erreicht. Dabei wird unterstellt, dass auf Marktplätzen – bzw. durch diese vermittelt – kein Online-Handel stattfindet, wodurch die betroffenen Umsätze in der Regel nicht berücksichtigt werden. Weder die EHI-Online-Shop-Rankings noch die Destatis-Zahlen erfassen die Gross Merchandise Volumes (GMVs) der Plattformen. Dahinter stehen aber immer auch echte Online-Umsätze von Sellern, die den Marktplatzbetreibern Provision bezahlen. Dafür benötigen sie nicht zwingend einen eigenen Online-Shop, sondern präsentieren sich und ihre Waren – so auch etliche eBay-Powerseller – mitunter nur auf Marktplätzen. Die auf einem Marktplatz von einem Seller realisierten Online-Umsätze dürfen aber keinesfalls unberücksichtigt bleiben. Bisher tauchen z. B. in keiner Statistik hierzulande der echte Marktplatzumsatz von Amazon und der tatsächliche durch eBay vermittelte Online-Umsatz auf. Aus dem in Deutschland erzielten eBay-Provisionsumsatz von rund 1 Mrd. € lässt sich ein Netto-Handelsvolumen von mindestens 12 Mrd. € errechnen, was auf rund 11 Mrd. Online-Umsatz der Handelspartner schließen ließe. Das entsprechende Online-Handelsvolumen von Amazon dürfte bei mindestens 43 Mrd. € liegen (Heinemann, 2024).

Von allen Erscheinungsformen liegen Plattformen zweifelsohne am stärksten im Trend. Sie begründen die **Plattformökonomie**, die jetzt auch im Bankensektor Einzug hält (Heinemann & Kannen, 2020). Die Plattformökonomie folgt der Theorie zweiseitiger Märkte. Dabei werden zwei Interaktionspartner miteinander verbunden, ähnlich wie bei Börsen oder Auktionen. Je mehr Besucher eine Plattform hat, desto interessanter ist sie für Anbieter, die gegen Vergütung die Plattform als Intermediär nutzen. Insofern sind indirekte Netzwerkeffekte zwischen den Partnern typisch, die für eine Skalierung ursächlich sind und die Umsätze treiben, die wiederum Investitionen in die Plattform ermöglichen, was wiederum immer mehr User anzieht (Herda et al., 2018; Heinemann 2019). Dadurch werden sogenannte Netzwerkeffekte in Gang gesetzt. Airbnb bietet zum Beispiel Vermietern an, Wohnungen einer großen Anzahl von Urlaubern zur Verfügung zu stellen, und unterstützt diese bei der Anbahnung des Geschäfts, während die Urlauber eine oft günstigere Alternative zu Hotels in attraktiven Wohnlagen erhalten (vgl. Abb. 1.2). So ist das Angebot der Plattformen für beide Seiten attraktiv (Herda et al., 2018).

Im Grunde stellt die Plattformökonomie ein Geschäftsmodell dar, das mittels Informationstechnologie zweiseitige Märkte abbildet und wertschöpfende Interaktionen zwischen externen Anbietern und Kunden ermöglicht. Kernfunktion ist, mit offener Infrastruktur einen einfachen Zugang für die Interaktionspartner anzubieten. Dabei werden

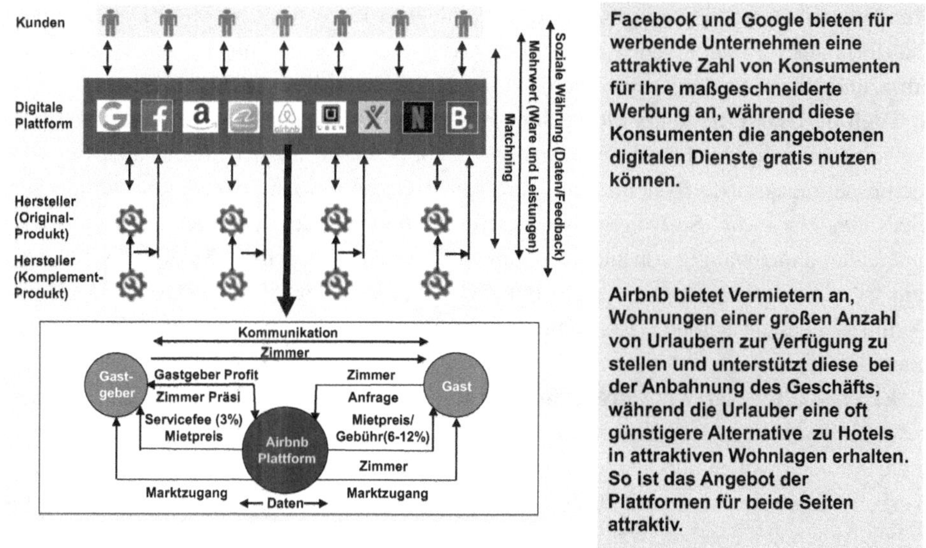

Abb. 1.2 Prinzip der Plattformökonomie am Beispiel Airbnb. (In Anlehnung an Herda et al., 2018)

Standards festgelegt und dann ein „Matching“ realisiert. Die Bereitstellung von Waren/ Diensten erfolgt auf Basis eines Informationsaustausches gegen Vergütung (Herda et al., 2018). Neben einer horizontalen Ausweitung der Angebote, die im Grunde eine natürliche Folge der Netzwerkeffekte ist, lässt sich bei Plattformen zunehmend auch ein Trend zur Integration in Richtung Ökosysteme erkennen.

1.1.3 Digitales Ökosystem

Plattformen können zu digitalen Ökosystemen werden, die sich – anders als horizontale All-in-One-Marktplätze – durch eine vertikale Unabhängigkeit auszeichnen, sodass sie dann keine externen Partner mehr benötigen. So stellen Werbeplattformen wie Google oder Facebook – jeweils mit unterschiedlichen Diensten – voll integrierte und in ihrer Leistungserbringung vollkommen unabhängig agierende Technologieunternehmen dar, die auf Basis von Suchvorgängen, Nutzerinteraktionen sowie Content Daten extrahieren, diese analysieren und in Form von Auktionsverfahren an Werbetreibende verkaufen. Auch Amazon und Alibaba haben sich bereits zu unabhängigen digitalen Ökosystemen entwickelt.

Digitale Ökosysteme als autarke Imperien: Aus dem Zusammenspiel von Anbietern, Kunden, Betreibern der Plattform und weiteren Partnern (die z. B. als Provider zusätzliche Anwendungen bereitstellen) resultiert ein „digitales Ökosystem“, das von All-in-One-Plattformen wie u. a. WeChat abzugrenzen ist. Wesentliches Merkmal digitaler Ökosysteme ist ihre Unabhängigkeit von anderen Anbietern. Anders als bei horizontalen Marktplatzpartnern werden dabei in vertikaler Richtung – also bei Wertschöpfung, Kundenkontakt, Datenmanagement etc. – keine externen Partner benötigt. Dabei können Plattformbetreiber auch selbst als Anbieter fungieren, wie in Abb. 1.3 am Beispiel der Amazon-Lieferkette dargestellt (Herda et al., 2018; Heinemann, 2024).

Digitale Ökosysteme als biologische Systeme: Hinsichtlich Struktur und Funktionsweise erinnern digitale Ökosysteme an biologische Systeme. Es handelt sich allerdings um technisch abgegrenzte Systeme, die nicht selten Organisationen und deren digitale Services über Hardware, Software sowie Plattformen miteinander verbinden („End-to-End“) und dadurch unabhängig von anderen Anbietern werden. Typisch für ein digitales Ökosystem ist z. B. das Apple-Ökosystem mit iPod, iPhone, iPad, Mac Desktop, MacBooks, Peripheriegeräten, iCloud, iTunes etc. (Neuhaus, 2018; Heinemann et al., 2021; Heinemann, 2024).

Erfolgsfaktor Netzwerkeffekt für digitale Ökosysteme: Digitale Ökosysteme zeichnen sich durch Netzwerkeffekte aus. Je mehr User sich auf der Plattform tummeln, umso mehr Anbieter wollen und werden auch auf der Plattform vertreten sein. Zusätzliche Netzwerkeffekte können sich auch durch Anbieter von Komplementärprodukten zu den eigentlichen Angeboten ergeben, was die Plattform wiederum noch attraktiver macht und so die Frequenz steigert. Sobald eine kritische Masse erreicht wird, wachsen Netzwerkeffekte

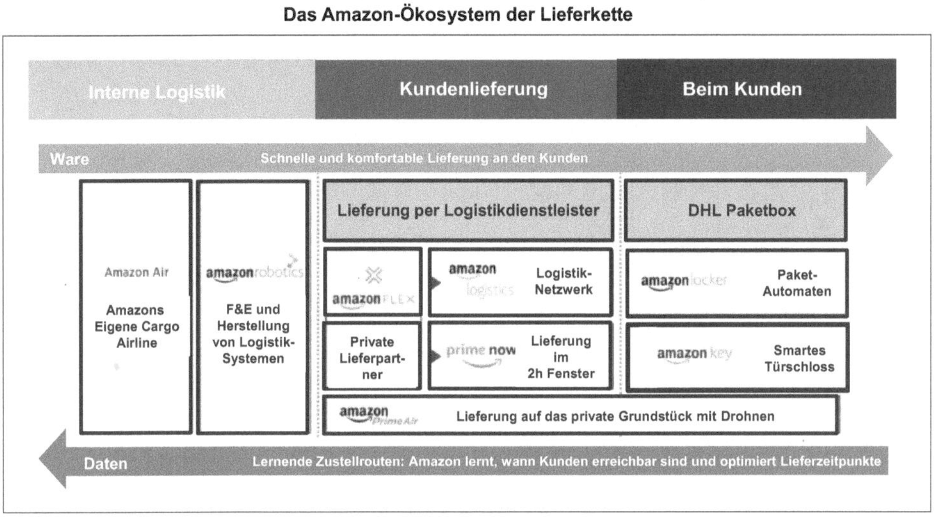

Abb. 1.3 Lieferkette von Amazon mit Diensten aus dem Amazon-Liefersystem. (In Anlehnung an Herda et al., 2018)

und dadurch wiederum die Nutzerzahlen exponentiell an (Herda et al., 2018; Wikipedia „Website", 2019; Heinemann, 2024).

1.2 Plattformökonomie in bankenfremden Branchen

Zweifelsohne können sich Banken an den Plattform-Geschäftsmodellen bankenfremder Branchen orientieren. Diese lassen sich je nach Perspektive unterschiedlich differenzieren. Gängig ist die Unterscheidung nach drei Sichtweisen, und zwar nach den Gruppen des Zusammentreffens, nach Plattformtypen sowie nach Geschäftsmodellen im engeren Sinne.

1.2.1 Übliche Systematisierungen von Plattformen

Systematisierung nach Gruppen des Zusammentreffens
Grundsätzlich lassen sich drei Gruppen unterscheiden, die auf Plattformen aufeinandertreffen (vgl. Abb. 1.4):

- Unternehmen (Business: B),
- Konsumenten (Consumers: C) und
- der Staat mit seiner Verwaltung (Government: G).

Anbieter digitaler Leistungen \ Empfänger digitaler Leistungen	Consumer (private Konsumenten)	Business (Unternehmen)	Government (Verwaltungen)
Consumer (private Konsumenten)	C2C (z.B. Tauschbörsen)	C2B (Plattformen, die Endkunden bei der Auswahl von Unternehmen helfen)	C2G (z.B. ELSTER-Steuererklärung via Internet)
Business (Unternehmen)	B2C (Online-Händler, die an Endkunden verkaufen)	B2B (Plattformen, die an gewerbliche Kunden vermitteln)	B2G (z.B. Ausschreibungsplattformen)
Government (Verwaltungen)	G2C (z.B. Bürgerportale)	G2B (z.B. Beschaffungs-Plattformen der Verwaltung)	G2G (z.B. Portale zum Datenabgleich zwischen Behörden)

Abb. 1.4 Gruppen, die auf Plattformen zusammentreffen. (Bizan, 2018)

Dementsprechend gibt es Plattformen, auf denen sich nur Unternehmen untereinander austauschen (B2B), Plattformen für Firmen und Konsumenten (B2C) oder auch Plattformen für den besseren Austausch mit Verwaltungen (B2G bzw. C2G, z. B. ELSTER).

Während der Bereich B2C bereits die GAFA-Imperien hervorgebracht hat, setzt eine ähnliche Entwicklung für die Bereiche B2B bzw. B2G oder C2G gerade erst ein. Dabei haben Plattformen nur dann einen Nutzen für eine Gruppe, wenn auch die jeweilige „Gegenseite" in ausreichend großer Zahl vertreten ist. Nur so kommen Angebot und Nachfrage effektiv zusammen. Deshalb verlangen Plattformen häufig nur von einer Nutzergruppe (nämlich den Verkäufern) ein Entgelt, während die andere Seite (die Käufer) die Produkte oder Dienste (weitgehend) kostenlos erhält. Nach diesem Prinzip bringen auch Kreditkartenanbieter als „Quasi-Plattformen" Händler und Kartenbesitzer bzw. Kunden zusammen.

Insofern sind Plattformen nur eine zusätzliche Variante von Märkten, auf denen sich Anbieter und Konsumenten von Produkten und Dienstleistungen begegnen (Bizan, 2018). Neu ist jedoch, dass das grenzenlose Internet eine beliebig große Zahl von potenziellen Nachfragern vernetzen kann und so für Plattformen als Anbieter ein sehr attraktives Medium ist. Ein weiterer Grund für die zunehmende Anzahl an Plattformen liegt aber auch in technischen Vorteilen: Wenn z. B. Sicherheitsupdates zentral in eine Plattform eingespielt werden können, muss nicht mehr jeder Anwender dies auf seinen Geräten „vor Ort" machen (Bizan, 2018; Heinemann, 2024).

Die Entwicklung hin zur Plattformökonomie stellt nicht nur die Plattformteilnehmer und -betreiber vor Herausforderungen. Auch die Politik beschäftigt sich nun mit neuen Fragestellungen, auf die es noch keine Antworten gibt, wie z. B.: Kann das aktuelle Wettbewerbsrecht auch digitale Plattformen regulieren und etwa Monopolisierung verhindern?

Haben Anbieter ähnlicher Produkte und Dienstleistungen auch in der digitalen Welt ähnliche Marktbedingungen wie in der analogen? Wie können und sollen Daten genutzt werden, und kann es ein „Dateneigentum“ geben? Welche Transparenz- und Informationspflichten sollen für Plattformen gelten?

Die Antworten auf diese Fragen dürften in den nächsten Jahren intensiv debattiert werden, und mancher Ansatz wird sich wohl als Irrweg herausstellen. Aber auch das ist bereits bekannt: Immer dort, wo neue Marktformen auftraten, gab es die Notwendigkeit, Entwicklungen durch einen effektiven regulatorischen Rahmen einzuhegen oder zu fördern. Der Weg zu diesen Lösungen war nicht immer gerade. Ein genossenschaftlicher Plattformansatz könnte diesen aber vielleicht begradigen, denn er könnte Politik, Wirtschaft und Gesellschaft zukunftsfeste Antworten auf die obigen Fragen geben (Bizan, 2018; Heinemann, 2024).

Systematisierung nach Plattformtypen

Alle Plattformtypen sind ursprünglich darauf ausgerichtet, allen Seiten Mehrwerte zu bieten. Die Ausrichtung der meisten Plattformbetreiber hat aber dazu geführt, dass nur sie selbst hohe Einnahmen erzielen. Immerhin sind Apple, Google, Microsoft und Amazon die nach Marktwert vier größten Unternehmen der Welt (Herda et al., 2018; Heinemann et al., 2021). Weder technische noch organisatorische Hürden hindern diese Plattformen an der ausschließlichen Profitbildung. Zumal das hier zu beobachtende Abschöpfen ein mindestens seit dem Mittelalter bekanntes Phänomen ist: Die Stadt Köln gelangte z. B. als „mittelalterlicher Handelsplattformbetreiber“ zu großem Reichtum, weil sie durch ihren Standortvorteil am Rhein durchziehende Kaufleute zwingen konnte, zu ankern und ihre Waren zunächst einige Tage vor Ort zu verkaufen. Dabei wurden sie verschiedenen für die Stadt vorteilhaften Restriktionen unterworfen. Auch Nürnberg kam auf diese Weise als „städtische Plattform“ zu Reichtum.

Plattformen besitzen als Mittler zwischen Angebot und Nachfrage den Schlüssel zum Marktzugang – in welchem Jahrhundert auch immer – und haben dadurch große Marktmacht, die sie für die eigene Monetarisierung nutzen können – oder auch nicht. Für Behörden etwa könnten digitale Plattformen als erfolgreiches, aber eben nicht profitorientiertes Lösungskonzept genutzt werden, um eine zukunftsfähige, nutzerfreundliche Verwaltung zu entwickeln. Dementsprechend ist aktuell geplant, dass über einen Portalverbund der Bürgerportale – ursprünglich schon bis 2022 – möglichst viele Verwaltungsleistungen von Bund, Ländern und Kommunen online angeboten werden. Bürgerinnen, Bürger und Unternehmen sollen ihre Verwaltungen künftig direkt, einfach und sicher mit drei Klicks erreichen können. Die lange Suche im Netz nach der richtigen Stelle soll entfallen. „Über jedes Verwaltungsportal – egal ob auf kommunaler, Landes- oder Bundesebene – soll es vollständigen Zugang zu allen online angebotenen Verwaltungsleistungen geben“ – so das zuständige Bundesministerium des Innern, für Bau und Heimat (Herda et al., 2018; Heinemann et al., 2021).

Systematisierung nach Geschäftsmodellen

Mittlerweile gibt es eine erhebliche Bandbreite an Plattformtypen mit jeweiligem Geschäftsmodell. Zu unterscheiden sind Werbeplattformen, Cloud-Plattformen, Industrieplattformen, Produktplattformen sowie schlanke Plattformen (Herda et al., 2018; Heinemann et al., 2021) (Abb. 1.5):

Werbeplattformen wie Google oder Facebook stellen komplexe Ökosysteme mit unterschiedlichsten Diensten dar, die auf der Basis von Content, Suchvorgängen und Nutzerinteraktionen Daten extrahieren, analysieren und mithilfe von Auktionsverfahren an Werbetreibende verkaufen.

Cloud-Plattformen wie Dropbox, Amazon Web Services oder Microsoft Azure vermieten Infrastrukturen für große Datenmengen und Anwendungen an private und kommerzielle Kunden. Dabei wird immer mehr Hardware und unternehmensweit genutzte Software aus Rechenzentren in die Cloud verlagert.

Industrieplattformen wie etwa Siemens MindSphere, Adamos oder die Trumpf-Tochter Axoom werden im Kontext von Industrie 4.0 eingesetzt. Sie sind eine Art Betriebssystem für das Internet der Dinge, mit dem Maschinen/Fabriken an eine übergeordnete Produktions-IT, das „Industrial Internet", angebunden werden.

Produktplattformen wie etwa eBay, Amazon oder Spotify vertreiben materielle oder immaterielle Güter. Amazon verkauft beispielsweise als digitales Warenhaus Produkte über eine eigene Hochleistungslogistik, während über den Amazon Marketplace auch Dritte Güter selbst vertreiben können. Spotify ist ein Musik-Streaming-Dienst, der

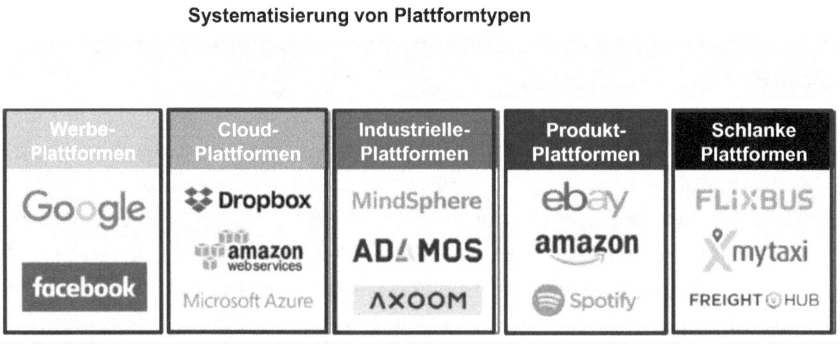

Abb. 1.5 Systematisierung digitaler Plattformtypen. (Herda et al., 2018)

„Musiktitel" als immaterielles Gut liefert und als mehrseitiger elektronischer Marktplatz Gebühren von Plattenfirmen, Kunden und Werbetreibenden einnimmt.

Schlanke Plattformen wie Flixbus, mytaxi oder Freighthub vermitteln Dienstleistungen von Anbietern an Nachfrager und profitieren davon auf Basis von Vermittlungsgebühren. Flixbus kooperiert beispielsweise mit mittelständischen Busunternehmen, während mytaxi als eine digitale Taxizentrale fungiert und Freighthub als digitale Spedition lediglich Aufträge vermittelt (Herda et al., 2018; Heinemann et al., 2021).

1.2.2 Plattform-Geschäftsmodelle in bankenfremden Branchen

Geschäftsmodelle beschreiben die Funktionsweisen von Unternehmen bzw. Plattformen und die Art und Weise, wie diese Umsätze sowie Gewinne erzielen. Diese Beschreibung soll helfen, die spezifischen Erfolgsfaktoren des Geschäftes zu verstehen (Wikipedia „Geschäftsmodell", 2020). Bei der Ausrichtung von Plattform-Geschäftsmodellen kann dabei zwischen transaktionszentrierten und kundenzentrierten sowie gesteuerten und ungesteuerten Plattformen unterschieden werden (vgl. Abb. 1.6) (Kleine et al., 2018; Heinemann et al., 2021; Heinemann, 2024):

Transaktionszentrierte Plattformen wie etwa Check24, Idealo oder die Scout-Gruppe fokussieren sich auf die standardisierte Vermittlung von Transaktionen und integrieren dabei Informations- und Suchfunktionen sowie Bewertungs- und Reputationsmechanismen. Dabei steht jeweils ein Kernprodukt im Mittelpunkt. Die Preisgestaltung der auf den Plattformen vertretenen Anbieter wird dabei zum Erreichen der kritischen Masse

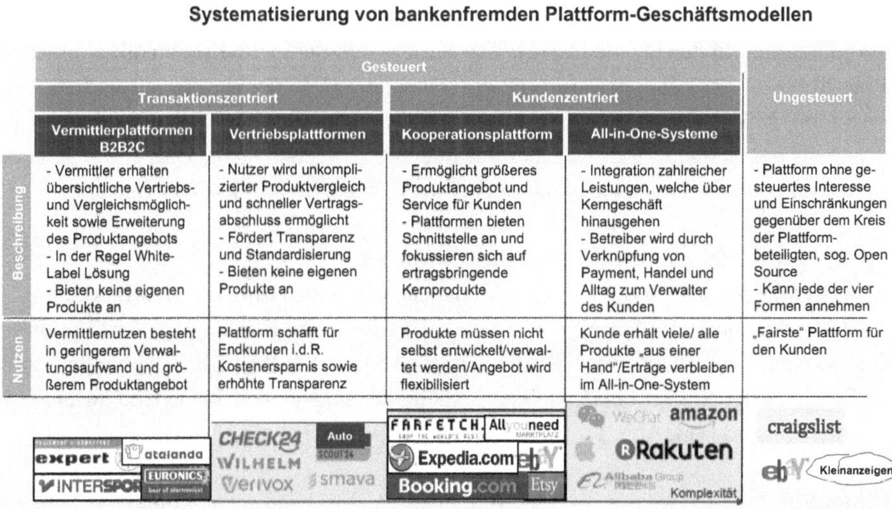

Abb. 1.6 Systematisierung digitaler Plattform-Geschäftsmodelle. (Nach Kleine et al., 2018)

eingesetzt; Ziel ist die Kostenführerschaft durch Reduzierung der Transaktionskosten auf nahezu 0.

Kundenzentrierte Plattformen wie etwa Booking.com oder Amazon bieten eine Vielzahl an Produkten aus einer Hand sowie eine hohe Benutzerfreundlichkeit, um die Kunden langfristig an die Plattform zu binden. Eine große Anzahl an Komplementärgütern erhöht zusätzlich die Kundenbindung („All-in-One-System"). In der Regel werden dafür strategische Partnerschaften eingegangen und entsprechende Qualitätsstandards vorgegeben. Ziel ist eine Qualitätsführerschaft durch Zugangsvoraussetzungen.

Gesteuerte Plattformen wie etwa eBay, Farfetch oder Spotify sind eine häufig vertretene Plattformart. Sie beschränken in der Regel den Zugang und regeln mögliche Konflikte zwischen Anbietern und Nutzern. Sie entscheiden über Produktangebot, Sichtbarkeit (Ranking), Produktplatzierung sowie Anzeigehäufigkeit. Die Beteiligungsstruktur erlaubt subjektive Produktbewertungen.

Ungesteuerte Plattformen wie Craigslist oder eBay-Kleinanzeigen sind eher selten und erheben keinerlei Einschränkungen gegenüber den Plattformbeteiligten. Allein die vom Kunden nachgefragte Leistung entscheidet über die Angebotsansammlung.

Da der Handel Vorreiter in der Plattformökonomie ist, kann er durchaus als Vorbild für Plattformmodelle im Bankensektor herangezogen werden. Die Vorteile und Nachteile, Potenziale und Herausforderungen der unterschiedlichen Modelle werden nachfolgend anhand aktueller Beispiele aus bankenfremden Branchen erläutert.

Zunächst ist festzuhalten, dass auch Online-Marktplätze, die Produkte und Services unterschiedlichster Anbieter gebündelt unter einer Marke oder Domain anbieten und gegen Provision an Kunden vermitteln („E-Connection"), Plattformen darstellen. In einem regelrechten Marktplatzfieber kommen derzeit immer mehr Händler auf die Idee, eigene Marktplätze zu gründen und den Versuch zu starten, sich durch die Kombination mit einem Online-Shop zu einem Shopping-Portal zu entwickeln (Grollmann, 2017; Randler, 2017; Heinemann, 2024). Marktplätze erfolgreich zu starten gilt allerdings unter Inkubatoren gemeinhin als das Schwierigste, was man im Internet versuchen kann. Dies sollte auch den Geldinstituten klar sein, die sich jetzt in Richtung Plattform auf den Weg machen.

B2C-Marktplatzformen bankenfremder Branchen

B2C-Marktplätze und Shopping-Portale haben mit annähernd 50 % Marktanteil im Online-Handel zweifelsohne eine herausragende Bedeutung erlangt. Allerdings unterscheiden sich diese Plattformen deutlich nach Art der Wettbewerbsbeziehungen sowie nach Intensität der Kundenbeziehungen, weshalb die entsprechenden Formen differenziert zu betrachten sind (vgl. Abb. 1.7) (Heinemann, 2024):

- **Shopping-Portale** weisen direkte Wettbewerbs- sowie indirekte Kundenbeziehungen auf. Das bedeutet, dass die Marktplatzteilnehmer in direktem Wettbewerb untereinander stehen und ihnen durch das Portal keine direkten Kundenbeziehungen ermöglicht

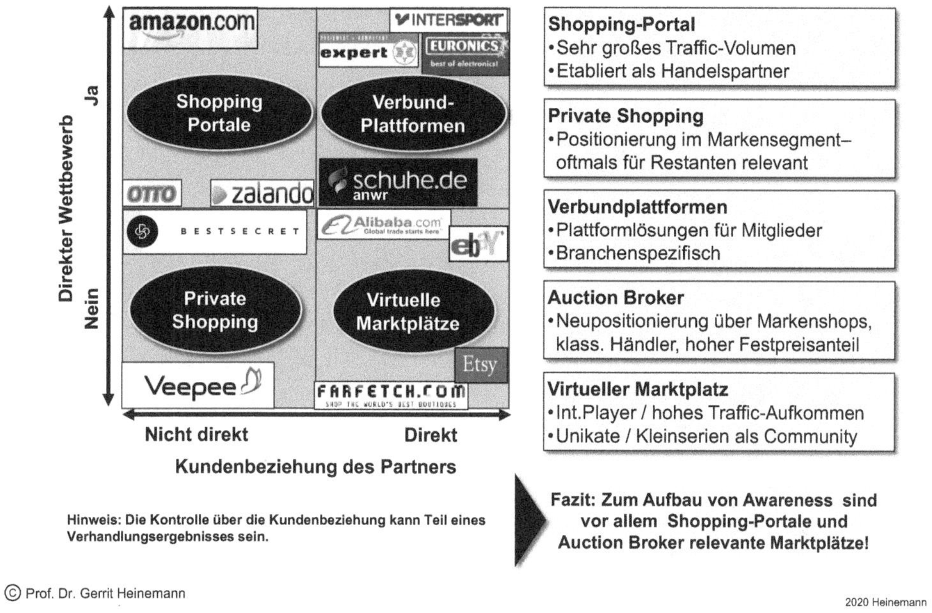

Abb. 1.7 Online-Marktplätze und Shopping-Portale. (In Anlehnung an Heinemann & Boersma, 2014; Heinemann, 2024)

werden. Vielmehr wollen die Portale selbst die Kundendaten verwalten sowie die Transaktionen kontrollieren bzw. betreiben. Denn ein entscheidender Erfolgsfaktor ist das Vertrauen der Kunden, das durch die zentrale Verwaltung am besten gewonnen werden kann. Shopping-Portale sind durch ein sehr hohes Traffic-Volumen und ein umfassendes Angebot in gemischten Segmenten gekennzeichnet. Wie in Abb. 1.7 dargestellt, sind Amazon, Otto und Zalando typische Shopping-Portale.

- **Plattformlösungen der Verbundgruppen** gelten als Marktplatzformen mit direkter Wettbewerbs- sowie direkter Kundenbeziehung. Sie werden häufig als zentraler Online-Shop betrieben, den das Verbundmitglied dann auf Provisionsbasis als eigenen Shop gestalten und nutzen kann. Das kann sowohl unter eigenem Namen – zum Beispiel Sport-Mayer – oder aber im Co-Branding erfolgen – zum Beispiel Mayer-Intersport. Kunden haben dabei direkten Zugang zum einheitlich gebrandeten Intersport-Online-Shop, wodurch durchaus auch Wettbewerbsbeziehungen innerhalb der Verbundgruppe bestehen. Bisher hat allerdings noch keine Verbundgruppe wirklich den Anschluss an die Plattformökonomie gefunden (Gerth, 2017; Heinemann, 2024).
- **Private Shopping-Portale** weisen ausschließlich indirekte Kunden- und Wettbewerbsbeziehungen auf. Sie sind häufig im Segment der Markenartikel-Schnäppchenjäger positioniert, wobei in der Regel Restanten gehandelt werden. Typische Beispiele sind VeePee oder Bestseller, die überwiegend Community-basiert agieren und damit in hohem Maße als interaktiv zu betrachten sind.

- **Auction Broker** oder **virtuelle Marktplätze** wie das eBay-Auktionsgeschäft stellen Marktplatzformen mit indirekter Kundenbeziehung und indirekter Wettbewerbsbeziehung dar. Weitere Beispiele sind Rakuten, Yatego oder etsy. Bisher haben Auction Broker zwar überwiegend eine Discount-Positionierung, sie verfolgen jedoch zunehmend eine Neupositionierung über Markenshops. Farfetch und etsy vermitteln auf ihren Marktplätzen Unikate und/oder Kleinserien mit Community-Orientierung.

Erfolgreiche Marktplätze wurden bisher in der Regel nicht als „pure Marktplätze" gegründet. eBay etwa konnte den Marktplatz nur über das Auktionsgeschäft aufbauen. Entscheidend waren meist sogenannte „Killer-Features" oder „Killer-Services", also besondere Attraktionspunkte (Heinemann, 2020a, 2024). Amazon bietet beispielsweise die mit Abstand größte Sortimentsauswahl und gilt mittlerweile als „Produktsuchmaschine", die sogar mehr produktbezogene Suchanfragen generiert als Google.

Abgesehen von den Killer-Features und Killer-Services entscheidet im Wesentlichen die Frequenz über Erfolg und Misserfolg eines Online-Marktplatzes. Neue Marktplätze müssen deshalb massiv in Werbung investieren, um schnell eine relevante Reichweite aufzubauen (Heinemann, 2024). Die durch Werbung generierte Reichweite wirkt allerdings nur dann nachhaltig, wenn es beim Besuch des Portals keine Enttäuschung gibt. Damit droht schnell ein Teufelskreis (Heinemann 2019, Heinemann, 2024). Denn „angegliederte" Online-Marktplatzmodelle (mit einer Kombination von eigenem Einzelhandel und Marktplatz, wie z. B. Otto) verfolgen häufig den Ansatz, keine Konkurrenten und Konkurrenzprodukte zu präsentieren, obwohl diese vielleicht die Magneten für den Marktplatz wären. Bei einer zu starken Begrenzung des Angebots droht einem Marktplatz jedoch das schnelle Scheitern, denn den Marktplatz-Besuchern fehlt ein ausreichend großes Sortiment – und damit der Anreiz, die Plattform erneut zu besuchen. An einem exzellenten und stand-alone-fähigen Online-Shop führt deswegen kein Weg vorbei, wenn ein zusätzlicher Marktplatz gelauncht werden soll. Daher gibt es auch nicht so viele erfolgreiche Marktplätze im Handel. Lediglich real.de konnte sich relativ gut entwickeln, bleibt aber dennoch im Vergleich zu den beiden Marktplatzgiganten Amazon und eBay ein Zwerg (vgl. Abb. 1.8).

Plattformökonomie als GAFA-Ökonomie

Google (Alphabet Inc.), Amazon, Facebook und Apple stehen als digitale Plattformen mit ihrer dominanten Marktstellung im Zentrum der digitalen Ökonomie. Ihr Vorsprung am Markt sowie ihre enorme Finanzkraft führen inzwischen zu einer monopolartigen Stellung, die auf eine weltweit hohe Anzahl von Usern und deren Daten zurückgeht (Herda et al., 2018; Heinemann 2019, Heinemann, 2024). Sie dominieren die sogenannte Plattformökonomie, die daher auch als „GAFA-Ökonomie" (**G**oogle, **A**mazon, **F**acebook, **A**pple) bezeichnet wird. Google und Facebook bieten für werbende Unternehmen eine attraktive Zahl von Nutzern an, wobei diese Konsumenten die angebotenen digitalen Dienste gratis nutzen können (Herda et al., 2018). Für Konsumenten entwickeln sie sich zur ersten

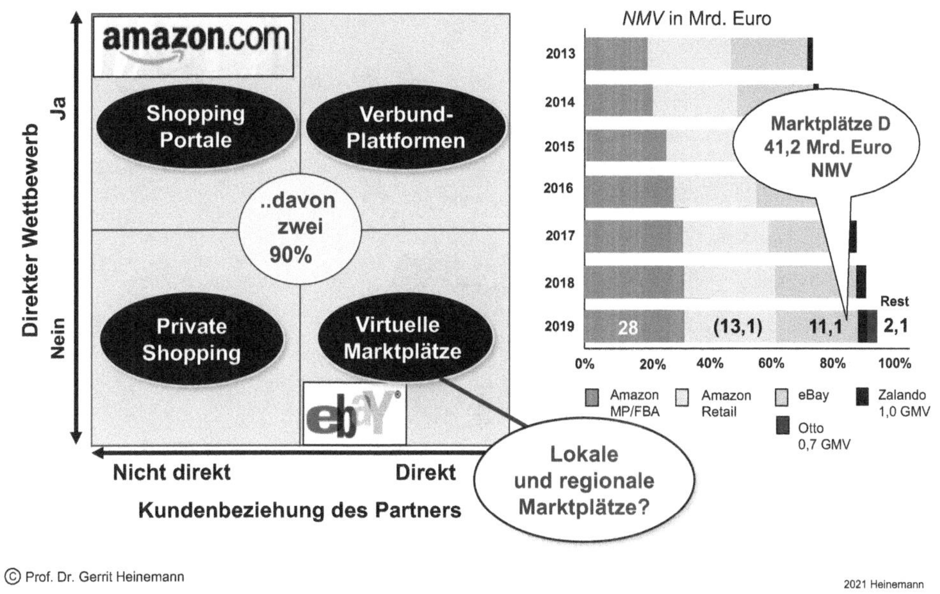

Abb. 1.8 Marktanteile der Top-Online-Marktplätze. (Eigene Schätzungen auf Basis von Amazon, 2024; eBay, 2024; bevh, 2024)

Anlaufstelle im Einkaufsprozess, für Unternehmen dagegen immer mehr zu Gatekeepern. Im Online-Marketing wird fast nur noch zwischen den beiden Alternativen Google-Shopping und Amazon-Marktplatzpräsenz allokiert und allenfalls Instagram als „mögliches neues Amazon" mit ins Spiel gebracht. Aber auch Booking.com, Uber oder Airbnb sind in ihren jeweiligen Segmenten zu regelrechten Checkpoints geworden.

Diese neue Art der Wegelagerei – Zugangssperren zum Kunden zu schaffen und Durchgangsgeld zu verlangen – ist typisch für Marktplätze. Die Fülle von unterschiedlichsten Anbietern in marktplatzeigenen Kategorien ermöglicht eine unschlagbare Auswahl und einen direkten Preisvergleich. Aus gutem Grund sind Marktplatzanbieter neben Google erste Anlaufstelle für die Kunden und gelten auch als Produktsuchmaschinen mit niedrigen Bounce Rates und optimierten SERPs (Search Engine Result Pages).

Die „GAFA-Gruppe" (Google, Amazon, Facebook, Apple) kam zusammengenommen auf rund 1500 Mrd. US-Dollar Handelsvolumen in 2023. Dieser US-Gruppe steht in der östlichen Hemisphäre die TAB-Gemeinschaft gegenüber, nämlich Tencent (inklusive WeChat), Alibaba (inklusive T-Mall und Taobao), Baidu sowie JD.com und jetzt auch Shein sowie Pinduoduo (PDD Holdings/Temu), mit zusammen bereits mehr als 3000 Mrd. US-Dollar Handelsvolumen. Diese TABPI-Gruppe (inklusive Shein) steht nach Expertenmeinung der GAFA-Gruppe in nichts nach und praktiziert derzeit eindrucksvoll das „chinesische Leapfrogging". Insofern ist die Frage erlaubt, welche Gruppe Europa aufzufahren hat. Bisher kann diese Frage leider nur mit „Zero" beantwortet werden. Des-

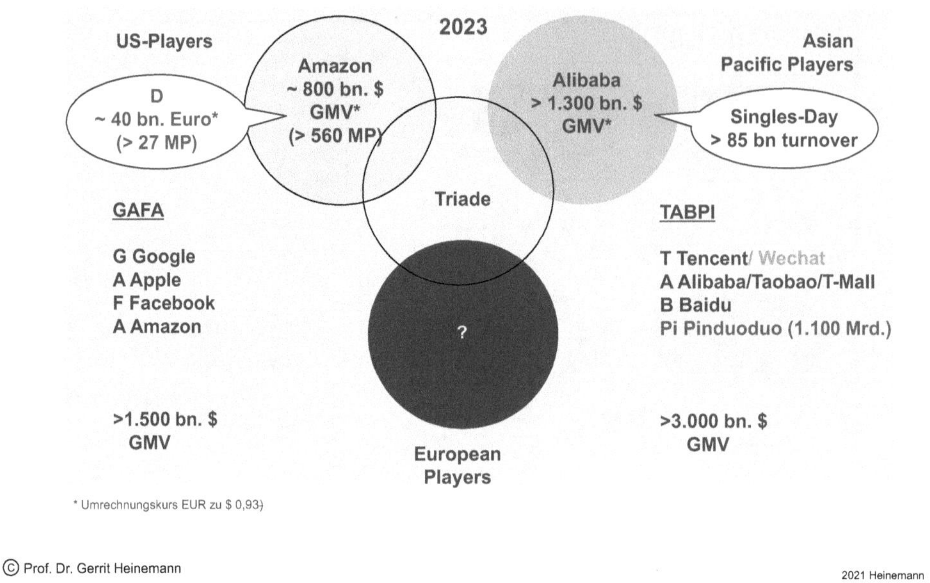

Abb. 1.9 Kampf der Triade – „GAFA-TABPI-Zero". (Eigene Darstellung auf Basis eigener Schätzungen und Hochrechnungen; Heinemann, 2024)

wegen ist der digitale Kampf der Triade auf den ersten Blick wohl eher ein „GAFA-TABPI-Zero" (vgl. Abb. 1.9).

Plattformen im B2B-E-Commerce

Obwohl der Verkauf über Plattformen und Online-Shops auch für Industriegüter nahe liegt, ist der B2B-Online-Markt noch stark fragmentiert. Er besteht bisher weitgehend aus Nischenanbietern sowie Webseiten mit Adresslisten und Branchenverzeichnissen. Kataloge und Bestellungen per Fax sind hierzulande noch an der Tagesordnung. Dominante Marktführer – insbesondere mit einem Ökosystem wie bei Amazon – fehlen noch. Daher ist es wenig überraschend, dass gerade erfahrene B2C-Spieler wie Amazon jetzt auch in den B2B-Markt einsteigen. Die B2B-/B2C-Online-Marktplatz-Landschaft in Deutschland ist in Abb. 1.10 dargestellt. Neben Amazon sind bereits andere Akteure wie etwa der globale Marktplatz Alibaba.com, eBay Supply, mercateo, WerLiefertWas und EuroPages aktiv (Heinemann, 2020b, 2024).

Dies könnte sich wegen der zunehmenden „Konsumerisation im B2B-Geschäft" zu einer enormen Bedrohung für den deutschen Großhandel entwickeln: Die B2B-Kunden, die heute bei Amazon Business einkaufen, waren zunächst meist B2C-Kunden bei Jeff Bezos und erwarten deswegen den gleichen Service (Heinemann, 2020b). B2C-Anbieter können hier ihre Erfahrung sowie ihre Bekanntheit ausspielen und mit Hilfe von Services wie z. B. Lieferantenkrediten ihre B2C-Kunden zu treuen B2B-Kunden machen.

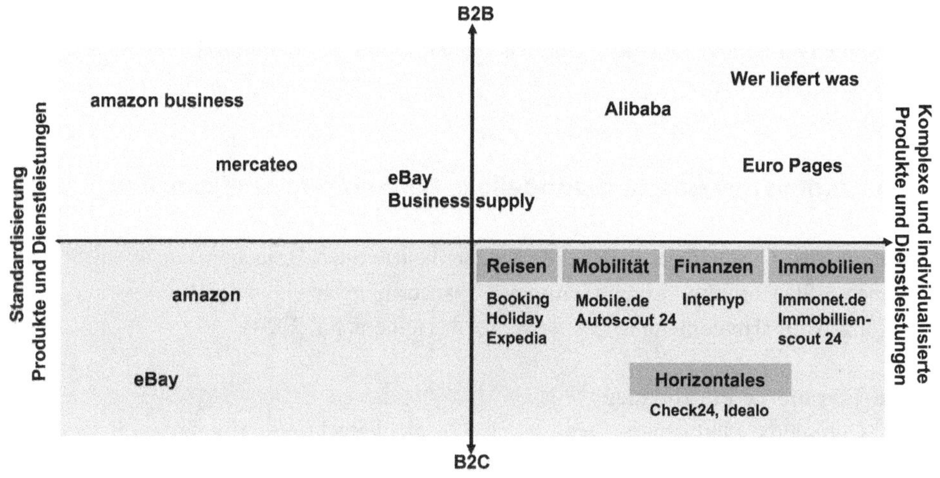

Abb. 1.10 Landschaft der B2B-/B2C-Online-Marktplätze in Deutschland. (Fost, 2017; Heinemann, 2024)

Deswegen ist es nicht verwunderlich, dass im B2B-Bereich zunehmend ähnliche Prinzipien der Kundenansprache zum Einsatz kommen wie in der B2C-Kommunikation. Bestes Beispiel ist Hilti: Der Bohrmaschinen-Anbieter setzt sein Produktfeld „Bau und Handwerk" mit starken Bildern und einem aggressiven Einsatz von Farbflächen in Szene (Thürling, 2015). Nicht selten betreiben Anbieter neben einem B2C- auch einen B2B-Shop, wie z. B. der Reuter-Badshop oder BOSS. Dabei entsteht eine neuartige Kombination aus „Consumerated B2B und Disintermediated B2C", also eine Art Hybrid-Vertrieb der Markenartikler. Der passende Begriff heißt „B2B2C" und wird in der E-Commerce-Szene bereits angewendet (Heinemann, 2020b). Während aber etliche Fertigprodukt-Hersteller E-Commerce bereits als Direktvertrieb an Endkunden nutzen, scheint das B2B-Thema mit einer Art Denkblockade verbunden zu sein, obwohl das Wholesale-Geschäft die mit Abstand wichtigste Einnahmequelle ist und bleiben wird.

Wichtig bleibt die Verzahnung von Offline und Online sowie die Umsetzung einer Omni-Channel-Strategie, um die Kunden auf allen Kanälen serviceorientiert bedienen zu können. Vor allem Unternehmen, die noch in Silos denken und damit Filiale versus Online oder Vertrieb versus Marketing abgrenzen, werden es schwer haben. Zudem darf nicht vergessen werden: B2B-E-Commerce ist auch im traditionell starken EDI-Umfeld nur der erste Schritt, bei dem es zunächst nur um die Digitalisierung des Verkaufsprozesses geht. In der Regel zieht der Online-Shop dann aber einen ganzen Rattenschwanz an weiteren Maßnahmen nach sich. So wird zwingend auch ein Kundendatenmanagement (CRM) benötigt, um den Online-Verkauf mit dem klassischen Vertrieb zu homogenisieren. Darüber hinaus erfordern Shop und CRM digitalisierte Produktdaten, integrierte Warenwirtschaftssysteme (ERP) sowie abteilungsübergreifende Prozesse mit einheitlicher Infrastruktur.

Damit kann B2B-Commerce aber schnell zum Kern einer digitalen Transformation des gesamten Unternehmens werden. Und das ist und bleibt alternativlos (Heinemann, 2018, 2020b; Thürling, 2015).

1.2.3 Innovative Geschäftsmodelle in bankenfremden Branchen

Als innovative Geschäftsmodelle gelten in bankenfremden Branchen vor allem Social-Commerce-Plattformen, Local-Commerce-Plattformen sowie Mobilfunkportale und Shopping-Apps (Heinemann & Boersma, 2014; Heinemann, 2024).

Social-Commerce-Plattformen
Social-Commerce-Plattformen weisen eine gleichberechtigte Kombination von E-Commerce und Social Media auf (Heinemann, 2024). Derartige Geschäftsmodelle differieren jeweils in ihrer spezifischen Unique Selling Proposition (USP) und bilden drei Kategorien ab, und zwar „Advice & Referral", „Enabling & Infrastructure" sowie „Experience, Fun & Exclusivity" (Krisch & Haderlein, 2008; Heinemann & Gaiser, 2016; Heinemann, 2018, 2024) (vgl. Abb. 1.10.).

Advice & Referral wird durch die Empfehlungsplattformen AboutYou, Highsnobiety und Birxbox vertreten. Von ihnen ist AboutYou sicherlich die bekannteste Plattform in Deutschland. User holen sich auf dieser Seite vorrangig Modeinspirationen. Sie sind überwiegend unter 30, weiblich und auf der Suche nach Trends. Dabei bietet AboutYou den Usern thematische Fotostrecken anstelle von Suchleiste und Kataloganssicht. Sie werden z. B. als „Urban Hippie Outfit", „A Day in St. Tropez" oder „White Office Look" bezeichnet, wecken spontane Bedürfnisse und bewirken überwiegend Spontankäufe. Diesbezüglich ist AboutYou Vorreiter des digitalen Einkaufsbummels (Heinemann, 2024). Andere Händler auf Social-Commerce-Plattformen verfolgen auch das Mood-Board-Konzept – wie z. B. Lyst, Teespring und Fashionhype. Ein Curated Shopping wird demgegenüber von Outfittery, Shoedazzle und Garhammer angeboten. Dieses wird nicht selten mit einem Abonnementgeschäft kombiniert, wie u. a. von Shoedazzle und 8Select.com.

Enabling & Infrastructure kann in Mass Customization, Microeconomics sowie Social Selling Communities unterteilt werden. Beispiele sind Etsy, Shein und Farfetch. Etsy ermöglicht seinen Kunden, überwiegend Handwerksprodukte aus der dritten Welt an andere Mitglieder der Community zu veräußern. Derartige Social Selling Communities sind relativ neu, während Mass Customization schon länger praktiziert wird und sich auf die Produktindividualisierung bezieht. Diese ist erst durch Nutzung der Internettechnologie wirtschaftlich darstellbar geworden. Beispiele sind NikeiD, Threadless und Spreadshirt (Heinemann, 2018, 2024). Microeconomics steht für Portale, die vor allem Communities in den Fokus stellen. Beispiele hierfür sind Sugartrends, Mybestbrands und Vinted. Bei den letzten beiden bekommen Kunden die Möglichkeit, ihr eigenes Geschäft auf dem Portal zu gründen. Derartige Plattformen kreieren insofern unternehmerische Möglichkeiten für die User. Produktvorschläge basieren auf ihren individuellen Präferenzen. Lyst sagt dazu: „[W]e didn't believe that one style could be distilled into an algorithm, rather we thought social curation was a far more effective way to personalize an experience to you" (Heinemann & Gaiser, 2016; Heinemann, 2018).

Experience, Fun & Liveshopping besteht aus Club-Shops, Daily Deals/Auctions sowie Liveshopping (Krisch & Haderlein, 2008; Haarhaus, 2013; Heinemann & Gaiser, 2016; Heinemann, 2018). Von ihnen scheint derzeit BestSecret am besten zu funktionieren. Über die Jahre wurden auch Elemente zur Incentivierung und Belebung der Konzepte implementiert. Diese beruhen auf einem limitierten Zugang zu exklusiven Angeboten. Daily Deal Sites wie Snipster, Tophatter, Groupon und Daily-Deal sind ebenfalls Vertreter dieser Kategorie, die Aspekte des „Social Bonding" verkörpern (Heinemann & Gaiser, 2016; Heinemann, 2024). Auch die Anbieter des Liveshoppings wie Liveshopping-aktuell (vormals Guut.de), Yatego.com sowie Restream sind Vertreter dieser Kategorie (Abb. 1.11).

Datei: Abbildungen_Intelligent-Open-Finance-Kap.1.ppt

Advice & Recommendation	Enabling & Infrastructure	Experience, Fun & Live Shopping
Referral Platform - Aboutyou - Highsnobiety - Birchbox.com	**Microeconomics:** - Etsy - Shein - Farfetch	**Club-Shops:** - Veepee - BestSecret - Showroomprive
Affiliate Platform: - Lyst - Teespring - Fashionhype	**Mass Customization:** - NikeiD - Threadless - Spreadshirt	**Daily Deals/Auctions:** - Snipster - Tophatter´ - Groupon, Dailydeal
Curated Shopping - Outfittery - Shoedazzle - 8Select.com	**Selling Community:** - Sugartrends - mybestbrands - Vinted	**Live Shopping:** - Liveshopping-aktuell - Yatego - Restream

Stand 1. Mai.2024

Abb. 1.11 Social-Commerce-Plattformen. (Haarhaus, 2013; Heinemann & Gaiser, 2016; Heinemann, 2024)

Location-based Services

Location-based Serices (LBS) sind Dienste, die auf App-Basis die Standortinformationen des Users nutzen, um ihm ortsbezogene und kaufrelevante Empfehlungen oder Informationen zu übermitteln. Den Kunden soll der lokale Einkauf erleichtert und ein Anreiz gegeben werden, stationär zu kaufen. LBS ermöglichen es dem stationären Handel, als innovatives „Mobile-Marketing-Tool" die Kundenzufriedenheit bei gleichzeitiger Senkung des Mittelaufwands zu erhöhen (Heinemann & Gaiser, 2016; Heinemann, 2018). Dies zahlt auf die Kundenloyalität und die Anzahl der Stammkunden ein. Wichtiges Element der Location-based Services sind Lokalisierungsfunktionen. Mit ihnen wird auf ortsbezogene und situationsbezogene Daten zurückgegriffen, die wiederum mit sozialen Informationen und Empfehlungsprozessen verknüpft sind. Damit werden personalisierte und passgenaue Kundenempfehlungen gegeben. Beispiele für LBS sind auch neue Kommunikations- bzw. Transaktionsstätten, effiziente Mobile-Marketing-Maßnahmen, lokale Sortimente und attraktive Echtzeitangebote. Dazu zählen auch soziale Anreizsysteme, attraktivere und komfortablere Einkaufserlebnisse, smarte Kanalsynergien sowie eine schnellere Belieferung (Haug, 2013; Heinemann & Gaiser, 2016; Heinemann, 2018). Eine Weiterentwicklung von LBS stellt Bonial mit KaufDA dar. Dabei handelt es sich um eine interaktive Plattform mit standortbezogenen Diensten für den stationären Einzelhandel, die ihm einen Zugang zu Verbrauchern mit lokalem Bezug bieten. Dazu informiert das mobile Netzwerk von kaufDA die User bequem und tagesaktuell rund um den lokalen Einkauf. Sie können Prospekte, Angebote und Öffnungszeiten aus ihrer direkten Umgebung online durchsuchen und vergleichen (Heinemann, 2024).

Local Commerce

Local Commerce kann in Form von „digitalen Schaufenstern", Apps mit Rabattaktionen bis hin zu regionalen Online-Marktplätzen geschehen. Auf ihnen kooperieren lokale Einzelhändler als Marktplatzpartner. Die Online City Wuppertal, die in 2014 auf Basis der Plattformlösung Atalanda startete, ist zweifelsohne der Pionier der lokalen Online-Marktplätze. Bei ihnen geht es vor allem darum, lokalen Händlern durch relativ niedrige Einstiegshürden den Schritt in die Online-Welt zu ermöglichen. Vorrangiges Ziel ist es, stationäre Geschäfte mit dem Internet zu verbinden und ihnen darüber Kunden zuzuführen. Alle Lösungen in dieser Richtung sollen die Verbraucher dazu bewegen, weiterhin den lokalen Handel zu nutzen, ohne allerdings auf die Vorteile des Internets als Informationsquelle verzichten zu müssen. Local-Commerce-Plattformen stellen eine Unterform virtueller Marktplätze wie z. B. eBay dar (Heinemann, 2024).

Mobile Portale

Eine neue Entwicklung hin zu mobilen Portalen wird durch intelligente Technologien und Geräte wie Mobiltelefone, Wearables, Internet of Things (IoT), biometrische Erkennung, Social Media, Blockchain, Augmented und Virtual Reality vorangetrieben (Täuber, 2019). Händler stehen über eine Vielzahl von Touchpoints mit dem Konsumenten im Kontakt, um ihn personalisierter und relevanter anzusprechen. Die Anzahl möglicher Kontaktpunkte wächst immer schneller, vor allem die der IoT-Geräte, die ein Kernelement des mobilen Portals darstellen. Dabei ist der Online-Shop nur eine Option unter vielen (Täuber, 2019). Mobile Geräte und Sensoren, die ständig online sind, vereinfachen die Analyse der Kunden und liefern immer mehr Kundendaten. Mit ihnen kann das „Begehren" eines Kunden für ein Produkt in Echtzeit identifiziert werden, sodass Händler dem Kunden direkt relevante und passende Angebote machen können. Intelligente Prognosemodelle ermöglichen es, immer genauere/exaktere Vorhersagen darüber zu treffen, was benötigt wird bzw. nachbestellt werden muss. Die höchste Evolutionsstufe stellen automatische Nachlieferungen von Haushaltsverbrauchsmitteln dar (Accenture, 2016; Täuber, 2019). Da innovative Technologien es den Verbrauchern erlauben, jederzeit mit Anbietern in Kontakt zu treten, wird die Art und Anzahl der Zugänge für Anbieter immer undurchsichtiger. Angesichts dieser unüberschaubaren Zugangswege, wie u. a. Social-Media-Plattformen, textbasierte Chatbots und sprachbasierte Dienste wie Google Assistent oder Amazon Alexa, dienen mobile Portale dabei als Filter und Zugangstor. Händler, die dort als vertraute und vertrauenswürdige Partner vertreten sind, werden die Kunden besser für sich gewinnen können (Täuber, 2019).

Shopping-Apps und App-Commerce

App-Commerce hat gewaltiges Potenzial, und Shopping-Apps sind die Online-Shops der Neuzeit (Heinemann, 2024). Von Usern geschätzt wird vor allem die schnelle und unkomplizierte Art der Produktsuche. Ein Fünftel von ihnen nutzt diese Funktion mindestens einmal am Tag. Rund 80 % wollen sich vorrangig für einen künftigen Kauf inspirieren lassen oder nach Produktbewertungen schauen. Insgesamt zeigt sich, dass eine App entweder sehr oft oder gar nicht genutzt wird, weswegen 61 % der Nutzer Apps auch wieder löschen (Criteo, 2021). Dies macht deutlich, dass die Gestaltung einer Shopping-App höchste Ansprüche an Funktionalität und Usability stellt. Derzeit wachsen die direkt über Smartphones realisierten Mobile-Commerce-Umsätze sowie der über Mobiltelefone generierte Traffic weiter stark an. Per Dezember 2022 betrug der globale mobile Anteil am Internettraffic bereits 56,9 % (Global Digital Report, 2023). Mit 71 % liegt Deutschland deutlich darüber (ARD/ZDF-Forschungskommission, 2023). Galt jahrelang die Erkenntnis, dass Mobile Commerce der verlängerte Arm des E-Commerce ist, haben sich mittlerweile die Rollen vertauscht: „Online ist Mobile" oder gar „Mobile Only" verdeutlicht, dass E-Commerce der verlängerte Arm des Mobile Commerce geworden ist (Heinemann, 2018, 2024). So lag der Online-Umsatzanteil über mobile Endgeräte in Deutschland per Ende 2023 schon bei 64 %. Auf Tablets entfallen davon 9 % und auf Smartphones 55 %. Auf Desktops bzw. Laptops entfallen nur noch 36 % aller Online-Umsätze (ARD/ZDF-Forschungskommission, 2023; HDE, 2023). Umsatzprognosen verdeutlichen, dass dieser Anteil auch in den nächsten Jahren weiter ansteigen wird und vor allem die App-Sales überproportional zunehmen werden (Gasser, 2019; HDE, 2023; Heinemann, 2024). Mobile Shopping-Apps beinhalten insofern ein hohes Erfolgspotenzial, vor allem wenn diese unmittelbar an den bereits vorhandenen Online-Shop angeschlossen werden und synchronisiert sind. Im Sinne einer Cross-Device-Nutzung kann sich beides gegenseitig unterstützen und somit zum beiderseitigen Umsatzwachstum beitragen (asw, 2017; Heinemann, 2018). Werden Online-Umsätze durch die direkte Nutzung einer Shopping-App erzielt, liegt App-Commerce ohne Mobile Browser vor. Dieser nimmt überproportional zu, denn E-Commerce-Apps boomen (Criteo, 2019, 2021). Obwohl bisher Shopping-App-Umsätze kaum explizit veröffentlicht werden, ist davon auszugehen, dass deren Anteil am E-Commerce weiter ansteigt und vor allem die Online-Marktführer den größten Teil ihrer Online-Umsätze darüber erzielen (Heinemann, 2024). Dies verdeutlicht auch das aktuelle Similarweb-Ranking, das die meistgenutzten Shopping-Apps auf Basis der letzten 28 Tage darstellt, getrennt nach iPhone und Android (vgl. Abb. 1.10) (Abb. 1.12).

Auf den beiden Listen der meistgenutzten Shopping-Apps ergibt sich folgendes Bild, getrennt nach iOS und Android (Stand: 21. Januar 2024) (Similarweb, 2024): Auf der iOS-Liste liegt Amazon nicht mehr durchweg auf Platz 1. Eindeutiger Shootingstar ist hier die Billig-Shopping-App Temu, gefolgt von Shein. Zalando ist nicht aufgeführt, und Otto liegt auf Platz 9, also weit hinter MeinDM und Lidl Plus (Plätze 2 und 3). Die Android-Liste zeigt ein anderes Ergebnis (Similarweb, 2024). Hier nimmt Amazon überwiegend noch Platz 1 ein. Dabei fällt auf, dass sich sowohl Temu als auch Shein und AliExpress zunehmend auf den vorderen Rängen etablieren. Dies wird dadurch bestätigt, dass 2023 die Temu-App mit 337 Mio. Downloads Platz 1 der weltweit am häufigsten heruntergeladenen Shopping-Apps belegte und Shein und Amazon (Platz 2 und 3) hinter sich zurückließ. Amazon galt in den letzten 25 Jahren als uneinholbar, und plötzlich entpuppt sich PDD/Temu als potenzieller Amazon-Killer (Abb. 1.13).

„Shopping Apps – Temu Nr. 1 in Deutschland"

Top Retail Apps iPhone (Similarweb): Usage Rank - iPhone with 31.8 % Market Share

last 28 days per May. 13th 2024 — Mobile first / Bricks & Clicks / Others

Ranking	United States	France	Germany	United Kingdom
1	Temu	Temu	Temu	Temu
2	Shein	Shein	Shein	Shein
3	Amazon	Amazon	Kleinanzeigen	Vinted
4	Walmart	Vinted	Amazon	Tesco
5	Shop**	Sephora	Lidl Plus	Shop**
6	Capital One	AliExpress	Payback	CIDER
7	AliExpress	Nike	Klarna Shop now	Nectar
8	Target	Lidl Plus	eBay	Boots
9	eBay	Joco	Otto	Amazon UK
10	Nike	Zalando	Vinted	Coupert

Abb. 1.12 Meistgenutzte Shopping-Apps auf iPhones im internationalen Vergleich. (Similarweb, 2024)

„Shopping Apps – Temu Nr. 1 in Deutschland"

Top Retail Apps Android (Similarweb): **Usage Rank - Android with 61,2 % Market Share**

last 28 days per May. 13th 2024 — Mobile first — Bricks & Clicks — Others

Ranking	United States	France	Germany	United Kingdom
1	Amazon	Lebencoin	Amazon	Amazon UK
2	Walmart	Amazon	Kleinanzeigen	eBay*
3	Temu	Vinted	eBay*	Vinted
4	eBay*	AliExpress	Lidl Plus	Temu
5	Shein	Shein	Payback	Tesco
6	Fetch	Temu	Temu	Shein
7	AliExpress	Wildberries	Shein	Lidl Plus
8	Target	Lidl Plus	AliExpress	AliExpress
9	Sam´s Club	OZON	Vinted	ASDA
10	Shop**	Storecard	Kaufland	M&S Fashion

Abb. 1.13 Meistgenutzte Shopping-Apps auf Android im internationalen Vergleich. (Similarweb, 2024)

Shopping-Apps werden von allen Apps am häufigsten heruntergeladen. Neben Shopping suchen App-Nutzer auch nach Entertainment, denn Gaming- (51 %) und Streaming-Apps (47 %) sind neben Finanz-Apps (50 %) die beliebtesten Kategorien (Criteo, 2021). Das höhere Involvement von App-Usern zeigt sich auch bei der Nutzung von Apps in stationären Geschäften. Immerhin 34 % der deutschen Käufer haben bereits eine Shopping-App genutzt, als sie sich in einem stationären Geschäft befanden. Am häufigsten wurden damit Preise verglichen (49 %) oder Gutscheine eingelöst (31 %). Sie dienen aber auch dem Einholen zusätzlicher Produktinformationen sowie dem Ansehen von Bewertungen und Rezensionen (Criteo, 2021). Obwohl das weltweite Volumen des App-Commerce rasant ansteigt, ist der Einstieg in diesen neuen Kanal für die meisten Shop-Betreiber nicht leicht. Ihnen fehlt es häufig an Erfahrungen bezüglich des Nutzungsverhaltens der User, der technischen Besonderheiten des App-Commerce und vor allem der Vermarktung.

1.3 Entwicklungen in bankenfremden Branchen

1.3.1 Aktuelle Trends im E-Commerce

Wir können uns heute wahrscheinlich noch nicht vorstellen, welche E-Commerce-Geschäftsmodelle es in fünf oder zehn Jahren geben wird. Der aktuelle TikTok-Boom oder die rasante Expansion von Shein und Temu lassen erahnen, was noch auf uns zukommen wird. Der TikTok-Shop gilt derzeit als Shooting-Star und potenzieller Amazon-Killer. Es

Generelle Internet-Trends: KI, Internet-/Device-Nutzung, Plattformenentwicklung

Online-Handels-Trends: Tops, Game-Changer, neue Technologien, Veränderungsdruck

Omnichannel-Trends: Kaufverhalten, Multi-Channel-Services, neue Kanäle/-Makrktplätze

Handelsübergreifende Trends: Märkte, Betriebsformen, Digitalisierung, Automatisierung

Abb. 1.14 Trendsphären des E-Commerce. (Heinemann, 2024)

handelt sich um eine feedbasierte Shopping-App, die zeigt, dass Internetnutzung heute primär über das Smartphone stattfindet. Kaum jemand hat den Boom der Smartphones vorausgesehen, und selbst Bill Gates hielt bekanntermaßen anfangs gar nichts von den mobilen Endgeräten. Wahrscheinlich tun sich in den nächsten Jahren noch mehr strategische Fenster und Opportunitäten für Unternehmensgründer und Pioniere auf als in der Vergangenheit. Spannend bleibt deswegen die Frage, welche Aspekte zukünftig einen nachhaltigen Einfluss auf den neuen Online-Handel ausüben werden. Deswegen widmet sich das vorliegende Buch den aktuellen Entwicklungen. Auf Basis aktueller Forschungsthemen, Diskussionen in Fachkreisen, Veröffentlichungen in Fachmagazinen sowie als Ergebnis verschiedener Projekterfahrungen von 2018 bis 2024 wurden die folgenden Schlüsseltrends thesenartig zusammengestellt, die dem Fachbuch „Der neue Online-Handel" entnommen sind (Heinemann, 2024). Sie sind nach verschiedenen Trend-Sphären des E-Commerce strukturiert, die allesamt relevant für den Online-Handel sind (siehe Abb. 1.10) und lassen sich unterteilen in generelle Internet-Trends, Online-Handels-Trends, Omnichannel-Trends und handelsübergreifende Trends (Heinemann, 2024) Abb. 1.14.

Generelle Internet-Trends

Als die fünf relevantesten generellen Internettrends können „AI-Hype", „AI-Search", „App-First", „Asiatisierung" sowie „Always-Social" herausgestellt werden.

- **AI-Hype und AI-Aktionismus**: „Ein AI-Jahr zwischen Aktionismus und großer Ratlosigkeit" titelte Jochen Krisch am 14. Dezember 2023 (Krisch, 2023). So spannend die Gen-AI-Themen seit OpenAI und ChatGPT vor allem aus technologischer Sicht sind, so ernüchternd ist das alles noch auf Anwendungsseite. Nichtsdestotrotz wird im Online-Handel das Thema KI (künstliche Intelligenz) derzeit regelrecht gehypt (Internet World, 2021; Heinemann, 2021; Krisch, 2023; Halm, 2024). Auch wenn ChatGPT beim Deep Learning ansetzt und berechtigterweise Hoffnungen auf dialogfähige Bots macht, ist das Thema nach heutigem Stand noch nicht richtig einsatzfähig. Dennoch suchen derzeit nahezu alle Online-Unternehmen nach den besten Wegen für die KI-

Verwendung. Dementsprechend titelt iBusiness: „KI in Unternehmen – der weite Weg vom Hype zur Strategie" (Halm, 2024). Großes Problem dabei ist, dass es bei KI gerade branchenübergreifend an Mitarbeitern und Mitarbeiterinnen mangelt, um alleine schon das Tagesgeschäft zu stemmen (Halm, 2024).

- **AI-Search – Suchmaschinendämmerung**: Google bekommt derzeit von drei Seiten Konkurrenz. Amazon galt schon bisher als Produktsuchmaschine und bläst jetzt mit Rufus, dem neuen Shopping-Assistenten, verstärkt zum Angriff auf Google (Mehta & Chilimbi, 2024). Zudem geht auch OpenAI mit einer eigenen Suchmaschine in die Offensive. TikTok ist bereits Suchmaschine, zumindest bei den Jugendlichen (Peón, 2023). Rufus, der auf generativer AI beruhende Einkaufs-Assistent von Amazon, ist auf den Amazon Produktkatalog sowie alle im Internet erhältlichen Informationen trainiert. Er soll sämtliche Frage zu Einkaufsbedürfnissen, Produktangeboten sowie Produktvergleichen beantworten und intelligente personalisierte Empfehlungen geben (Mehta & Chilimbi, 2024). Bekannt ist außerdem, dass OpenAI ganz konkret eine Suchmaschine in Konkurrenz zu Google launchen will (Gehl, 2024). Dementsprechend könnte KI auch zum selbstverständlichen Bestandteil jeder Suchmaschine werden, die dann das Beantworten komplexer Fragen möglich macht. Allerdings lauert die wohl größte Gefahr für Google bei TikTok. So wie WeChat den chinesischen Baidu quasi überflüssig gemacht hat, könnte TikTok Google endgültig vom Marktführer-Thron stoßen. Denn bereits bis zu 40 % der GenZ suchen schon nicht mehr auf Google, sondern auf TikTok (Peón, 2023).
- **App First – moderne Online-Shops sind Shopping-Apps:** Immer mehr Kunden nutzen im Rahmen ihrer Kaufprozesse Shopping-Apps (Criteo, 2021). Bereits mehr als 73 % der gesamten E-Commerce-Umsätze finden über mobile Endgeräte statt (eCommerceinstitut, 2021). Dabei legen App-Sales überproportional zu (Heinemann, 2023). Insbesondere während der Covid-Pandemie erlebte App-Commerce in Deutschland einen historischen Durchbruch (Criteo, 2021). Während viele Unternehmen immer noch die Vorteilhaftigkeit von Apps versus Browser diskutieren, vollzieht sich beim App-based Shopping bereits ein Wandel hin zu Progressive Web Apps (PWA). Diese ermöglichen es Online-Händlern, Trends frühzeitig zu identifizieren und aufzugreifen. Sie sind eigentlich schon ein Muss für jeden Online-Händler (Ober, 2020; eCommerceinstitut, 2021). Während also „Mobile First" bereits durch die Erfolgsformel „Mobile Only" abgelöst wurde (Internet World, 2017; kaufDA, 2018), dürften „PWA" und „App First" jetzt „Mobile Only" ablösen. Shopping-Apps werden zur Erfolgsformel im Handel, zumal die Conversion Rates von Shopping Apps viel höher sind als jene aller anderen Online-Einkaufsformen (Heinemann, 2024).
- **Asiatisierung – die ATTSS-Ökonomie:** Mit dem rasanten Aufstieg von Shein zur größten Fashion-Plattform der Welt steht nicht mehr nur AliExpress im Fokus der chinesischen Außenhandelsaktivitäten. Spätestens seit dem Marktstart von Temu ist klar, dass die Plattformökonomie wohl eher zu einer ATTSS- als einer GAFA-Ökonomie geworden ist, und zwar mit Aliexpress, Temu, TikTok-Shop, Shein und Shopee (Krisch,

2024a). Shein und Temu haben sich in kürzester Zeit zu regelrechten Angstgegnern aller westlichen Online-Händler entwickelt. Sie agieren mit einem Mix aus Innovation, Agilität, Finanzkraft, unternehmerischem Mut sowie sehr gutem Timing (Graf, 2023). Beide arbeiten direkt mit Fabriken in China zusammen, sodass Zwischenhändler die Lieferkette nicht verlängern und innerhalb kürzester Zeit neue Produkte in kleinen Testmengen produziert werden können. Mittels KI wird schnell ermittelt, welche Produkte gefragt sind. Dabei orientiert sich die Produktion an der tatsächlichen Nachfrage, wodurch Friktionen und Überproduktionen vermieden werden (Graf, 2023). Während Shein mit geschätzt 45 Mrd. US-Dollar Gross Merchandise Volume (GMV) bereits die Inditex-Gruppe hinter sich lassen konnte, dürfte sich Temu zusammen mit seiner Mutter, der PDD Holding, mit einem GMV von mehr als 1100 Mrd. US-Dollar bereits in ganz andere Sphären katapultiert haben (Krisch, 2024c).

- **Always Social – Intelligent Social Media als Game Changer**: Eigentlich beschreibt Social Commerce die Möglichkeit, über Social-Media-Plattformen direkt Produkte erwerben zu können. Das macht das Shoppingerlebnis für viele User angenehmer und leichter. Dementsprechend bieten etliche Online-Händler über Instagram beispielsweise „Shoppable Posts" an, die die Customer Journey deutlich verkürzen und die Zahl der Spontankäufe steigern (Büttner, 2020). Derzeit pusht vor allem TikTok das Social-Shopping-Thema (Hart, 2022). Insbesondere durch den direkten Zugriff auf die bestehenden User und deren reibungslose Integration kann TikTok extrem schnell skalieren. Weltweit soll die chinesische Plattform im ersten Geschäftsjahr (2023) bereits ein GMV von 285 Mrd. US-Dollar erzielt haben (+40 %). Wesentlicher Erfolgsfaktor ist dabei, dass TikTok den Checkout mit einem „eigenen" Fulfillment kombiniert, was die Experience für die User verbessert und vereinheitlicht. Es erleichtert auch neuen, experimentierfreudigen Labels den Einstieg, zumal sie nicht über eigene Versand- und Logistikinfrastrukturen verfügen. Aber auch bei den Transaktionsgebühren kann TikTok Zugeständnisse machen, da es als Entertainmentplattform etliche andere Monetarisierungsmöglichkeiten bietet (Krisch, 2024a).

Trends des Online-Handels

Als neueste Trends des Online-Handels können „Demokratisierung", „digitale Radikalisierung", „Discountisierung", „digitale Effizienz" sowie „duale Ökosysteme" genannt werden.

- **Demokratisierung – das neue C2C**: Secondhand liegt im Trend und damit C2C, da Konsumenten als Zulieferer agieren (HDE, 2022). Sowohl die Übernahme von Mädchenflohmarkt durch Momox als auch die vollständige Eingliederung von Rebelle in die Secondhand-Plattform Vinted zeigen, dass vor allem das Sourcing der Ware von Endkunden eine besondere Herausforderung darstellt. Auf der anderen Seite zeigt dies eine umfassende Demokratisierung des E-Commerce unter Einbeziehung der Kunden als Lieferanten auf (C2). Aber auch professionelle Anbieter nehmen den Massenmarkt ins Visier. Die Dynamik im Re-Commerce ist dementsprechend groß. Zudem sind die Wachstumsraten hoch, wie z. B. Momox und Vinted zeigen.

- **Radikal digital – Innovationsdilemma, Technologieexplosion und Digital-FOMO:** Derzeit besteht ein Mangel an Innovationen. Dies ist Ergebnis eines offensichtlichen Innovationsdilemmas (Krisch, 2024b). Viele Innovationsansätze sind nicht radikal genug, um wirklich etwas zu bewegen. Für etliche Unternehmen ist KI offensichtlich ein Feigenblatt, um nicht weiter an eigenen Innovationen arbeiten zu müssen (Krisch, 2023). Infolgedessen geraten digitale Entscheidungsträger immer mehr unter Druck, weil sich die technologischen Zyklen immer schneller drehen. Man spricht mittlerweile von einer regelrechten Technologieexplosion, die immer weniger durchschaubar wird, insbesondere beim Thema KI. Die Digital-FOMO (Fear of Missing Out) trägt dabei ihre Früchte (iBusiness Technologieexplosion, 2024; Halm, 2024).
- **D2C-Plattformen – die Basis der neuen Killerpreise:** Direct-to-Customer (D2C) ist auf dem Vormarsch (Faber, 2022). Hersteller gehen massiv in den D2C-Verkauf. Vorbild ist hier Nike mit einem D2C-Anteil von über 40 %. Den größten Teil der D2C-Umsätze erzielt Nike über die eigene Plattform, die bereits auf rund 15 Mrd. US-Dollar D2C-Umsatz kommt (Heinemann, 2024). Die Vorteile liegen auf der Hand: Hersteller vermeiden Preisaufschläge der Zwischenhändler, indem sie den klassischen Handel als Intermediär umgehen, und können ihre Produkte dem Kunden billiger anbieten. Derzeit gibt es kaum noch eine führende Modemarke ohne D2C-Commerce. Auch der neue Shooting Star Temu verfolgt das Prinzip einer D2C-Plattform für chinesische Hersteller (Pfluger & Bruckner, 2024). Dementsprechend wird der europäische Markt regelrecht mit Billigware geflutet. Der Grund, warum die Chinesen so billig anbieten können, liegt vor allem darin begründet, dass Temu ein reiner Marktplatz ist, während die Hersteller die Abwicklung übernehmen.
- **Digitale Effizienz – Rentabilisierung statt Wachstum**: Erstmals in der Geschichte – sofern das Platzen der Internetblase um die Jahrtausendwende ausgeklammert wird – hat der Online-Handel 2022 mit einem Minus abgeschlossen und auch 2023 ein Nullwachstum hingelegt (Heinemann, 2023; HDE, 2024a, 2024b). Zweifelsohne tat sich der eine oder andere Online-Händler schwer, mit dieser Situation klarzukommen. Gefragt sind dementsprechend Effizienz und Rentabilisierung statt Wachstum, wie auch die neuen Geschäftsberichte von Zalando & Co. zeigen (Corporate Zalando, 2024); andernfalls droht einigen Online-Händlern die Insolvenz (Böhm & Fehl-Weileder, 2022). Selbst der Marktführer Amazon strich 2022 und 2023 Stellen im fünfstelligen Bereich und nahm massive Kosteneinsparungen vor. Insofern ist Online-Handels-Krisenmanagement angesagt (Böhm & Fehl-Weileder, 2022).
- **Duale Ökosysteme – mit B2C zum B2B im zweiseitigen Ökosystem**: Unter dem Schlagwort ZEOS öffnet Zalando seine Logistik-, Software- und Service-Infrastruktur für Fashion-Anbieter, um deren E-Commerce-Transaktionen zu unterstützen (Corporate Zalando, 2024). Das erinnert an die Amazon-Strategie eines zweiseitigen bzw. dualen Ökosystems. Kennzeichen digitaler Ökosysteme ist die Unabhängigkeit von an-

deren Anbietern, sodass anders als bei den horizontalen Marktplatzpartnern in vertikaler Richtung – also bei Wertschöpfung, Kundenkontakt, Datenmanagement etc. – eher keine externen Partner benötigt werden. Der Unterschied zu Plattformen liegt allerdings in den Möglichkeiten eines Ökosystems, mit seinen eigenen Funktionen selbst auch als B2B-Anbieter zu agieren und damit wie Amazon zu einem zweiseitigen Ökosystem zu werden (Heinemann, 2024).

Trends im Omnichanneling

Trends im Omnichanneling sind „Channel Innovationen", „Click & Collect-Automatisierung", „Convenience First", „Cobot Collaboration" sowie „Cross Border Commerce".

- **Channel Innovationen – Messenger-/WhatsApp- und Live-Chat-Commerce:** Mit Whatsapp Shopping könnte sich ein komplett neuer Vertriebskanal etablieren. Damit gäbe es eine große Chance für Händler und Marken, den Zugang zu ihren Bestandskunden zu pflegen (Weidemann, 2019, 2020). WhatsApp, die mit über zwei Milliarden Usern größte Messaging-App, führte bereits Ende 2021 Kollektionen für den Warenkatalog ein (Lewanczik, 2021). Dementsprechend wird das Messenger-Shopping auch zunehmend als Online-Kaufunterstützung eingesetzt. Zusätzlich bietet es sich an, dem Kunden ein Beratungsgespräch per Live-Chat anzubieten, so wie es der Fahrradhändler Rosebikes bereits macht, und zwar per WhatsApp-Videotelefonie und Facetime (Rosebikes, 2021). Auch die Thalia-Gruppe hat für ihren Buchverkauf eine digitale Kundenberatung via Chat im Programm, der von Mitarbeitern ausgewählter Filialen werktags und tagsüber durchgeführt wird. Neben der Online-Live-Beratung liegt auch Video-Live-Commerce im Trend. Rund zwei Drittel der Kunden können sich vorstellen, an Live-Shopping-Events teilzunehmen (eTailment, 2023).
- **Click & Collect-Automatisierung – Self Service bei Abholung:** Click & Collect liegt zweifelsohne im Trend (JTL, 2021; Heinemann, 2024). Dabei sind mittlerweile immer mehr Click & Collect-Automaten im Einzelhandel zu finden, wie z. B. beim Fast-Fashion Retailer Zara. Auch bei Lebensmittelhändlern ist das Abholen am Automaten im Markt beliebt. Anfang 2024 hat sogar Ikea das weltweit erste Instore-Abholsystem für Click & Collect-Nutzer pilotiert (Invidis, 2024). In Amsterdam werden diesbezüglich zwei riesige Lagerautomaten getestet, die speziell für die Bestellabholung konzipiert wurden (Invidis, 2024). Beide können bis zu 480 Bestellungen pro Tag abwickeln. Zusätzlich bietet Ikea auch normale Pick-up-Schließfächer für kleinere Einkäufe an. Verbreitung finden auch Click & Collect-Blumenautomaten oder Abholautomaten bei Apotheken, um die unbeaufsichtigte Lieferung von Medikamenten und anderen Waren an den Kunden unabhängig von Uhrzeit oder Datum zu ermöglichen (Click-collect-service, 2024).
- **Convenience First – Kanal egal:** Für die Mehrheit der Kunden ist es unerheblich, ob sie ein Produkt online einkaufen oder stationär. Ihr Motto lautet also: „Kanal egal". Sie kaufen es dort ein, wo für sie der Einkauf am einfachsten ist und wo sie sich sicher sein

können, dass das Produkt verfügbar ist. Ihnen geht es insofern in erster Linie um Convenience (Dolezych, 2023). Das Herz des Handels bleibt das Sortiment. Wenn das nicht gut ist, dann kauft der Kunde nicht. Ein Risiko ist sicherlich, wenn Händler dem Kunden nicht die Möglichkeit geben, seinen Kauf im Internet vorzubereiten, indem sie nicht digital präsent sind. Vor allem der Mobile Shop muss Convenience First bedenken, da er mittlerweile als erste Anlaufstelle angesteuert wird (Dolezych, 2023).
- **Cobot Collaboration – moderne Mensch-Maschine-Kombination:** Bei KI geht es nicht um die maximal mögliche, sondern um die sinnvolle Automatisierung, was der Begriff „Cobot" als Kombination von Collaboration und Roboter ausdrückt. Eine derartige Collaboration ist bereits bei Produktbeschreibungen und in der Content-Produktion recht verbreitet (Täuber, 2019; Weidemann, 2019, 2020). Bald werden die meisten Backoffice-Funktionen durch künstliche Intelligenz automatisiert werden können (Zoghby, 2018). Roboter optimieren zunehmend auch Warenwirtschaft und Logistik und werden zum großen Teil direkt mit dem Kunden kommunizieren. Ohne Mensch wird es auch im fortgeschrittenen KI-Stadium nicht gehen. Insofern nimmt in allen Funktionen die Collaboration bzw. Zusammenarbeit von Mensch und Maschine zu (Heinemann, 2024).
- **Cross Border Commerce – Import und Export im Online-Handel:** Im Online-Handel ist der Anteil der Verkäufe auf ausländischen Märkten in den letzten Jahren stetig gewachsen (Heinemann, 2024). Insbesondere in Europa stellt der Cross-Border-Commerce einen nicht mehr wegzudenkenden Wirtschaftsfaktor dar. Dementsprechend betrug das Volumen des grenzüberschreitenden Online-Handels in den 16 größten EU-Ländern (EU 16) auf Basis der 500 größten Online-Shops 2018 inklusive der Umsätze der Travel-Branche rund 137 Mrd. € (Webdata-Solutions, 2019; Heinemann, 2024). Dieses Volumen soll bis 2022 auf 245 Mrd. € anwachsen. Die EU geht davon aus, dass durch die Umsetzung der Digitalisierungsstrategie für den digitalen Binnenmarkt ein jährliches Wirtschaftswachstum von 415 Mrd. € pro Jahr erreicht werden kann (Webdata-Solutions, 2019; Heinemann, 2024).

Retail-übergreifende Trends

Als Top 5 der Retail-übergreifenden Trends lassen sich „rabattbezogene Loyalitätsprogramme", „Reimagination Retail", „Re-Commerce und Nachhaltigkeitsparadox", „Relocation and Replacement – Standorte im digitalen Context" sowie „Retail Media – digitale WKZ" nennen.

- **Rabattbezogene Loyalitätsprogramme – App- und Punkte-basiert:** Mittlerweile gibt es die unterschiedlichsten Arten von Loyalitätsprogrammen, je nachdem, ob sie kostenpflichtig sind wie z. B. Amazon Prime oder nicht (Zendesk-Blog, 2024). Darüber hinaus werden Punkte- oder Cashback-Programme (z. B. Miles & More versus ADAC), Abonnement- oder Community-Programme (z. B. Douglas versus Sephora) und zahlreiche andere Varianten wie z. B. Empfehlungs-, Gaming- oder stufenbasierte

Programme (z. B. Starbucks versus Breuninger) angeboten. Dabei erleben vor allem rabattbezogene Loyalitätsprogramme großen Zulauf, weil Konsumenten stärker auf den Preis achten. Sie nutzen Vorteilsprogramme, um mithilfe von Coupons und Rabatten zu sparen (Zendesk-Blog, 2024; Location Insider, 2024). Händler können sich wie bei Payback an ein bewährtes bestehendes System anschließen und dessen vorhandene Infrastruktur nutzen. Zusätzlich können sie ihren Kunden personalisierte Coupons oder sogar eine Mobile-Payment-Funktion via App anbieten. Beispielsweise ist das Mobile Payment als Payback Pay in der App von dm integriert (Location Insider, 2024). Ein weiteres Beispiel ist die Zusammenarbeit von Thalia und Payback, wobei das kostenlose Thalia KultClub-Vorteilsprogramm mit Payback verzahnt wird (Presseportal, 2024).

- **Reimagination Retail – Smart App-based Store:** Die Neuerfindung des Handels („Reimagination der Formate") erfolgt App-basiert. Dies ist wesentliche Basis für intelligente und durchdigitalisierte Smart Stores (Heinemann, 2021). Eine Schlüsselrolle spielt dabei sicherlich das Smartphone in Verbindung mit einer Master-App des Händlers, in der alle relevanten Funktionen zusammenlaufen (Heinemann, 2021, 2024). Dies gilt nicht nur für Web-to-Store, sondern auch für Web-in-Store, wo der Einkauf dann überwiegend App-basiert erfolgt. Die Master-App vereinigt alle Einzelhandelsfunktionen und ist zugleich mit allen Systemen inklusive Kassensystem verbunden. Statt den im Laden gefundenen Artikel erst einer Verkäuferin zuführen zu müssen, die diesen dann an die Zentralkasse gibt, wo der Kunden möglicherweise noch warten muss, kann die Bezahlfunktion jetzt per Smartphone erfolgen. Im Idealfall nimmt der unter Zeitdruck stehende Kunde die Waren sogar unbezahlt aus dem Laden mit und drückt erst später den Bezahl-Button. Über günstige RFID-Lösungen, die bereits in Entwicklung sind, kann im Zweifel die Kontrolle über die Ware sichergestellt werden (Heinemann, 2024).
- **Relocation and Replacement – Standorte im digitalen Context:** Relocation bezeichnet neue stationäre Standortkonzepte wie u. a. kleinere innerstädtische Standorte für Möbelhäuser oder Baumärkte (z. B. IKEA Test in Hamburg) oder Grüne-Wiese-Standorte für echte Multi-Channel-Händler. Replacement bezeichnet die Ladenbau- und Ladenkonzept-Änderungen im Zuge der Digitalisierung von Läden, wie z. B. Multi-Channel-Servicepoints, POS-Terminals, Self-Checkout-Equipment (Heinemann, 2024; Storeworks, 2024). War die Haupteinkaufsstraße lange Zeit unangefochtene 1A-Lage im stationären Handel, so wurde sie später von Google als „digitaler 1A-Lage" abgelöst. Im Zuge des „Always Social" geht es derzeit verstärkt um das Contextual Targeting (Onlinemarketing-praxis, 2022). Dabei sollten die Kommunikation und der Kontakt dort stattfinden, wo sich der Kunde im Netz aufhält. Hier setzt Contextual Commerce an, und zwar durch die Platzierung von Buy Buttons in Umgebungen außerhalb von Online-Shops oder -Marktplätzen. Über sie lassen sich Produkte direkt dort kaufen, wo sie der Verbraucher online entdeckt hat. Damit lassen sich vielleicht Impulskäufe initiieren, die sonst nicht gemacht würden (Jaedtke, 2022; Onlinemarketing-praxis, 2022; Heinemann, 2024). Verschärfte Regeln wie die DSGVO und der CCPA,

die alternative und Cookie-freie Werbung benötigen, begünstigen das Contextual Targeting, nämlich die Ausrichtung von Ads am umgebenden Inhalt in Form von Texten, Videos und Bildern (Jaedtke, 2022; Onlinemarketing-praxis, 2022).

- **Re-Commerce versus Nachhaltigkeitsparadox – die neue Diskrepanz:** Kunden legen zunehmend Wert auf umweltfreundliche Produkte, klimaneutralen Versand sowie Vermeidung von Plastik. Geht es allerdings um das eigene Geld, sieht das konkrete Kaufverhalten doch etwas anders aus (bevh, 2022; Heinemann, 2024). So scheren sich rund 46,5 % der Kunden bei ihren Einkäufen nicht sonderlich um das Thema Nachhaltigkeit. Nur noch rund 50 % der bisher umweltbewussten Kunden wünschen die „Verwendung nachhaltiger Verpackungen" (bevh, 2022). Deutlich reduziert hat sich auch die Zahl der Online-Shopper, die umfassend über die Warenherkunft und Lieferkette aufgeklärt sein möchten (von 41,1 % 2020 auf 19,1 % 2022). „Produkte aus nachhaltiger Herstellung" waren 2022 nur noch 15,6 % der Befragten wichtig (in 2020 noch 34,5 %). Ohne Zweifel liegt nachhaltigerer Konsum zwar nach wie vor im Trend. Immer mehr Kunden zeigen in dieser Hinsicht jedoch ein paradoxes Kaufverhalten und sehen sich nicht zu nachhaltigem Konsum in der Lage (bevh, 2022). Die Diskrepanz zwischen bekundetem und tatsächlichem Kaufverhalten ist dabei nicht neu und wurde bereits 1992 in Studien des Instituts für Marketing an der Universität Münster aufgedeckt (Monhemius, 1993).
- **Retail Media – digitale WKZ:** Retail Media erlebt derzeit einen enormen Aufschwung und entwickelt sich zum Treiber des digitalen Werbemarktes (Adzine, 2022). Es bezeichnet die Möglichkeit, im digitalen Marketing Werbung innerhalb von Websites und Apps von Retailern oder Marktplätzen zu schalten (Pilot, 2019; Heinemann, 2024). Retail Media zielt darauf ab, die Konsumenten in verschiedenen Phasen ihrer Customer Journey zu erreichen (Heinemann, 2024). Diesbezüglich ist Amazon wieder der Vorreiter: Die außerordentlich hohe Reichweite an monatlichen Unique Visitors gepaart mit den (noch) relativ geringen Klickpreisen sowie höheren Konversionsraten machen Amazon Search Ads für Vermarkter interessant. Zugleich lehren sie Facebook und Google das Fürchten, denn Amazons Präsenz geht vor allem zulasten von Google Search, wie in den USA zu beobachten ist. Dementsprechend hat sich Amazon in den USA bereits als drittgrößte Werbeplattform hinter Google und Meta etabliert (Borgfeld, 2019; Pilot, 2019; Heinemann, 2024).

1.3.2 Digitale Transformation im Länder- und Branchenvergleich

Die Covid-Pandemie hat sich als Katalysator für die Digitalisierung erwiesen. Immerhin 97 % der Entscheidungsträger in Unternehmen glauben, dass sie die digitale Transformation innerhalb ihres Unternehmens vorangebracht hat (Rose, 2020; Twilio, 2020; Heinemann, 2024) (vgl. Abb. 1.15). Diese beschleunigte Transformation treibt mit der Ausweitung von Portalen und Plattformen auch die Entkopplung bisheriger Wertschöpfungsketten voran. Klassische Anbieter können wesentliche wertschöpfende Aktivitäten nicht

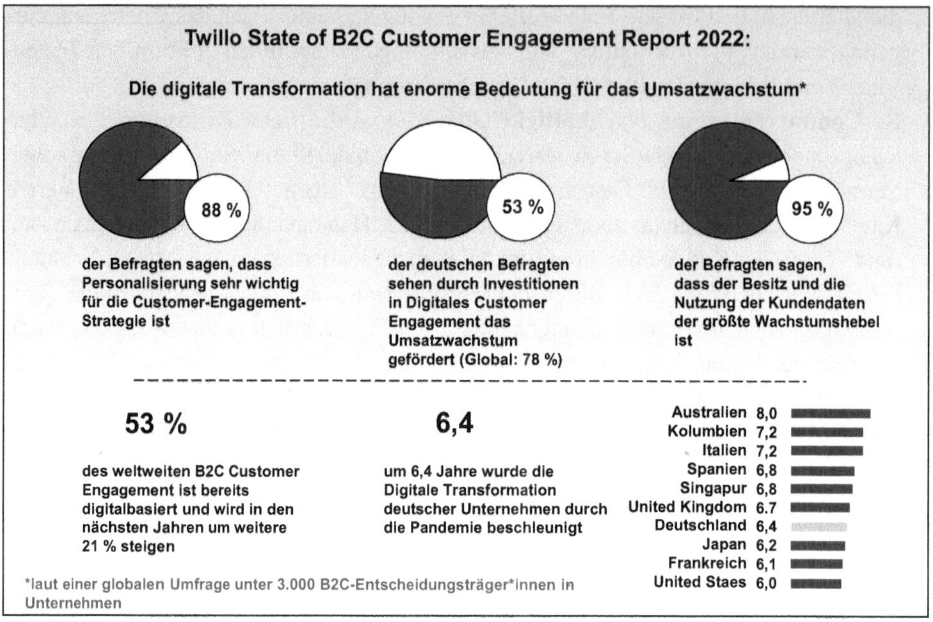

Abb. 1.15 Beschleunigung der digitalen Transformation. (Twilio, 2023)

mehr wie bisher wahrnehmen (Heinemann et al., 2019; Heinemann, 2024). An ihre Stelle treten beispielsweise Infomediäre mit herausragender Angebotsvielfalt, Makler mit unendlich großer Auswahl über Longtail, Empfehlungs-Engines mit individuellen 1:1-Empfehlungen, Preis- und Produktsuchmaschinen mit Beratungsfunktion sowie soziale Netzwerke, die vertrauenswürdige Meinungen und Empfehlungen anderer Freunde bündeln. Stationäre Händler haben durch die Informationsintermediäre bereits ihre Alleinstellungsmerkmale an der Kundenschnittstelle verloren und spielen aus Kundensicht vielfach keine dominierende Rolle mehr für die Produktauswahl. Für den Internetnutzer verlieren sie immer mehr an Relevanz, wodurch auch die Bindung und demzufolge die Zahlungsbereitschaft der Konsumenten weiter zurückgehen.

Branchenvergleich

Das Vorhalten von Beratung und Bedienung wird in den meisten Branchen immer weniger erfolgsrelevant, da Kunden nicht mehr bereit sind, für eine nicht mehr wahrgenommene bzw. in Anspruch genommene Wertschöpfung ein Premium zu bezahlen (Heinemann et al., 2019; Heinemann, 2024). Dementsprechend entkoppelt sich der Kaufentscheidungsprozess durch das Internet, was mit einer Entkoppelung der Wertschöpfungsketten im Handel einhergeht. Traditionsanbieter verlieren zusehends ihre Position als „Alles-aus-einer-Hand-Anbieter" und degenerieren zu austauschbaren Dienstleistern, mit allen wesentlichen finanziellen Risiken durch das anlagenintensive Geschäft. Abgesehen von der Reisebranche und dem Einzelhandel auch die Branchen Medien und Musik bereits komplett verändert worden. Dieser Veränderungsprozess wurde zweifelsohne durch die Digitalisierung der Produkte, also durch E-Books und Musik-Downloads, zusätzlich befeuert (Heinemann, 2024). Mittlerweile besteht in allen Branchen für etablierte Anbieter die Gefahr, wie die Reiseanbieter mit ihren in der Vergangenheit aufgebauten Fixkostenapparaten eher zu einer Art Erfüllungsgehilfe ohne direkte Kundenbeziehung in der Geschäftsanbahnung zu degenerieren. „Digital Insider" gehen davon aus, dass mittel- bis langfristig keine Branche von dem disruptiven digitalen Wandel verschont bleibt. Jede Industrie und jedes attraktive Marktsegment wird von Investoren so lange befeuert, bis sich ein digitaler Player durchsetzt. Eine Markt-Disruption ist insofern unvermeidbar für alle Branchen, die damit in den digitalen Strudel („Vortex") geraten (vgl. Abb. 1.16). Vor allem dem Bankensektor steht durch die aufkommende Plattformökonomie ein ähnlicher Paradigmenwechsel bevor, wie er im Einzelhandel bereits stattgefunden hat.

Ländervergleich

In Bezug auf die Digitalisierung gerät Deutschland immer mehr ins Hintertreffen und kann die immer größer werdende Lücke gegenüber den führenden Internetnationen wahrscheinlich nicht mehr schließen. Insbesondere bei Investitionen sowie Start-ups muss Deutschland aufholen (Greiner, 2020; Cisco, 2021; Heinemann, 2024). Dies macht auch der Index für digitale Wirtschaft und Gesellschaft (DESI) der Europäischen Kommission deutlich. Er fasst Indikatoren für die digitale Leistung Europas von 2014 bis 2022 zusammen (Europäische Kommission, 2023) und verfolgt regelmäßig die Fortschritte der Mitgliedstaaten in den fünf wesentlichen Bereichen Konnektivität, digitale Kompetenzen, Internetnutzung durch Privatpersonen, Integration digitaler Technik durch Unternehmen und digitale öffentliche Dienste sowie digitale öffentliche Verwaltung (Heinemann, 2024). Im Jahr 2022 lag Deutschland im europäischen Vergleich der digitalen Wirtschaft und Gesellschaft an 13. Stelle und kam auf eine Gesamtpunktzahl von 52,9 Punkten. Auf den vorderen Plätzen liegen die skandinavischen Länder Finnland und Dänemark (vgl. Abb. 1.17).

1.3.3 Digitales Universum und SoLoMo

Derzeit (Stand 2023) nutzen über 5,57 Mrd. Menschen weltweit das Netz, davon ungefähr 96 Mio. User in der DACH-Region. Das sind 97 % der Bevölkerung. In Hinblick auf die Nutzerzahlen gehört Deutschland zu den neun größten Internetnationen, knapp hinter Großbritannien mit 98 %. Pro Tag verbringen Internetnutzer in Deutschland im Schnitt 5:12 h im Netz. In den USA liegt die Nutzungsdauer bei 6:59 h täglich, was über dem weltweiten Durchschnitt liegt (6:37 h). Südafrika (9:38 h), Brasilien (9:32 h) und die Philippinen (9:14 h) liegen noch deutlich darüber. In Deutschland hat die Internetnutzung offensichtlich noch Luft nach oben, auch wenn weltweit die Nutzungsdauer stagniert. Demgegenüber sind bereits rund 85,1 % der Bevölkerung hierzulande in sozialen Netzwerken aktiv, in den USA sind es nur 72,5 % und weltweit nur 59,4 % der User (Global Digital Report, 2023) (vgl. Abb. 1.17).

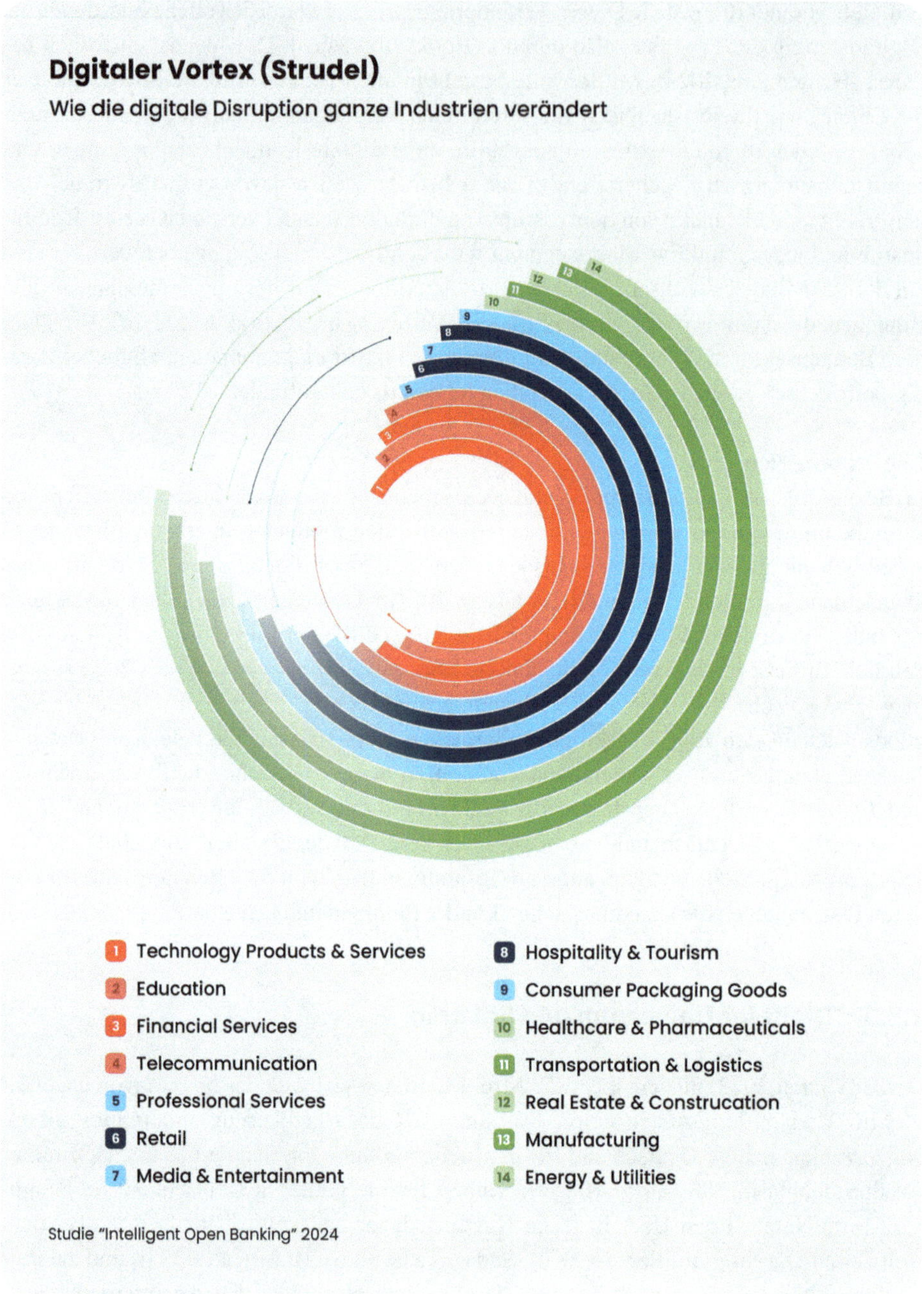

Abb. 1.16 Digitaler Vortex. (Shan & Wade, 2023)

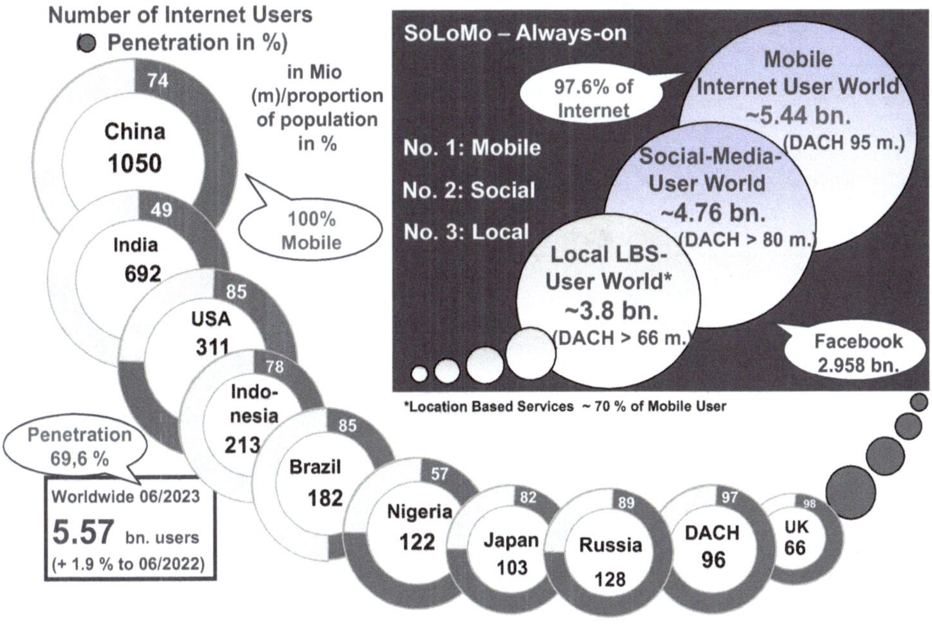

Abb. 1.17 Anzahl der Internet User weltweit. (Global Digital Report, 2023; Internetworldstats, 2023)

Die Online-Nutzerzahlen verdeutlichen nicht, wie sehr sich die Art der Internetnutzung verändert: So zeigen mehr als 5,44 Mrd. mobile Internetnutzer mehr als deutlich, dass das mobile Internet auch weltweit dominiert (Global Digital Report, 2023). Damit liegt der Anteil der mobilen Nutzer bereits bei 97,6 %. Alle Expertenmeinungen und Prognosen gehen weiterhin von einem Anstieg der Nutzerzahlen für das Internet aus, da erst rund 69,7 % der Weltbevölkerung online sind. Dabei gibt es vor allem bei der mobilen Internetnutzung noch reichlich Potenzial. Gemessen an der gesamten täglichen Nutzungsdauer betrug die mobile Nutzung per Ende 2022 rund 56,9 % (Global Digital Report, 2023). Das Online-Shopping zeichnet sich immer mehr durch ein begleitendes Ineinandergreifen von sozialer Vernetzung, Lokalisierung und mobiler Internetnutzung aus. Aus diesem Zusammenspiel heraus, das in Fachkreisen als „SoLoMo" (sozial, lokal, mobil) bezeichnet wird, sind verschiedene Formen des Online-Handels entstanden (Heinemann, 2021, 2024).

Mobile Internetnutzung

Die Anzahl der Smartphone-User hat sich in Deutschland von 2012 bis 2023 auf rund 69 Mio. vervierfacht (ARD/ZDF-Forschungskommission, 2023; Global Digital Report, 2023). Bereits mehr als 95 % der deutschsprachigen Wohnbevölkerung über 14 Jahren nutzt regelmäßig internetfähige mobile Endgeräte für den Zugang ins World Wide Web. In Abb. 1.18 wird deutlich, dass sich der Anteil der mobilen Internetnutzung in den letzten fünf Jahren nahezu verdoppelt hat. Die Nutzerzahl ist inzwischen fünfmal so hoch. Die zu-

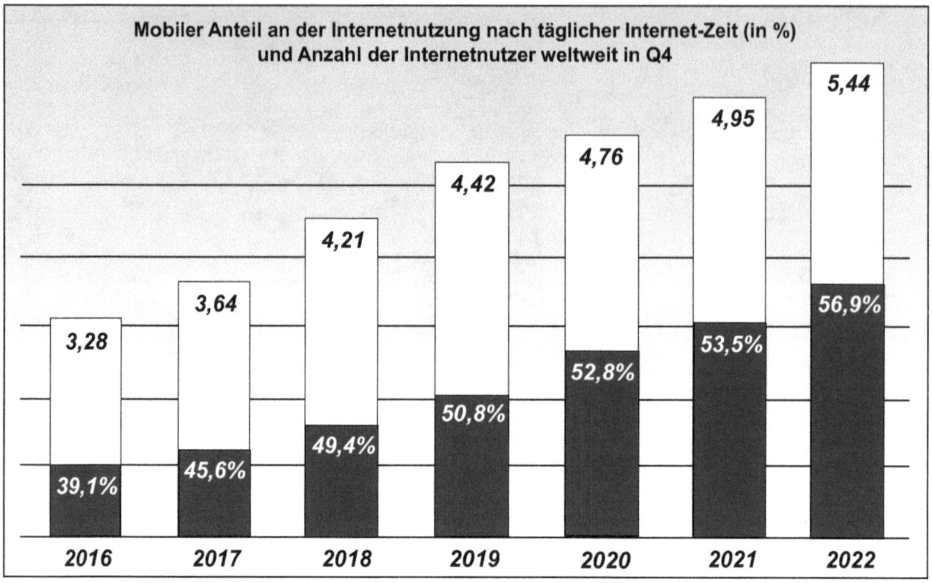

Abb. 1.18 Mobile Internetnutzung weltweit. (Global Digital Report, 2023)

nehmende Nutzung von mobilen Geräten wirkt wie ein Game Changer für den Handel und weckt bei den Kunden völlig neue Erwartungen und Bedürfnisse (kaufDA, 2018; Heinemann, 2021, 2024). „Mobile Only" setzt mittlerweile den Standard für sämtliche Online-Aktivitäten. Daher ist die situative und lebensstilgerechte Anpassung der Angebote an die individuellen Einkaufsgewohnheiten der Kunden sicherlich die hohe Schule des modernen Online-Handels in Form des App- und Smartphone-Commerce (Heinemann, 2018, 2024).

Soziale Internetnutzung

Insbesondere der Messengerdienst WhatsApp wird hierzulande intensiv genutzt und kommt in Deutschland auf über 58 Mio. Nutzer, weltweit auf rund 2 Mrd. Als meistgenutztes Netzwerk kam Facebook im ersten Quartal 2023 weltweit bereits auf 2,96 Mrd. „monatlich aktive Nutzer", plus rund 2,51 Mrd. YouTube-, 2,0 Mrd. WhatsApp-, rund 2,0 Mrd. Instagram- sowie rund 0,93 Mrd. FB-Messenger-User. WeChat kommt bereits auf 1,31 Mrd. und der Shooting-Star TikTok auf 1,05 Mrd. Nutzer (Global Digital Report, 2023). Hinzu kommen die rund 0,57 Mrd. QQ- sowie 0,63 Mrd. Snapchat-User (Global Digital Report, 2023). Soziale Netzwerker verbringen einen immer größeren Teil ihrer Freizeit im Internet. Unter den mehr als 4,76 Mrd. Social-Media-Usern entwickelt der digitale Informationsaustausch weiterhin eine zunehmende Dynamik, welche mit einer stark anwachsenden Informationssuche zur Kaufvorbereitung einhergeht (Global Digital Report, 2023). Dies verändert auch zusehends das Kaufverhalten im Netz.

Lokale Internetnutzung
Die Nutzung von Smartphones macht die Kommunikation an jedem Ort und zu jeder Zeit möglich. Mobile Endgeräte sind zudem zum ständigen lokalen Einkaufsbegleiter geworden. Nutzer teilen zunehmend Informationen zu ihrem Aufenthaltsort und zu stationären Angeboten oder suchen lokale Angebote. Eine lokale, situative und lebensstilgerechte Anpassung der Angebote an die individuellen Einkaufsgewohnheiten der Kunden ist dabei sicherlich die hohe Schule des modernen Online-Handels (Heinemann, 2018, 2024).

1.4 Fazit

Leider wird das Thema der Konkurrenz durch internationale Plattformen – trotz der enormen Erfolge von Amazon und Alibaba – auf Top-Entscheider-Ebene vielfach immer noch nicht ernst genug genommen – man nutzt diese Giganten sogar noch in der Cloud. Dabei müssten unsere Unternehmer eigentlich dringend mobilisieren und alle Mittel zusammenkratzen, um nicht den digitalen Anschluss zu verlieren. Wenn Amazon mehr als 7 % vom Umsatz in digitale Verbesserungen investiert (Amazon, 2019), dann müsste das eigentlich die Messlatte sein. Aber kein Unternehmen hierzulande nimmt auch nur ansatzweise diese Mittel in die Hand. Dabei ist E-Commerce wie Jumbo-Fliegen: Man benötigt eine Menge Sprit – eine Tasse reicht nicht.

Was die Konkurrenzfähigkeit der Plattformökonomie und des E-Commerce in Deutschland betrifft, ist eigentlich allen Experten klar, dass wir hinterherhinken. Zweifelsohne sind wir deutlich kleiner als die beiden großen Digital-Nationen, und wir können bei Weitem nicht dieselben Ressourcen stemmen wie diese gigantischen Wirtschaftsmächte. Die Gefahr ist jedoch, dass sich das Reich der Mitte jetzt auch noch unsere Schlüsselindustrien greift und wir mehr oder weniger tatenlos zusehen müssen (Halm, 2016; Heinemann et al., 2021). Politik, Behörden, Justiz, Wissenschaft, Kapital – neben den Entscheidern in den Unternehmen obliegt vor allem diesen Bereichen die Verantwortung dafür, dass Schweiz, Österreich und Deutschland den Rückstand aufholen können und nicht vollkommen ins Hintertreffen geraten. Für die Plattformökonomie ist nach allen bisherigen Erfahrungen im Gegensatz zur vielbeschworenen „Tugend der Sparsamkeit" eine stärkere Risikoübernahme notwendig. Ebenso sollte die Einbindung von Private Equity in die finanzielle Ausstattung universitärer Forschung oder auch Förderung vielversprechender Startup-Ideen stärker angesprochen werden, vor allem für FinTechs. Wenn sogar Stephan Quandt – zusammen mit seiner Schwester Mehrheitsaktionär von BMW – davor warnt, dass die europäische Industrie sich ihre Kundenbeziehungen von den großen Plattformen stehlen lässt, müsste alles klar sein.

Die Voraussetzungen sind eigentlich gut. Vor allem die deutsche Grundlagenforschung hat viele Ideen – u. a. im Bereich der künstlichen Intelligenz – hervorgebracht, mit denen die GAFAs und TABs jetzt digital durchstarten. So gründete Jeff Bezos sein weltweites Forschungszentrum für künstliche Intelligenz in Berlin. Sein erster Chefentwickler war ein Deutscher, der das Thema als Forscher hierzulande entwicklungsreif gemacht hat. Vor allem die deutsche Grundlagenforschung ist ein wichtiger Pfeiler, der für eine positive Entwicklung stärker genutzt und vor anderen Ländern besser geschützt werden sollte. Über die Fraunhofer-Gesellschaft sowie die Max-Planck-, Helmholtz-, DFG- und Leibniz-Gesellschaften fließen immerhin bis zu 20 Mrd. staatlich finanzierte Euro in Zukunftsthemen, die wir dann quasi anderen umsonst zur Verfügung stellen, dies dann auch noch durch Recht und Kartellamt unterstützt. Vor allem die Politik ist nun gefordert, sofort und umsichtig zu handeln. Wie sonst kommen wir bei der digitalen Aufholjagd in Deutschland weiter? Wie sonst können wir verhindern, beim Zukunftsnetz 5G im OECD-Ranking vom fünftletzten endgültig auf den letzten Platz abzurutschen (OECD, 2018, 2019)? Und auch der Digitalbeirat dürfte bei der aktuellen Gemengelage eher nur ein digitaler Papiertiger sein! Schließlich warnte Frau Merkel schon seit 2013, dass Deutschland den Anschluss verpasse. Seitdem hat sich Deutschland allerdings noch einmal deutlich verschlechtert und rangiert heute im internationalen Vergleich allenfalls im Mittelfeld. Das heißt: Sowohl bei digitalen Technologien als auch bei der digitalen Ausrichtung von Geschäftsmodellen und staatlichen Institutionen ist unser Land das Gegenteil von exzellent.

Die Geschäftsmodelle im Banking verändern sich durch die Plattformökonomie so gründlich wie durch keinen bisherigen Wandel. Kunden übertragen den bei Google, Amazon, Netflix und Co. erlebten Service auf ihre Anforderungen an ein modernes Banking. Der Point-of-Decision, also die Kaufentscheidung des Kunden, fällt zunehmend früher in der Customer Journey und immer ausschließlicher im Internet. Kunden fordern dabei ein lösungsorientiertes, transparentes und anbieterunabhängiges Leistungsangebot von ihrer Bank. Das strategische Fenster steht offen, und noch haben Banken sowie Sparkassen alle Chancen, als Plattformbetreiber erfolgreich mitzumischen.

Literatur

Accenture. (2016). *Global consumer pulse survey*. Accenture Strategy.

Adzine. (2022). Retail Media wird ein Treiber des digitalen Werbemarktes. Adzine vom 25. Okt. 2022. https://www.adzine.de/2022/10/retail-media-wird-ein-treiber-des-digitalen-werbemarktes/. Zugegriffen am 03.01.2023.

Amazon. (2024). Amazon.com Inc. Annual Report 2023. Form 10-K.

ARD/ZDF-Forschungskommission. (2023). ARD/ZDF-Onlinestudie 2023. https://www.ard-zdf-onlinestudie.de/files/2023/ARD_ZDF_Onlinestudie_2023_Publikationscharts.pdf. Zugegriffen am 25.04.2024.

asw. (2017). Top-Studie: Mobile Endgeräte überholen erstmals den Desktop beim Online-Shopping. Absatzwirtschaft vom 30. November. http://www.absatzwirtschaft.de/top-studie-mobile-endgeraete-ueberholen-erstmals-den-desktop-beim-online-shopping-119257/. Zugegriffen am 16.07.2018.

bevh. (2019). Aktuelle Zahlen zum Interaktiven Handel – bevh-Studie 2018. http://www.bevh.org/markt-statistik/zahlen-fakten/. Zugegriffen am 13.04.2019.

bevh. (2022). Weniger Geld für nachhaltigen Konsum – ökologischer Wandel darf nicht auf Verbraucher warten. Pressemitteilung vom 12. Dez. 2022. https://www.bevh.org/presse/pressemitteilungen/details/weniger-geld-fuer-nachhaltigen-konsum-oekologischer-wandel-darf-nicht-aufverbraucher-warten.html#:~:text=Deshalb%20wurde%20jeweils%20im%20Dezember,(32%2C4%20Prozent). Zugegriffen am 13.12.2022.

bevh. (2024). Aktuelle Zahlen zum Interaktiven Handel – bevh-Studie 2023. http://www.bevh.org/markt-statistik/zahlen-fakten/. Zugegriffen am 13.09.2024.

Bizan, J. (2018). Wandel der Marktstrukturen hin zur Plattformökonomie: Plattformökonomie – altbekannt und aktuell wie nie. In Datev-Blog.de vom 30. Mai 2018. https://www.datev-blog.de/2018/05/30/plattformoekonomie/. Zugegriffen am 13.07.2019.

Böhm, V., & Fehl-Weileder, E. (2022). Insolvenzen von Online-Händlern sind kniffelig. Springer Professional vom 25. Nov. 2022. https://www.springerprofessional.de/transformation/e-commerce/insolvenzen-von-online-haendlern-sind-kniffelig/23749626. Zugegriffen am 28.11.2022.

Borgfeld, W. (2019). Kick it like Amazon: Wie Retail Media Google das Wasser abgräbt. In eTailment vom 29. November 2019. https://etailment.de/news/stories/retail-media-amazon-22705. Zugegriffen am 13.07.2020.

Büttner, A. (2020). 5 Content-Marketing-Trends, die uns 2020 erwarten. Vom 20. Jan. 2020. https://unternehmer.de/marketing-vertrieb/239990-2020-content-marketing-trends. Zugegriffen am 02.08.2020.

Cisco. (2021). Digital Readiness Index 2021. https://www.cisco.com/c/m/en_us/about/corporate-social-responsibility/research-resources/digital-readiness-index.html/. Zugegriffen am 05.01.2023.

Click-collect-service. (2024). Willkommen bei der Click & Collect Service GmbH. Click-collect-service 2024 https://www.click-collect-service.com/. Zugegriffen am 25.03.2024.

Corporate Zalando. (2024). Zalando entwickelt Strategie weiter, um mit europaweitem Ökosystem für Kund*innen und Partner größeren Teil des Mode- und Lifestyle-Marktes zu bedienen. Vom 13. März 2024. https://corporate.zalando.com/de/finanzen/zalando-jahresergebnis-23. Zugegriffen am 25.04.2024.

Criteo. (2019). Criteo Q1 global commerce review. www.criteo.com. Zugegriffen am 01.04.2020.

Criteo. (2021). Verhalten von App-Nutzern im Jahr 2020: Deutschland. Criteo Global App Survey 2020. https://www.criteo.com/de/wp-content/uploads/sites/3/2020/07/Criteo-Global-App-Survey-2020-DE.pdf. Zugegriffen am 06.07.2021.

Destatis. (2022). Konsumausgaben und Lebenshaltungskosten. https://www.destatis.de/DE/Themen/Gesellschaft-Umwelt/Einkommen-Konsum-Lebensbedingungen/Konsumausgaben-Lebenshaltungskosten/_inhalt.html. Zugegriffen am 16.01.2023.

Dolezych, K. (2023). Kanal egal – Hauptsache, der Kunde kauft bei Ihnen! Interview mit Prof. Dr. Gerrit Heinemann, Wirtschaftswissenschaftler & Handelsexperte vom 24. Mai 2023. https://www.diva-e.com/edge/de/voices/interview-mit-prof-dr-gerrit-heinemann/. Zugegriffen am 25.03.2024.

eBay (2024). eBay annual report 10K 2023. http://www.annualreports.com/Company/ebay. Zugegriffen am 25.03.2024.

eCommerceinstitut. (2021). E-Commerce Trends 2021. Interessen im Online-Handel sind im Wandel. eCommerceinstitut vom 1. März 2021. https://ecommerceinstitut.de/ecommerce-trends-aktuell-eci/. Zugegriffen am 06.07.2021.

eTailment. (2023). Deutsche offen für Live-Shopping. Vom 14. Sept. 2023. https://etailment.de/news/morning_briefing/morning-briefing-rechnungskauf-ebay-zukunftsinvestitionen-oxid%2D%2Deye-able-deichmann-nexiratepay-amazon-neso-brands-vagabond-tiktok-live-shopping-24505. Zugegriffen am 25.04.2024.

Europäische Kommission. (2023). Digital Economy and Society Index (DESI) 2022 EU – 2024. https://digital-strategy.ec.europa.eu/de/policies/desi. Zugegriffen am 25.03.2024.

Faber, J. (2022). Eigener Online-Shop schlägt Amazon. In TextilWirtschaft vom 8. Aug. 2022. https://www.textilwirtschaft.de/business/news/tw-studie-e-commerce-im-fashion-business-eigener-onlineshop-schlaegt-amazon-236925. Zugegriffen am 09.08.2022.

Feiler, T. (2019). Banken werden sich radikal ändern. In Springer Professional vom 8. Januar 2019. https://www.springerprofessional.de/bankstrategie/gesamtbanksteuerung/-banken-werden-sich-radikal-aendern-/16380016. Zugegriffen am 18.02.2020.

Fost, M. (2017). B2B-Plattformen: Wie sich Verfolger gegen Amazon Business wappnen müssen. eTailment vom 31. Januar 2017. http://etailment.de/news/stories/Marktpla-etze-B2B-Plattformen-Wie-sich-Verfolger-gegen-Amazon-Business-appnen-muessen-20290. Zugegriffen am 14.07.2017.

Gasser, M. (2019). Mobile Commerce Entwicklung 2020: Zahlen und Fakten. Aimoa vom 1. Dez. 2019. https://www.aioma.com/de/blog/mobile-commerce-entwicklung-2020-zahlen-und-fakten. Zugegriffen am 01.08.2020.

Gehl, C. (2024). Wankt Google jetzt? OpenAI kommt mit eigener Suchmaschine. iBusiness Executive Briefing vom 20. Feb. 2024https://www.ibusiness.de/aktuell/db/417269gehl.html. Zugegriffen am 25.03.2024.

Gerth, S. (2017). Wie die Verbundgruppen im eCommerce Anschluss suchen. eTailment vom 25. Januar 2017. http://etailment.de/news/stories/Player-Wie-die-Verbundgruppen-im-eCommerce-Anschluss-suchen-20277. Zugegriffen am 20.04.2017.

Global Digital Report. (2023). Special Report Digital 2023. Dein ultimativer Leitfaden für die sich stetig verändernde digitale Welt. https://wearesocial.com/de/blog/2023/01/digital-2023/. Zugegriffen am 25.03.2024.

Graf, A. (2023). Warum Shein für Zalando eine existenzielle Bedrohung ist – und ChatGPT das (noch) nicht wahrhaben will. In eTailment vom 8. Mai 2023. https://etailment.de/news/stories/etailment-expertenrat-warum-shein-fuer-zalando-eine-existenzielle-bedrohung-ist%2D%2D-und-chatgpt-das-noch-nicht-wahrhaben-will-24348. Zugegriffen am 25.03.2024.

Greiner, W. (2020). Digitalisierung_ Läuft – langsam, aber läuft. In Lanline vom 5. Mai 2020. https://www.lanline.de/it-management/digitalisierung-laeuft-langsam-aber-laeuft.251316.html. Zugegriffen am 18.01.2021.

Grollmann, D. (2017). Logistik: Diese Last-Mile-Konzepte bestehen den Zukunfts-Test. In iBusiness vom 9. Februar 2017. https://www.ibusiness.de/members/aktuell/db/380205grollmann.html. Zugegriffen am 20.04.2017.

Haarhaus, H. (2013). *Opportunities for social commerce in fashion retailing with special consideration of SoLoMo*. Masterarbeit.

Halm, S. (2016). Interaktiv-Trends 2017/2018 (2): GAFA-Dominanz – Der Angriff der Web-Oligarchen. In iBusiness vom 19. Dezember 2016. https://www.ibusiness.de/members/aktuell/db/118347sh.html. Zugegriffen am 20.12.2016

Halm, S. (2024). KI in Unternehmen: Der weite Weg vom Hype zur Strategie. Vom 26. Feb. 2024.https://www.ibusiness.de/members/aktuell/db/588745sh.html. Zugegriffen am 25.03.2024.

Hart, J. (2022). TikTok's venture into e-commerce continues as US American merchants can now apply to sell on TikTok Shop. Business Insider vom 11. Nov. 2022. https://www.businessinsider.com/tiktok-shop-available-select-business-owners-apply-2022-11. Zugegriffen am 12.12.2022.

Haug, K. (2013). Digitale Potenziale für den stationären Handel durch Empfehlungsprozesse, lokale Relevanz und mobile Geräte (SoLoMo). In G. Heinemann, K. Haug, M. Gehrckens, & dgroup (Hrsg.), Digitalisierung des Handels mit ePace – Innovative E-Commerce-Geschäftsmodelle und digitale Zeitvorteile, S. 27–49. Springer Gabler .

HDE. (2019). Der neue Ausbildungsberuf: Kaufmann/Kauffrau im eCommerce. https.//einzelhandel.de/ecommercekaufmann. Zugegriffen am 4.07.2019.

HDE. (2022). Aktuelle Umfrage zeigt: Second Hand Geschenke auf dem Vormarsch. Pressemitteilung vom 6. Dez. 2022. https://einzelhandel.de/presse/aktuellemeldungen/14008-aktuelle-umfrage-zeigt-second-hand-geschenke-auf-dem-vormarsch. Zugegriffen am 02.01.2023.

HDE. (2023). HDE Online Monitor 2023. https://einzelhandel.de/online-monitor. Zugegriffen am 02.01.2024.

HDE. (2024a). HDE Online Monitor 2024. https://einzelhandel.de/online-monitor . Zugegriffen am. 13.05.2024.

HDE. (2024b). HDE Jahres-Pressekonferenz 2024. Vom 31. Jan. 2024. https://einzelhandel.de/presse/pressekonferenzen/14386-hde-jahres-pressekonferenz-2024. Zugegriffen am 25.03.2024.

Heinemann, G. (2018). *Die Neuausrichtung des App- und Smartphone-Shopping: Mobile Commerce, Mobile Payment, LBS, Social Apps und Chatbots im Handel*. Springer-Gabler.

Heinemann, G. (2020a). *Der neue Online-Handel: Geschäftsmodelle, Geschäftssysteme und Benchmarks im eCommerc*e (11. Aufl.). Springer-Gabler.

Heinemann, G. (2020b). *B2B eCommerce: Grundlagen, Geschäftsmodelle und Best Practices im Business-to-Business Online-Handel*. Springer-Gabler.

Heinemann, G. (2021). *Intelligent Retail: Die Zukunft des stationären Einzelhandels*. Springer Gabler.

Heinemann, G. (2023). *Der neue Online-Handel: Geschäftsmodelle, Geschäftssysteme und Benchmarks im E-Commerce*. (14. Aufl.). Springer Gabler.

Heinemann, G. (2024). *Der neue Online-Handel: Geschäftsmodelle, Geschäftssysteme und Benchmarks im E-Commerce*. (15. Aufl.). Springer Gabler.

Heinemann, G., & Boersma, T. (2014). Innovative Formen der Offsite-Downstream-Kundeninteraktion. In M. Bruhn & K. Hadwich (Hrsg.), *Forum Dienstleistungsmanagement 2015 – Interaktive Wertschöpfung durch Dienstleistungen*. Springer Gabler.

Heinemann, G., & Gaiser, C. (2016). *SoLoMo – Always-on im Handel: Die soziale, lokale und mobile Zukunft des Omnichannel-Shopping* (3. Aufl.). Springer Gabler.

Heinemann, G., & Kannen, K. (2020). Plattform werden oder sterben. In FAZ/Wirtschaft vom 10. Februar, Der Betriebswirt, Nr. 34, S. 16.

Heinemann, G., Gehrckens, M., Täuber, T., & Accenture (Hrsg.). (2019). Handel mit Mehrwert. Digitalisierung von Märkten, Geschäftsmodellen und Geschäftssystemen. Springer Gabler.

Heinemann, G., Kannen, K., & Bleil, S. (2021). *Plattformökonomie und eCommerce im Banking: Grundlagen, Plattform-Geschäftsmodelle, Optionen und Lösungsansätze*. Springer-Gabler.

Herda, N., Friedrich, K., & Ruf, S. (2018). Plattformökonomie als Game-Changer. Wie digitale Plattformen unsere Wirtschaft verändern: Eine strategische Analyse der Plattformökonomie. *Strategie Journal* 03/2018. https://digital.fuerstenberg-forum.de/wp-content/uploads/2018/10/SJ_03-18_EBOOK_Plattformoekonomie_als_Game-Changer.pdf. Zugegriffen am 01.04.2020.

iBusiness Technologiexplosion. (2024). Technologieexplosion. iBusiness Daily. iBusiness Executive Briefing vom 7. 2024.

Internet World. (2017). 10 Tipps für eine erfolgreiche Mobile-Strategie. Vom 9. Jan. 2017. http://www.internetworld.de/mobile/mobile-marketing/10-tipps-erfolgreiche-mobile-strategie-1183636.html. Zugegriffen am 18.04.2017.

Internet World. (2021). Der Siegeszug der KI. *So vergrößert Künstliche Intelligenz den Handel., Heft 07/21*.

Internetworldstats. (2023). Worldwide Internet Usage 2023. https://www.internetworldstats.com/stats.htm. Zugegriffen am 07.01.2024.

Invidis. (2024). IKEA mit XXL-Instore-Automaten. Vom 21. Feb. 2024. https://invidis.de/2024/02/click-collect-ikea-mit-xxl-instore-automat/. Zugegriffen am 25.03.2024.

Jaedtke, K. (2022). Contextual Targeting: Die Cookie-freie Optimierung erklärt. https://blog.hubspot.de/marketing/contextual-targeting. Zugegriffen am 01.03.2023.

JTL. (2021). Click & Collect auch nach Corona beliebt: So hilft Euch JTL den Trend zu nutzen. JTL vom 28. Juli. 2021. https://www.jtl-software.de/blog/loesungen-von-jtl/click-collect-so-hilft-jtl-den-trend-zu-nutzen. Zugegriffen am 07.01.2024.

kaufDA. (2018). *Studie zum Thema „Zukunft und Potenziale von Location-based Services für den stationären Handel“.* Steckbrief-Studie-Hochschule-Niederrhein-Zukunft-und-Potenziale-von-standortbezogenen-Diensten-fuer-den-Handel.pdf.

Käppler, A. (2017). *Plattform vs.* Marktplatz. Die Aufklärung eines Missverständnisses. Und was jetzt zu tun ist. https://diconium.com/de/news/plattform-vs-marktplatz. Zugegriffen am 01.04.2020.

Kleine, J., Jolmes, M., & Peschke, T. (2018). Plattformökonomie im Finanzdienstleistungssektor: Ausprägungsarten, Ausgestaltungsoptionen und Konzeptentwicklung für Volksbanken und Raiffeisenbanken. Genossenschaftsverband Bayern. Research Center for Financial Services. https://www.profil.bayern/11-2018/topthema/viel-mehr-als-ein-vertriebskanal/.

Kolbrück, O. (2019). Amazon – Logistikangriff an allen Fronten. In eTailment vom 29. April 2019. https://etailment.de/news/morning_briefing/Amazon-Logistikangriff-walmart-22244. Zugegriffen am 28.12.2019.

Kollmann, T. (2013). *E-Business: Grundlagen elektronischer Geschäftsprozesse in der Net Economy* (5. Aufl.). Springer Gabler.

Kollmann, T. (2019). *E-Business: Grundlagen elektronischer Geschäftsprozesse in der Digitalen Wirtschaft* (7. Aufl.). Springer Gabler.

Kremer, D. (2018). Zukunft klassischer Geldhäuser: Kurz vor der Bankendämmerung. In FAZ.net vom 21. Mai 2018. https://www.faz.net/aktuell/finanzen/was-waere-wenn-es-in-der-welt-keine-banken-mehr-gaebe-15598442.html?printPagedArticle=true#pageIndex_2. Zugegriffen am 10.02.2020.

Krisch, J. (2023). Das AI-Jahr zwischen Aktionismus und großer Ratlosigkeit. In Exciting Commerce vom 14. Dez. 2023. https://excitingcommerce.de/2023/12/14/das-ai-jahr-zwischen-aktionismus-und-grosser-ratlosigkeit/. Zugegriffen: 25.04.2024.

Krisch, J. (2024a). Die E-Commerce-Maschinen von TikTok und Kwai (Kuaishou). In Exciting Commerce vom 24. Feb. 2024. https://excitingcommerce.de/2024/02/24/die-e-commerce-maschinen-von-tiktok-und-kwai-kuaishou/. Zugegriffen am 25.04.2024.

Krisch, J. (2024b). Bitte radikaler! – Das XI Innovation Update am Donnerstag (29.2.). In Exciting Commerce vom 26. Feb. 2024. https://excitingcommerce.de/2024/02/26/bitte-radikaler-das-xi-innovation-update-am-donnerstag-29-2/. Zugegriffen am 25.04.2024.

Krisch, J. (2024c). Shein soll 2023 auf 45 Mrd. Dollar (+55%) gewachsen sein. In Exciting Commerce vom 1. April 2024. https://excitingcommerce.de/2024/04/01/shein-soll-2023-auf-45-mrd-dollar-55-gewachsen-sein/. Zugegriffen am 01.04.2024.

Krisch, J., & Haderlein, A. (2008). *Social Commerce: Verkaufen im Community-Zeitalter*. Zukunftsinstitut GmbH.

Lewanczik, N. (2021). Shopping bei WhatsApp – Kollektionen für Kataloge sind da. Vom 20. Okt. 2021. https://onlinemarketing.de/e-commerce/whatsapp-kollektionen-kataloge-sind-da. Zugegriffen am 05.01.2023.

Location Insider. (2024). Shopping-Apps als Schlüssel zu Kundentreue: Interview mit Payback-Manager Florian Wolframm. Vom 29 Jan. 2024. https://locationinsider.de/shopping-apps-als-schluessel-zu-kundentreue-interview-mit-payback-manager-florian-wolfframm/. Zugegriffen am 25.03.2024.

McMillan, J. (2018). *Das Ende der Banken: Warum wir sie nicht brauchen.* Campus Verlag.

Mehta, R., & Chilimbi, T. (2024). Amazon announces Rufus, a new generative AI-powered conversational shopping experience. About Amazon vom 1. Feb. 2024. https://www.aboutamazon.com/news/retail/amazon-rufus. Zugegriffen am 25.03.2024.

Monhemius, K. C. (1993). *Umweltbewusstes Kaufverhalten von Konsumenten. Schriften zu Marketing und Management.* Peter Lang.

Neuhaus, D. (2018). Neuartige Kundenerlebnisse durch digitale Ökosysteme. Substanzielle Effizienzpotenziale ausschöpfen – Recht der Kunden auf Privatsphäre und Sicherheit der persönlichen Daten kommt höchste Priorität zu. Börsen-Zeitung vom 28. April 2018. https://www.boersen-zeitung.de/index.php?li=1&artid=2018082813. Zugegriffen am 13.07.2019.

Ober, M. (2020). Das sind die Trends im E-Commerce 2020. Netz98 Trends vom 24. Jan. 2020. https://www.netz98.de/blog/ecommerce-trends/aktuelle-top-ecommerce-trends/. Zugegriffen am 01.08.2020.

Onlinemarketing-praxis. (2022). Definition Contextual Targeting (Kontext-Targeting, Contextual Advertising). https://www.onlinemarketing-praxis.de/glossar/contextual-targeting-kontext-targeting-contextual-advertising. Zugegriffen am 04.01.2023.

Packlink (2024). Wie der Omnichannel-Handel den deutschen Online-Umsatz ankurbelt. Neue Packlink Studie vom 2. Feb. 2024. https://www.postbranche.de/2024/02/23/wie-der-omnichannel-handel-den-deutschen-online-umsatz-ankurbelt/. Zugegriffen am 22.10.2024.

Peón, N. (2023). TikTok als Suchmaschine: Wie 40% der Jugendlichen Google den Rücken kehren. Vom 13. Sept. 2023. https://blog.xeit.ch/tiktok-als-suchmaschine-wie-40-der-jugendlichen-google-den-ruecken-kehren/. Zugegriffen am 25.03.2024.

Pfluger, B., & Bruckner, R. (2024). Temu, Shein und Co: Wer profitiert von Europas Geschäft mit der Billigware? Der Standard vom 18. März 2024 https://www.derstandard.de/story/3000000211959/temu-shein-und-co-wer-profitiert-von-europas-geschaeft-mit-der-billigware. Zugegriffen am 25.03.2024.

Pilot. (2019). Digital Retail Media: Konsumenten auf der Shopping-Spur. Vom 26. Juli 2019. https://www.pilot.de/pilotspotlight/digital-retail-media-konsumenten-auf-der-spur/. Zugegriffen am 01.08.2020.

Presseportal. (2024). Punkte, Prosa und Partnerschaft: PAYBACK und Thalia starten nach Vertragsverlängerung gemeinsam ins nächste Kapitel. Pressemitteilung vom 18. Jan. 2024. https://www.presseportal.de/pm/102404/5694455. Zugegriffen am 25.03.2024.

Randler, S. (2017). Handelsexperte Heinemann: „Marktplatz-Fieber vernebelt die Sinne". In Neuhandeln vom 26. Juni 2017. http://neuhandeln.de/handelsexperte-heinemann-marktplatz-fieber-vernebelt-die-sinne/. Zugegriffen am 16.07.2018.

Rehfisch, M. (2018). Zukunft der Banken in Deutschland – wer wird das Bankensterben überleben? Knowis AG, Blogbeitrag vom 14. Juni 2018. https://www.knowis.com/de/blog/die-zukunft-der-banken-in-deutschland-wer-wird-das-bankensterben-ueberleben. Zugegriffen am 13.07.2019.

Reyes, C. (2017). Portal vs. Website: What's the Difference? Liferay vom 7. Juli 2017. https://www.liferay.com/de/blog/en-us/digital-strategy/portal-vs-website-when-to-use-each. Zugegriffen am 15.05.2018.

Rose, C. (2020). Corona-Pandemie als Turbo: Digitalisierung der Kommunikation massiv beschleunigt. Vom 16. Juli 2020. https://www.onetoone.de/artikel/db/731138cr.html. Zugegriffen am 01.08.2020.

Rosebikes. (2021). Unser Service im Lockdown. https://www.rosebikes.de/corona-services. Zugegriffen am 01.02.2021

Seidel, M. (Hrsg.). (2019). *Banking & Innovation 2018/2019: Ideen und Erfolgskonzepte von Experten für die Praxis*. Springer-Gabler.

Shan, J., & Wade, M. R. (2023). Digital Vortex 2023 revealed. IMD Global Center for Digital Business Transformation vom 8. Mai 2023. https://www.imd.org/ibyimd/strategy/digital-vortex-2023-revealed/. Zugegriffen am 07.01.2024.

Similarweb. (2024). Top Trending Shopping Apps. https://www.similarweb.com/top-apps/google/shopping/trending/. Zugegriffen am 25.03.2024.

Statista. (2019). Einzelhandelsumsatz – Anteil an den privaten Konsumausgaben seit 2000. https://de.statista.com/statistik/daten/studie/161796/umfrage/einzelhandelsumsatz-anteil-an-den-privaten-konsumausgaben-seit-2000. Zugegriffen am 13.07.2020.

Storeworks. (2024). Why Retail Stores Need Advanced Replacement Strategies. https://www.storeworks.com/why-retail-stores-need-advanced-replacement-strategies/. Zugegriffen am 25.03.2024.

Täuber, T. (2019). Lösungsansätze zur digitalen Transformation – Erweitertes Produktportfolio, integrierte Marktplätze, neu ausgerichtete Betriebsmodelle. In G. Heinemann, M. Gehrckens, T. Täuber, & Accenture (Hrsg.), Handel mit Mehrwert: Digitalisierung von Märkten, Geschäftsmodellen und Geschäftssystemen. Springer-Gabler.

Thürling, M. (2015). E-Commerce für B2B: Das nächste große Ding im Online-Handel. t3n vom 6. März 2015. http://t3n.de/magazin/e-commerce-fuer-b2b-237228/. Zugegriffen am 20.07.2017.

Twilio. (2020). Covid-19 Digital Engagement Report. https://www.twilio.com/en-us/covid-19-digital-engagement-report. Zugegriffen am 01.08.2020.

Twilio. (2023). State of Customer Engagement Report 2022. https://www.twilio.com/en-us/state-of-customer-engagement/2022. Zugegriffen am 25.03.2024.

Umweltbundesamt. (2018). Einkommen, Konsum, Energienutzung, Emissionen privater Haushalte. https://www.umweltbundesamt.de/daten/private-haushalte-konsum/strukturdaten-privater-haushalte/einkommen-konsum-energienutzung-emissionen-privater#textpart-2. Zugegriffen am 14.07.2019.

Webdata-Solutions. (2019). Grenzenloser Handel in der EU: Erfolgreich mit Cross-Border E-Commerce. https://webdata-solutions.com/2019/09/19/cross-border-e-commerce/. Zugegriffen am 13.01.2021.

Weidemann, T. (2019). Das sind die E-Commerce-Trends für 2020. t3n vom 18. Dez. 2019. https://t3n.de/news/e-commerce-trends-fuer-2020-1231885/. Zugegriffen am 01.08.2020.

Weidemann, T. (2020). E-Commerce 2021: Diese Trends bestimmen den Onlinehandel. t3n vom 14. Dez. 2020. https://t3n.de/news/e-commerce-2021-diesen-trends-onlinehandel-ausblick-1344859/. Zugegriffen am 06.07.2021.

Wikipedia „E-Business". (2019). In Wikipedia. https://de.wikipedia.org/wiki/E-Business. Zugegriffen am 12.07.2019.

Wikipedia „Geschäftsmodell". (2020). In Wikipedia. https://de.wikipedia.org/wiki/Geschaeftsmodell. Zugegriffen am 12.01.2020.

Wikipedia „Website". (2019). In Wikipedia. https://de.wikipedia.org/wiki/Website. Zugegriffen am 12.07.2019.

Zendesk-Blog. (2024). 16 Kundenbindungsprogramme für 2024 + wie sie funktionieren. Vom 24. Jan. 2024. https://www.zendesk.de/blog/loyalty-rewards/. Zugegriffen am 25.03.2024.

Zoghby, J. (2018). Why brands must move from communication with consumers to conversation. In Adweek vom 29. Jan. 2018. https://www.adweek.com/brand-marketing/why-brands-must-quickly-shift-from-communication-with-consumers-to-conversation/. Zugegriffen am 15.07.2018.

Plattformökonomie für Finanzdienstleistungen

2

Zusammenfassung

Die zweite und vor allem die dritte Payment Service Directive (PSD2 und PSD3) der EU zwingt Banken, über Schnittstellen ihre Systeme für Kontoinformations- und Zahlungsauslösedienste zu öffnen, womit diese per Regulierung quasi zu offenen Banking-Plattformen werden. Aus der Plattformökonomie bankenfremder Branchen lassen sich dabei wichtige Erkenntnisse für die Modellierung von Plattformen im Banking ableiten.

Es ist davon auszugehen, dass die Digitalisierung zu einer neuen Kundenorientierung in der Banking-Plattformökonomie führen wird. Online-Girokonten sind bereits in der Mehrzahl, und die Zahl der Überweisungen per PC oder Mobiltelefon steigt stetig als Folge der weiter zunehmenden Internetnutzung. Dabei spielen Smartphones zunehmend eine Schlüsselrolle in der Angebotskommunikation. Die Prognosen gehen von einem weiteren Anstieg der mobilen Internetnutzung aus. Dementsprechend nimmt auch die Cross-Device-Nutzung (z. B. in Form von ROPO = research online, purchase offline) weiter zu, wobei Smartphone-Besitzer dazu auch andere Gerätetypen, also Desktop-PCs oder Tablets, benutzen. Daher kann eine KI- und datenbasierte sowie personalisierte Aussteuerung neuer Angebotsformate es Banken ermöglichen, entsprechenden Ansprüchen der Kunden gerecht zu werden und sich damit gegenüber Onlineangeboten besser zu positionieren.

2.1 Treiber der Plattformökonomie im Banking

Endgültiger Auslöser der anstehenden Plattformisierung der Bankenwelt dürfte vor allem die neue Zahlungsdienstrichtlinie PSD2 der EU sein. Mit ihr einher geht XS2A (die im Netz geläufige Abkürzung für Access to Account). Sie bezeichnet die Möglichkeiten der

G. Heinemann et al., *Intelligent Open Finance*,
https://doi.org/10.1007/978-3-658-47925-1_2

Banken, über entsprechende Application Programming Interfaces (APIs) spezielle Online-Banking-Angebote zu realisieren (Micropayment, 2020), und führt dazu, dass ausschließlich die Digitalisierung in ihrem Kern die Möglichkeit bietet, die traditionelle Bankenwelt auf sinnvolle Art neu zu erfinden und als Plattformökonomie auszurichten. Dies erfordert allerdings eine konsequente Kursänderung und enorme Investitionen sowie digitalen Sachverstand. Dieser ist in den IT-Abteilungen bisher nicht vorhanden, auch wenn in den vergangenen Jahren bereits enorm investiert wurde. Allerdings weniger in die Zukunft, sondern eher in die Regulatorik, die bis zu 80 % der IT-Kapazitäten bei Großbanken und Sparkassen in Deutschland bindet. Dabei stellt PSD2 eine neue Zahlungsdiensterichtlinie und somit eine weitere Erhöhung der Regulatorik dar. Das sollte der Gesetzgeber wissen, vor allem wenn bankenfremde Anbieter dafür nicht geradestehen müssen. Begründet wird PSD2 vor allem mit dem Verbraucherschutz, sodass auch auf diesen nachfolgend gesondert eingegangen wird (Heinemann & Kannen, 2020).

Bereits die Einführung der Payment Service Directive 2 (PSD2) hat den Weg für eine weitreichendere Offenlegung von Finanzdaten geebnet. Die Anwendung der Payment Service Directive 3 (PSD3) verspricht eine noch radikalere Verschiebung und könnte dazu führen, dass Banken auch Teile ihrer traditionellen Funktionen und Dienstleistungen auslagern müssen. Das stellt die etablierten Geschäftsmodelle in der Finanzbranche auf die Probe und zwingt diese, sich auf digitale und kundenzentrierte Lösungen zu fokussieren (Deloitte Whitepaper, 2023).

2.1.1 Regulatorik, Technologie und Verbraucherschutz als neue Treiber der Plattformökonomie im Banking

Die zweite Payment Service Directive, PSD2, die am 14. September 2019 in Kraft getreten ist, soll den Wettbewerb und die Teilnahme auch von Nichtbanken an der Zahlungsbranche unter gleichen Wettbewerbsbedingungen erhöhen (Pereira-Martins, 2019; Roemer, 2019; Wikipedia, 2020). Was aus Verbrauchersicht durchaus von Vorteil sein kann, bedeutet für die Bankenwelt eine enorme Zäsur und bricht deren bisher lukratives Monopol beim Zugriff auf Kontodaten. So müssen Finanzdienstleister künftig auch Drittanbietern wie Finanz-Start-ups bzw. FinTechs den Zugang zu Konten und Daten ihrer Kunden ermöglichen. Dies geht auch mit der Pflicht einher, PSD2-konforme Schnittstellenlösungen (sogenannte „Application Programming Interfaces“, abgekürzt API) bereitzustellen. Wer allerdings weiß, wo und wie viel Geld Privatkunden liegen haben und wofür sie es ausgeben, kann ihnen schnell und einfach weitere Dienste wie u. a. Kredite, Versicherungen, Baufinanzierungen oder Wertpapiere anbieten. Im Mittelpunkt steht demnach der Bankkunde, der sich bereits umfassend im Netz über Finanzprodukte informiert, auch wenn er vielfach sein Konto (noch) bei Traditionsbanken oder Sparkassen hat. Für Banken geht es jetzt schlicht und ergreifend darum, sich entweder von FinTechs oder branchenfremden Plattformen, deren Gebührenmodelle in der Regel hochattraktiv für Endkunden sind, jetzt auch bei komplexen Bankprodukten die Butter vom Brot nehmen zu lassen, oder aber mit einer eigenen und wettbewerbsfähigen Plattformlösung zu kontern. Aber ohne zeitraubende Experimente, denn die FinTechs und vor allem externe Plattformen wie Google und Facebook nehmen die Bankkunden bereits ins Visier: „Banken haben Angst vor Kundenabwanderung“ schreibt die FAZ treffend am 19. November 2019 (Heinemann & Kannen, 2020).

Um eine marktwirtschaftliche Öffnung der Banken voranzutreiben und nicht nur Daten zu öffnen, sondern auch bestehende Geschäftsmodelle radikal zu ändern, hat die EU-Kommission mit PSD3 und einer Payment Services Regulation (PSR) legislative Vorschläge zur Erweiterung von Open Finance unterbreitet. Dementsprechend soll mit dem Framework for Financial Data Access (FIDA) ein neuer rechtlicher Rahmen für alle Bereiche der Finanzbranche etabliert werden. Dazu wurde die PSD2 aus dem Jahr 2015 erweitert und im Wesentlichen in eine Verordnung, die PSR, umgewandelt, um einen EU-weit einheitlichen Standard zu etablieren.

Zusammengenommen ergibt sich für die neuen Treiber der Plattformökonomie im Banking somit ein Trio, das aus Regulatorik, Technologie und Verbraucherschutz besteht:

Neue Regulatorik mit PSD2: Es handelt sich dabei um EU-Regeln zur Schaffung sichererer und innovativerer europäischer Zahlungen. Diese sollen die Transparenz des Marktes fördern und Banken zur Öffnung ihrer Systeme für Drittanbieter zwingen. Auch zielen sie darauf ab, Verbraucher bei Online-Zahlungen besser zu schützen sowie Finanz-Start-ups bzw. FinTechs zu stärken. Weiterhin sollen sie innovative Online- und Mobilfunkzahlungen fördern und die grenzüberschreitenden europäischen Zahlungsdienste sicherer machen (Roemer, 2019; Wikipedia, 2020).

Erweiterung auf PSD3: Spezifische Belange, die aufgrund nationaler Gesetze nicht in einer gesamt-EU-gültigen Regulierung aufgenommen werden können, werden wie in Deutschland in einer weiteren Richtlinie (PSD3) erfasst. Demnach sind Banken gezwungen, auch Drittanbietern neue Dienste unentgeltlich anzubieten, auch wenn dazu hohe Investitionen erforderlich sind, die nicht amortisiert werden können. Nach dem Entwurf zur PSR soll ein Geldinstitut auch für den entstandenen Schaden haften, sofern ein Kunde von einem Betrüger getäuscht wurde, der sich als Mitarbeiter des Instituts ausgab (VÖB 2024). Dies widerspricht dem grundlegenden Verursacherprinzip, dass jemand nur für etwas haften kann, was er auch tatsächlich mit verursacht hat.

Neue Technologien und API-Schnittstellen: Dabei geht es um die Verpflichtung der Banken, API-Schnittstellen einzurichten, über die Drittdienstleister auf die Zahlungskonten der Bankkunden zugreifen können. Diese Schnittstellen ermöglichen also eine einfache Anbindung Dritter. Seit 09/2019 müssen Drittanbietern eigene dedizierte Schnittstellen angeboten werden, so wie sie eigenen Kunden bereitgestellt werden. Dadurch sowie durch Data Analytics und Cloud-Systeme wird eine optimale Zusammenführung von Angebot und Nachfrage möglich (Roemer, 2019; Wikipedia, 2020).

Neuer Verbraucherschutz: Neue technische EU-Regulierungsstandards für die Kundenauthentifizierung legen unter anderem fest, wie Drittanbieter und kontoführende Zahlungsdienstleister sicher miteinander elektronisch zu kommunizieren haben, um die Kommunikation sowie elektronische Zahlungen in Geschäften und im Internet sicherer zu machen. Sie kommen dem Wunsch der Kunden nach transparenten, einfachen und günstigen Angeboten sowie innovativen Banking-Lösungen (bspw. Robo Advisor, Chatbots etc.) entgegen (Roemer, 2019; Wikipedia, 2020).

2.1.2 Bisherige Plattformansätze im Banking

Dass die Bankenwelt sich „plattformisiert“, steht außer Frage. Die in Kap. 1 umrissene Begriffsvielfalt zeigt jedoch, dass bisher noch nicht klar ist, welche Art von Plattformisierung sich hier abspielt. Zweifelsohne gilt auch für Banken, dass im Sinne der Plattformökonomie eine „echte“ Plattform Produzenten und Konsumenten verbindet, ohne selbst die Produktionsmittel zu besitzen. Dabei können die Plattform-Teilnehmer sowohl Konsumenten als auch Produzenten sein, die Werte austauschen möchten. Die „Matching-Funktionen“ monetarisieren die Anbieter dabei u. a. durch Plattformgebühren, Provisionen, Werbung oder Zusatzservices.

Zunächst gilt es also zu klären, mit welcher Art von Plattformen es Anbieter und Nachfrager im Banking aktuell zu tun haben (Giesen, 2017). Entsprechend der Aufstellung in Abb. 2.1 handelt es sich bei den Banking-Plattformen nicht um Werbe- oder Cloud-Plattformen, sondern um eine Kombination aus transaktionsorientierten Industrieplattformen und Produktplattformen, die in der Regel B2B2C-Vermittlungsportale darstellen. Schlanke Plattformen gibt es jedoch auch, beispielsweise Bezahlsysteme wie Paypal. Diese stellen aber nur einen kleinen Baustein im Rahmen von Ökosystemen dar (Giesen, 2017; Heinemann et al., 2021).

Insgesamt lassen sich heute drei Arten von Banking-Plattformen identifizieren, und zwar Banking-as-a-Service-Plattformen (synonym mit Banking-as-a-Platform), einseitige Banking-Plattformen sowie zweiseitige Banking-Plattformen (Giesen, 2017; Heinemann et al., 2021):

Customers	Customers are owned by FinTechs and/or digital companies
FinTechs/ Digital Companies	FinTechs and/or digital companies that offer their customers financial services by using a bank as a service platform
Banking-as-a-Service Platform	Banks that provide banking as a service: APIs; current accounts, depots, payment processes, Kundenlegitimierung (KYC), „licence wrapper“ for non-banks

Abb. 2.1 Banking-as-a-Service-Plattform. (Giesen, 2017)

Banking-as-a-Service-(BaaS-)Plattform

BaaS-Plattformen kommt eine tragende Rolle bei der Digitalisierung der Finanzbranche zu. Fast alle FinTechs arbeiten im Hintergrund mit einem BaaS-Anbieter zusammen. Als Beispiele lassen sich Robo-Advisors, Kreditmarktplätze, (Peer-to-Peer-)Payment-Anbieter, Zinsportale oder andere Start-up-Geschäftsprozesselemente nennen, die eine Banklizenz benötigen. Für Kunden haben BaaS-Plattformen den Vorteil, dass Finanzfunktionen sich immer mehr in ihren Lebenskontext einbetten lassen. Bei Unternehmen integrieren sich die Finanzdienstleister immer tiefer in die Geschäftsprozesse. Damit können Konsumenten heute im Netz (am digitalen Point of Sale) auf einfache Weise Kredite in Anspruch nehmen, per Knopfdruck in Fonds investieren oder Geld einfach direkt an Freunde transferieren. Unternehmen sind in der Lage, Zahlungsfunktionen direkt mit der Erbringung von Leistungen, etwa Stromlieferungen, Maschinen-Aktivitäten oder Transporten, zu verbinden. BaaS-Plattformen können ihren Kunden über die Technik hinaus damit u. a. den Kauf von Finanzprodukten ohne eigene Bankenlizenz ermöglichen oder das Regulierungsframework rund um Themen wie Kundenlegitimierung (KYC – Know Your Customer), Geldwäscheverhinderung, Kundeninformation etc. anbieten.

BaaS-Anbieter unterscheiden sich von „herkömmlichen" Banken durch ihre technische Infrastruktur, die sie über APIs für Partner öffnen, sowie die regulative Adaptivität, mit der auch innovative Geschäftsmodelle innerhalb des gesteckten Regulierungsrahmens umgesetzt werden können. Während die API als Pflicht gilt, ist die regulative Adaptivität als Kür zu sehen. Nicht selten wird der Eindruck erweckt, als würde eine API eine Bank bereits zu einer Plattform machen. Das ist jedoch nicht richtig, denn eine API ist lediglich eine notwendige technische Voraussetzung, keinesfalls aber eine Plattform-Funktion (vgl. Abb. 2.1).

Beispiele für BaaS-Plattform-Betreiber in Deutschland sind die Wirecard Bank, Solaris Bank, BIW oder Sutor Bank, jeweils mit unterschiedlichen Schwerpunkten (Giesen, 2017; Heinemann & Kannen, 2020; Heinemann et al., 2021).

Einseitige Banking-Plattform

Einseitige Banking-Plattformen treten im Gegensatz zu BaaS-Anbietern ihren Kunden gegenüber als „vollständige" Bank auf, integrieren dabei aber auf verschiedene Weise Angebote von Partnern, um ihren Kunden neue digitale Services anzubieten. Ähnlich wie bei Amazon werden sämtliche Angebote als Angebote der Bank auf deren Website wahrgenommen. Dies geht architektonisch und konzeptionell in Richtung einer „echten" Plattform. Dabei sind die Grenzen zwischen Plattformen und digitalisierten Banken, die im traditionellen Geschäftsmodell die Partner lediglich als Produktanbieter oder Dienstleister integrieren, fließend (Giesen, 2017). Zudem boten Banken immer schon Finanzprodukte anderer Anbieter an, etwa von Fondsgesellschaften oder Versicherungen. Auch ist es nicht neu, Lösungen von Technologie-Anbietern einzusetzen. Die Integration von FinTechs als Schnittstellen-Anbieter (wie Figo) oder als Zinsportal (wie Zinspilot bzw. Deposit Solution) macht beispielsweise die Deutsche Bank aber noch nicht zu einer Banking-Plattform. Eher in Richtung einer echten Plattform geht die Neo-Bank N26, die ihre Produktpartner offen als externe Anbieter in ihre mobile Banking-Plattform integriert. Die Frage, ab wann

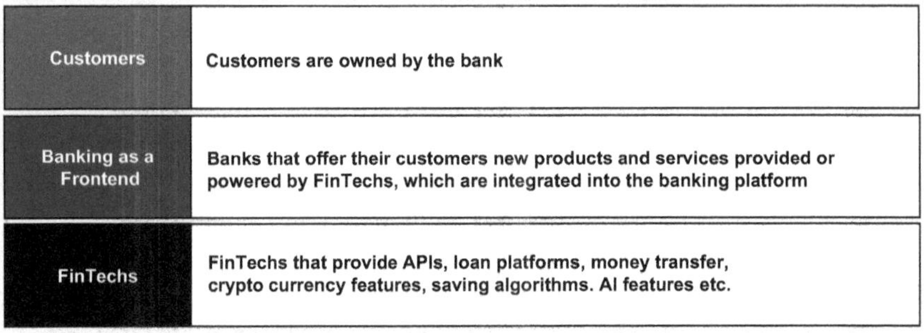

Abb. 2.2 Einseitige Banking-Plattform. (Giesen, 2017)

eine einseitige Plattform tatsächlich eine Plattform im plattformökonomischen Sinne ist, lässt sich mit Blick auf die Art von Kundenbeziehungen beantworten, die sie unterhält. Werden vertragliche Beziehungen nur zwischen Bank und Kunden, nicht aber zwischen Kunden und „Produzenten" eingegangen, handelt es sich eher um die digitalisierte Form einer traditionellen Bank, nicht aber um eine Plattform-Bank (Heinemann et al., 2021) (vgl. Abb. 2.2).

Zweiseitige Banking-Plattform

Sobald Banking-Plattformen direkte Kundenbeziehungen zwischen Konsumenten und Produktanbietern vermitteln, ermöglichen sie es damit einerseits Produzenten, im Sinne der Plattform-Ökonomie Finanzprodukte und -prozesse als Banking-as-a-Service-Plattform anzubieten. Darüber hinaus sorgen sie in Richtung Konsumenten dafür, dass diese die für sie passenden Produkte bzw. Prozesse finden und einfach nutzen können (vgl. Abb. 2.3). Denn im Normalfall müssen Kunden für die Nutzung von Finanzprodukten umfangreiche Identifizierungs-, Dokumentations- und Informationsprozesse durchlaufen, sei es bei der Eröffnung eines Kontos, bei der Anlage in Fonds und Wertpapiere oder bei der Beantragung von Krediten. Diese Aufgaben kann nun zentral die Banking-Plattform übernehmen. Wenn die Konsumenten Angebote verschiedener Anbieter nutzen wollen, müssen sie die dafür notwendigen Prozesse nur einmal durchlaufen (Heinemann et al., 2021).

Das ermöglicht eine Vereinfachung bei der Auswahl passender Finanzprodukte, sofern deren Produzenten an die Banking-Plattform angeschlossen sind. Diese bietet den Produzenten dann wiederum die Möglichkeit, die Kundenbeziehung durch kooperative Cross-Selling-Aktionen mit komplementären Plattform-Produzenten weiter zu monetarisieren und durch das ergänzende Angebot dieser Partner dabei ihre eigene Attraktivität zu steigern. Damit wird jeder Plattform-Produzent zu einer Art eigener

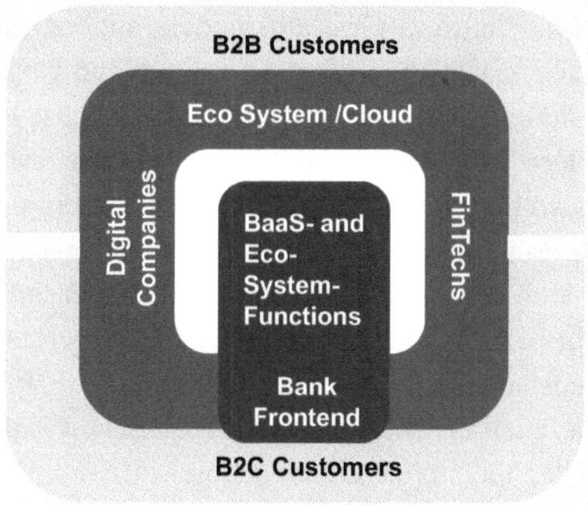

Abb. 2.3 Zweiseitige Banking-Plattform. (In Anlehnung an Giesen, 2017)

Abb. 2.4 Funktionen einer zweiseitigen Banking-Plattform. (In Anlehnung an Giesen, 2017)

Micro-Plattform. Abgesehen von der Technologie eines Ökosystems ist bei einer zweiseitigen Banking-Plattform erfolgskritisch, dass ihr Zusammenwirken anziehend für die Kunden ist und alle Beteiligten kollaborativ voneinander profitieren. Je größer das Ökosystem dabei wird, desto attraktiver wird die gesamte Anlageplattform sowohl für Finanzproduzenten als auch für Finanzkonsumenten (Giesen, 2017). Dabei kann die zweiseitige Banking-Plattform eine Fülle unterschiedlicher Funktionen abdecken (vgl. Abb. 2.4) (Heinemann et al., 2021).

2.1.3 Zukunftsfähige Plattformmodellierung im Banking

Nicht für jede Bank ist ein Plattform-Geschäftsmodell angeraten. Traditions- und Plattform-Banken werden auch zukünftig koexistieren. Zu befürchten ist aber, dass die Banken durch die Plattformisierung der Branche ihren Status und ihre Rolle verlieren und zu anonymen Finanz-Enablern werden. Diese Gefahr besteht zumindest für reine BaaS-Plattformen, obwohl auch hier die Marke der Bank im Hintergrund wichtig ist. Für ein- oder zweiseitige Banking-Plattformen ist diese Befürchtung dagegen nicht berechtigt, denn sie spielen als zentraler Hub des Ökosystems und als Vertrauensanker für die Kunden eine tragende Rolle, die über das Anbieten von Plattform-Services weit hinausgeht. Zweifelsohne ist die Markenstärke der Bank ein wesentlicher Erfolgsfaktor für eine Banking-Plattform, so wie das auch bei allen anderen erfolgreichen Plattformen im Nichtbankensektor zu beobachten ist. Nicht ohne Grund gehören AirBnb, Facebook oder Google weltweit zu den Unternehmen mit den höchsten Markenwerten. Umgekehrt ist es – wie z. B. bei Travis Kalanick von Uber zu sehen war – extrem schädlich, wenn das Verhalten des CEO das Renommee der Marke beschädigt (Giesen, 2017; Heinemann et al., 2021).

Die Plattformökonomie bankenfremder Branchen (vgl. Kap. 1) zeigt allerdings eines ganz klar: Die Modellierung digitaler Plattformsysteme im Banking muss im Zeitalter der von Amazon getriebenen Kundenzentrierung vor allem das Kundenerlebnis in den Vordergrund stellen. Banken und Sparkassen können dabei entweder Dienstleistungen auf Plattformen branchenfremder Partner anbieten oder eigene Ökosysteme aufbauen und mit Services von Dritten ergänzen. Unabhängig davon, welche Form gewählt wird, gilt es in jedem Fall, geeignete Lösungsansätze für Kundensegmentierung, Nutzenversprechen, Kommunikationskanäle sowie die Omni-Channel-Ausrichtung zu finden und diese in Organisationsprozessen und Governance sowie im Geschäftsbetrieb und Partnering umzusetzen (Neuhaus, 2018; Heinemann et al., 2021):

- **Kundensegmentierung:** Insgesamt wird eine heterogene Zielgruppe angesprochen, wobei jedes Wertschöpfungsobjekt eine homogene Zielgruppe adressiert. Beides muss sich dynamisch anpassen (Neuhaus, 2018).
- **Nutzenversprechen:** Wichtig ist, dass jedes Wertschöpfungsobjekt im digitalen Ökosystem einen für den Kunden ersichtlichen und erfahrbaren Nutzen aufweist.
- **Kommunikationskanäle:** Kunden-Accounts erfordern einfaches Onboarding. Kommunikationskanäle müssen sich mit physischen Geräten (z. B. Apple, Amazon/Alexa/Echo) verbinden lassen.
- **Omnichannel-Ausrichtung:** Die Vertriebswege „persönliches“ und „digitales“ Banking müssen sich durch abgestimmte system-, prozess- und datenseitig vernetzte Produkt- und Serviceangebote gegenseitig unterstützen.
- **Prozesse**: Erforderlich sind durchgängige Prozesse ohne Medienbrüche und Wartezeiten, die keine manuelle Nachbearbeitung benötigen. Produktions-/Prozessmodelle sind zu digitalisieren und zu automatisieren.
- **Agile Organisation:** Diese ist ein wesentlicher Erfolgsfaktor eines digitalen Ökosystems. Sie versetzt Unternehmen in die Lage, auch auf leichte Marktveränderungen schneller als der Wettbewerb zu reagieren.

- **Governance:** Ein konzeptionelles und technisches Rahmenwerk sollte alle Rechte und Pflichten regeln.
- **Geschäftsbetrieb:** Zu den Kernaktivitäten zählen der Betrieb der Plattform und die Integration von Partnern in die digitale Plattform, auch mit Unterstützung von Crowdsourcing- und Crowdinnovation-Prozessen.
- **Partnering:** Notwendig sind stabile partnerschaftliche Beziehungen mit konkreten Prozessen/Projekten der Zusammenarbeit, um Anbieter zu integrieren (Onboarding) oder sicher zu entfernen (Offboarding).

Case Study: Anlageplattform der Sutor Bank als Plattform im Sinne der Plattformökonomie

Wie der Aufbau eines Ökosystems im Banking funktionieren kann, lässt sich zurzeit an der Entwicklung der Anlageplattform der Sutor Bank beobachten. Mit dem „Sutor Anlage-Lotsen" startete der 1921 gegründete Traditionsanbieter 2013 einen der ersten Robo-Advisors am deutschen Markt. Seitdem agiert die Sutor Bank außerdem als Kooperationspartner für Start-ups und digitale Unternehmen, denen sie bankspezifische Dienstleistungen auf einer eigenen Banking-Plattform gebündelt verfügbar macht. Zudem arbeitet Sutor auch mit verschiedenen FinTech-Partnern zusammen, wodurch sich Produkt-FinTechs angesiedelt haben, etwa das Zinsportal Zinspilot, das Altersvorsorge-Start-up Fairr.de oder der Robo-Advisor Growney. Darüber hinaus gesellen sich bei Sutor auf der Plattform nun auch Start-ups hinzu, die ihren Kunden durch Algorithmen bzw. vereinfachte Prozesse das Sparen oder Anlegen erleichtern und dabei auch auf die Angebote der assoziierten Produzenten zugreifen. Wie bei allen Plattformen gilt auch hier, dass die Kunden, die die Produzenten akquirieren, jeweils ihnen gehören. Da die Kunden jedoch bei der Sutor Bank legitimiert sind und dort ihre Depots oder Konten haben, können sie sehr einfach auch die Produkte der jeweils anderen Plattform-Anbieter in Anspruch nehmen. So liefen bereits erste gemeinsame Aktionen der Plattform-Produzenten mit dem Ziel des Cross-Selling (Giesen, 2017). ◄

2.2 Relevante Plattformmodelle für Finanzprodukte

2.2.1 Inside-out- und Outside-in-Perspektive

Grundsätzlich lassen sich beim Modellieren von Geschäftsmodellen zwei gegensätzliche Perspektiven unterscheiden:

- Eine angebotsorientierte „**Inside-out-Perspektive**", die eher funktionsorientiert die eigenen Stärken und das Produkt-Know-how in den Vordergrund stellt. Dieses Modell wird in der Regel von Traditionsbanken verfolgt.
- Eine kundenorientierte „**Outside-in-Perspektive**", die vor allem die Bedürfnisse, Anforderungen und Trends des Marktes im Blick hat. So hat Amazon zum Beispiel alle Unternehmensprozesse konsequent kundenzentriert ausgerichtet und sich dabei nicht an einer Funktionsbetrachtung orientiert (Heinemann, 2019, 2020b, 2024).

Auch für Plattformen spielt diese Unterscheidung eine wichtige Rolle.

Die traditionelle Inside-out-Orientierung ist typisch für ein Ökosystem, das angebotsbezogen denkt und die internen Stärken des Anbieters in den Vordergrund stellt. Dies führt – wie auch bei Alibaba und Amazon zu beobachten ist –, tendenziell zu einer Integration externer Dienste und so zu einer Steigerung der Wertschöpfungstiefe, was mitunter für den Konsumenten nicht unmittelbar sichtbar ist. Auch Software-as-a-Service-(SaaS-) Modelle, die über Software hinaus transaktionelle Geschäftsprozesse anbieten, wie z. B. Webshop- oder SaaS-Anbieter (Salesforce etc.), folgen diesem Prinzip.

Das gilt auch für BaaS-Plattformen, auch wenn sie breiter aufgestellt sind als SaaS-Anbieter. Je nach Fokus haben sie in erster Linie klassische Bankprodukte wie Konten, Depots, Zahlungsprozesse, Wertpapiertransaktionen oder Kreditprozesse im Angebot. Aber selbst wenn sie teilweise komplexere Dienstleistungen wie u. a. Vermögensverwaltung anbieten, erheben sie nicht den Anspruch eines Komplettanbieters. Eher bieten BaaS-Plattformen Nicht-Banken die Möglichkeit, Finanzprodukte oder -services anzubieten, für die eine Banklizenz notwendig ist, die sie nicht besitzen. Trotz ihrer herausragenden Bedeutung für die Digitalisierung der Bankenwelt sind BaaS-Plattformen insofern keine Plattformen im Sinne der Plattformökonomie, denn sie ermöglichen zwar Banking auch für Nicht-Banken, verbinden aber nicht „Finanzproduzenten“ und „Finanzkonsumenten“.

Demgegenüber verfolgen zweiseitige Plattformen das Prinzip des Komplettangebots und bieten dem Kunden „Rundum-Sorglos-Pakete“ an, wie beispielsweise WeChat als All-in-One-Plattform. Dieses Prinzip folgt dann aber einer Outside-in-Orientierung, die eher nachfrageorientiert und damit kundenzentriert denkt (Heinemann, 1989; Giesen, 2017; Heinemann et al., 2021).

2.2.2 Vermittlungs- vs. Vertriebsplattformen im Banking

Zu differenzieren sind außerdem B2B2C-Vermittlungsplattformen und B2B2C-Vertriebsplattformen für Banking- und Versicherungsprodukte (Heinemann et al., 2021).

Bei **B2B2C-Vermittlungsplattformen** handelt es sich in der Regel um White-Label-Lösungen, die keine eigenen Produkte anbieten. Die dahinterstehenden Namen wie u. a. Virado, Baufinex, Genopace, Europace, Finmas, Yareto, bi.sure oder Massup sind kaum oder gar nicht bekannt. Derartige B2B2C-Vermittlerplattformen agieren inside-out-orientiert und unterstützen Vermittler/Makler in unterschiedlichen Bereichen (bspw. Baufinanzierung oder Versicherungen) in Form von Vertriebs- und Verwaltungstools. Neben der Verbindung zwischen Bank und Vermittlern bieten Vermittlerplattformen weitere unterstützende Services, wie zum Beispiel eine integrierte Vertragsverwaltung. Dies zwingt Lieferanten und Vermittler zur Standardisierung. In der Regel handelt es sich dabei um cloudbasierte Lösungen aus Verwaltungs-Frontend, Back-Office sowie Vergleichs- und Beratungs-Frontend. Die Plattform bietet dadurch beispielsweise die Möglichkeit einer Komplettlösung für Beratung, Produktvergleich und Verwaltung von Versicherungs-

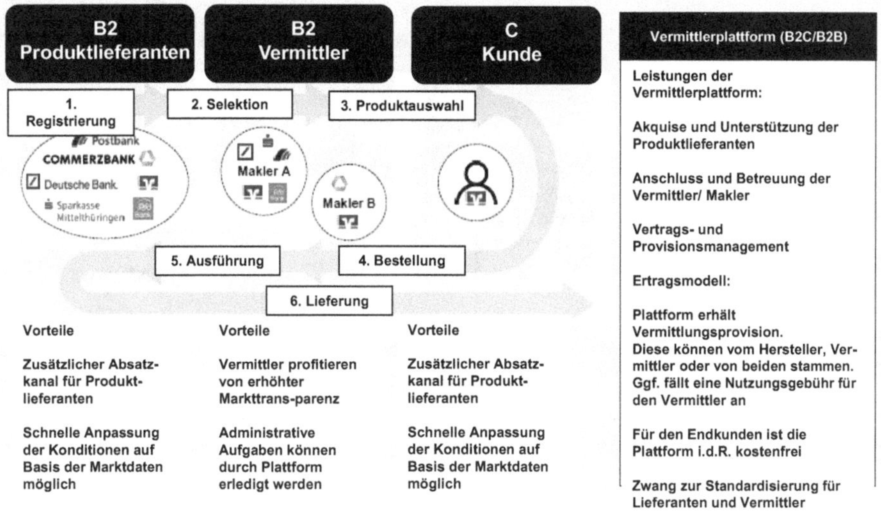

Abb. 2.5 Übersicht Vermittlungsplattformen (B2B2C). (Kleine et al., 2018)

verträgen. Die Anbindung von Drittanbietern und die Verwaltung von Fremdverträgen erfolgen über Schnittstellen. Der Vermittlernutzen besteht in einem geringeren Verwaltungsaufwand sowie größeren Produktangebot. Leistungen der Vermittlerplattform sind darüber hinaus Akquise und Unterstützung der Produktlieferanten (Finanzdienstleister), Anschluss und Betreuung der Vermittler/Makler sowie Vertrags- und Provisionsmanagement (optional). Das Ertragsmodell sieht vor, dass der Vermittler für die erfolgreiche Vermittlung Provisionszahlungen erhält. Diese können sowohl vom Produzenten als auch vom Vermittler oder sogar von beiden gezahlt werden. Für Endkunden dagegen ist die Plattform i. d. R. kostenfrei, um einen Netzwerkeffekt zu generieren. Nicht selten fällt eine Nutzungsgebühr für den Vermittler an, doch dafür muss er keine eigenen Investitionen tätigen (Kleine et al., 2018) (vgl. Abb. 2.5).

Eine **B2B2C-Vertriebsplattform** agiert als Vermittler zwischen Endkunden und Produktanbietern. Dies erfolgt über die Anbindung von Drittanbietern und den Abruf der Angebotsdaten über standardisierte Schnittstellen. Beispiele für solche Plattformen sind Check24, Verifox, Finance Scout24, Wilhelm oder smava, also Anbieter, die durchaus auch andere Vertragsprodukte als nur Bank- und Versicherungsangebote vermitteln. Der Kundennutzen besteht in einer erhöhten Kostentransparenz und einem höheren Wettbewerbsdruck. Die angebotenen Produkte werden zunehmend standardisiert, Sonderfälle können nur schwer abgebildet werden. Vertriebsplattformen erleichtern den Wechsel von Verträgen. Nicht selten wird auch die komplette Vertragsverwaltung übernommen, inklusive der Kündigung bestehender Verträge. Neben Transparenz und Unabhängigkeit bieten Portale ein überdurchschnittlich großes Angebot. Darüber hinaus werden dem Nutzer ein unkomplizierter Produktvergleich und ein schneller Vertragsabschluss ermöglicht. Vertriebsplattformen schaffen für Endkunden i. d. R. eine Kostenersparnis sowie erhöhte

Abb. 2.6 Evolution der Vertriebsplattformen. (Kleine et al., 2018)

Transparenz, bieten aber keine eigenen Produkte an. Die Anbieter finanzieren sich in der Regel über Provisionen für eine erfolgreiche Weiterleitung bzw. durch Vertragsabschlüsse der Nutzer. In der Regel wird auch Werbung als zusätzliche Einnahmequelle genutzt, also Einnahmen durch Hervorhebung von Angeboten bzw. Produktplatzierungen. Eine auf Bankprodukte fokussierte Vermittlungsplattform ist N26, eine Online-Bank, die sich innerhalb weniger Jahre durch eine Vielzahl von Kooperationen von einem Single-Product-Anbieter zu einer europaweit agierenden Plattform-Bank entwickelt hat. Diese Plattform integriert komplementäre Zusatzleistungen, die das Grundprodukt ergänzen. Ein Nachteil besteht darin, dass bei Problemen der Drittanbieter und nicht der Plattformbetreiber der Ansprechpartner ist (Kleine et al., 2018; FINMAS, 2020; Heinemann et al., 2021) (vgl. Abb. 2.6).

2.2.3 Zukünftige Plattformmodelle für Bankprodukte

Banking-Plattformen müssen als entscheidendes Merkmal des B2B2C-Commerce und der damit einhergehenden Plattformökonomie die aktive Komponente für den Informationsaustausch berücksichtigen, da sich die Teilnehmer interaktiv ins Netz begeben müssen. Der Grad der Interaktivität bzw. der „wechselseitigen Kommunikation" ergibt sich jeweils aus den von der Software abhängigen Interaktionsmöglichkeiten. In jedem Fall kommt es aber zu einer aktiven Einzeltransaktion, die sich vollkommen von der passiven Massentransaktion unterscheidet. So werden Informationen nicht nur von einem zum anderen Marktteilnehmer verteilt („one way"), sondern die Teilnehmer müssen sich die Informationen teilweise auch selbst beschaffen („two way").

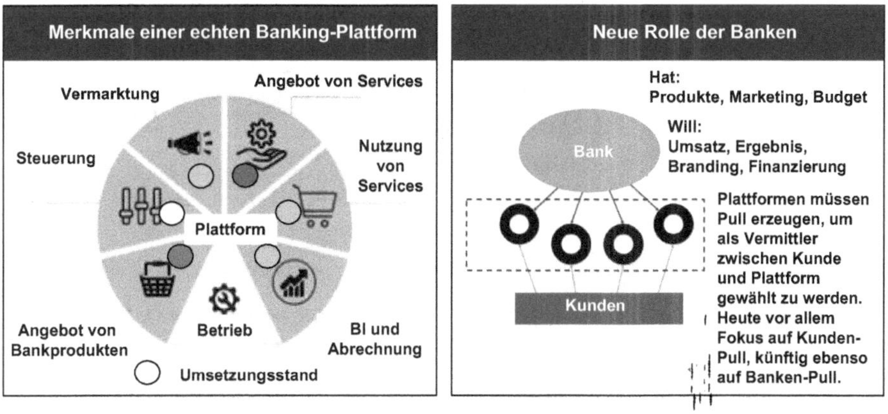

Abb. 2.7 Zukünftige Merkmale von Plattformen und Banken. (In Anlehnung an Brindöpke, 2018)

Im Gegensatz zu klassischen Kommunikations- und Verkaufsformen muss der Kunde im Internet den ersten Schritt tun und die Website eines Bankproduktanbieters öffnen. Dabei verkauft eine Plattform nicht mehr nur vorrangig Produkte, sondern den Zugang für Unternehmen zu Unternehmen und Kunden. In dieser Welt der absoluten Preistransparenz und nahezu unbegrenzten Verfügbarkeit wird es für Unternehmen immer schwieriger, belastbare Kundenbeziehungen aufzubauen und zu verteidigen. Das Banking-Plattformmodell muss dafür eine Lösung anbieten und direkten Kundenzugang ermöglichen. Dadurch erlangt das Customer Relationship Management (CRM) eine herausragende Bedeutung.

Allerdings müssen Plattformen auch Mindeststandards erfüllen und sich evolutorisch weiterentwickeln. Auch ändert sich im Zuge der Plattformökonomie die Rolle der Banken, da die Plattform als „Pull-Erzeuger" zum Umsatzbringer wird (Brindöpke, 2018; Heinemann, 2019, 2024) (vgl. Abb. 2.7).

Zukunftsweisende Banking-Plattformmodelle

Aus der Analyse bankenfremder Plattformen sowie der bisherigen bankenspezifischen Plattformen lassen sich unterschiedliche zukunftsweisende Plattformmodelle ableiten. Zum einen das klassische Angebots-Modell mit Produkten und Services im Frontend, zum anderen das eben skizzierte Service-Modell. Beide Ansätze lassen sich allerdings noch um zwei weitere Zukunftsmodelle ergänzen, und zwar einerseits den Ökosystem-Aspekt und andererseits den Customer-Value-Aspekt (Kundenzentrierung). Damit lassen sich grundsätzlich vier verschiedene Plattformmodelle unterscheiden, je nachdem, wie der Leistungsumfang (nur Leistungsangebot versus vollintegrierte Dienste) und der Leistungsfokus (inside-out versus outside-in) ausgerichtet ist (vgl. Abb. 2.8).

BaaP-Plattform: Bei „Banking-as-a-Product" werden ausschließlich Bankprodukte im Frontend angeboten. Je nachdem, ob es sich um eine geschlossene oder eine offene Plattform handelt, ist das Angebot entweder strukturiert (d. h., tatsächlich nur für Banking) oder unstrukturiert (d. h., auch andere Produkte werden angeboten, wie z. B. bei Check24).

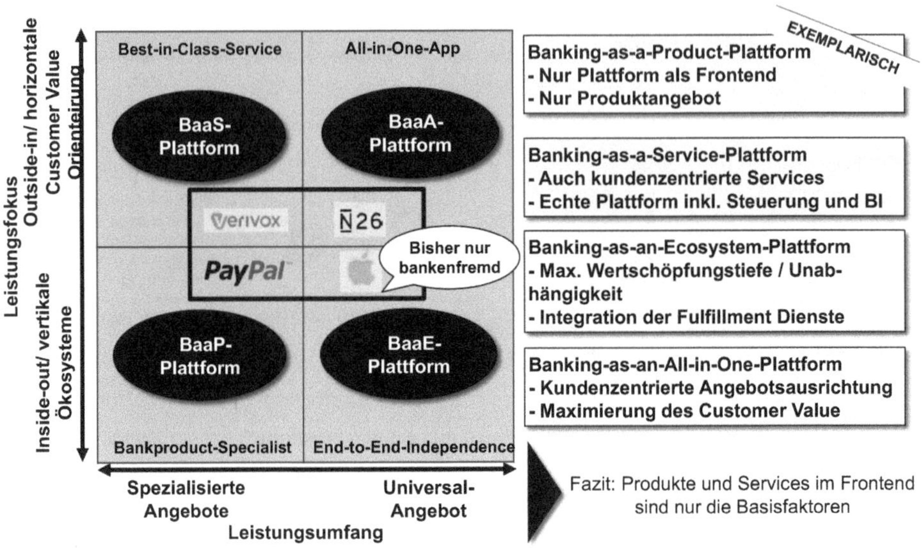

Abb. 2.8 Zukunftsweisende Banking-Plattformmodelle

BaaS-Plattform: Bei „Banking-as-a-Service" wird die BaaP-Plattform um die Service-Nutzung sowie Steuerung, Vermarktung, Business Intelligence (BI) und Abrechnung ergänzt. Dieses Modell entspricht der Zukunftsplattform (z. B. N26).

BaaE-Plattform: Bei „Banking-as-an-Ecosystem" werden im Backend auch die Fulfillment-Dienste weitestgehend selbst erbracht (u. a. Technik/IT, Administration, CRM, BI, Datenintegration, Cloud-Speicher), um sich vollkommen unabhängig zu machen. Dieses Modell verfolgen aktuell u. a. Apple und Alibaba, aber bisher keine Bank.

BaaA-Plattform: Bei „Banking-as-an-All-in-One" wird dem Kunden aus seiner Sicht (Outside-in-Perspektive, kundenzentriert) ein optimales Rundumpaket für alle Bankprodukte angeboten. Dieses ähnelt dem „All-in-One-App"-Ansatz von WeChat, bei dem ein optimaler Customer Value im Vordergrund steht, und beinhaltet ein Umdenken vom Produkt- zum Lösungsbezug (z. B. Sicherheit).

2.3 Neue Kundenansprüche an Finanzdienstleister

Die Mehrzahl der Bankkunden ist bereits im Online-Banking unterwegs und praktiziert zunehmend Embedded Finance. Die meisten Konten sind Online-Girokonten, und fast alle Kunden sind Internet- und Smartphone-Nutzer. Das verändert die Kundenerwartungen, da mittlerweile fast alles zum Einkauf per App und Daumenklick gemacht werden kann.

2.3.1 Online-Banking und Embedded Finance

Die Zahl der Überweisungen vom heimischen PC steigt stetig, da sie bequem und schnell sind. Im Ländervergleich fällt auf, dass das Online-Banking hierzulande zwar mehr und mehr Anhänger findet, sich aber langsamer als in anderen Ländern entwickelt. Im Jahr 2007 lag Deutschland mit einem Anteil von 35 % noch auf Platz sieben. Mittlerweile liegt Deutschland beim Online-Banking allerdings im europäischen Mittelfeld (Welt DSVGO, 2018; Destatis, 2021), und zwar auf Platz 15. Das geht aus Zahlen des Statistischen Amts der Europäischen Union, Eurostat, hervor, die für das Jahr 2020 erhoben wurden. Insofern ist die Skepsis der Deutschen gegenüber dem Online-Banking immer noch groß. Wie aus Abb. 2.9 zu entnehmen ist, sind andere Länder an Deutschland vorbeigezogen. Besonders rasant ist die Entwicklung in Großbritannien, das aufgrund des Brexit hier nicht mit aufgeführt ist. Während 2007 der Anteil in UK noch bei 32 % lag, erreichten die Briten im Jahr 2020 schon einen Online-Banking-Wert von 80 %, und in 2022 sogar von 93 %. Grundsätzlich steigt in der Europäischen Union seit Jahren die Verbreitung des Online-Bankings an. In Dänemark liegt der Anteil sogar bei 96 % (Welt DSVGO 2018a, b; Statista, 2023). Woran die vergleichsweise große Zurückhaltung der Deutschen beim Online-Banking liegt, darüber kann nur spekuliert werden. Tatsache ist, dass es beim Online-Banking hier in Deutschland noch reichlich Luft nach oben gibt und die Nutzerzahlen mit Verzögerung auf ein ähnliches Niveau kommen werden wie in den skandinavischen Ländern, zumal die Bargeldbezahlung stark rückläufig ist (vgl. Abb. 2.8).

Datei: Abbildungen_Intelligent Open Finance-Kap.2.ppt

Im internationalen Vergleich stehen die Deutschen den modernen Bezahlmethoden immer noch reserviert gegenüber und sind offenbar skeptischer als die Bevölkerung in europäischen Nachbarländern (Heinemann, 2020a). Dementsprechend ist Deutschland Schlusslicht bei der Nutzung von Mobile Payment im Europa-Vergleich. Nur vier Prozent der Befragten haben bereits einmal in-store mobil bezahlt, obwohl bereits zwei Drittel der

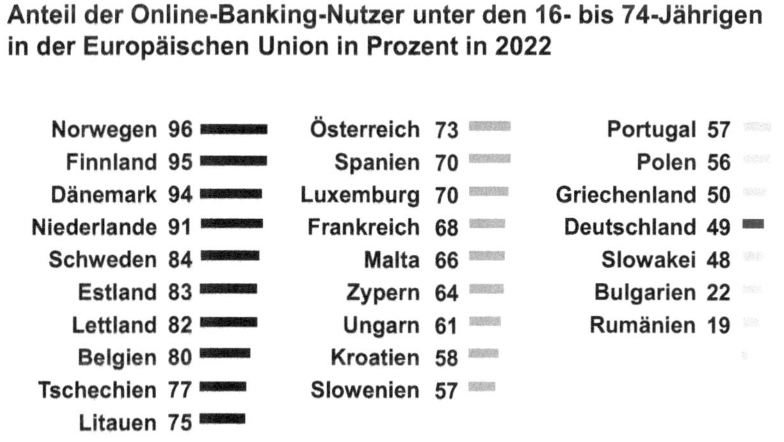

Abb. 2.9 Online-Banking in Europa in 2022. (Statista, 2023)

großen Handelsunternehmen diese Bezahlart anbieten. Immer noch 51,3 % aller Einzelhandelsumsätze werden hierzulande bar bezahlt und 45,6 % mit Karte (Rehme, 2017; Konto-Report, 2018; Statista, 2019a, b).

Durch die Installierung von Alipay bei großen Händlern sowie den Launch der Payback-App und damit einhergehend Payback Pay kam jedoch Bewegung in den Markt. Vor allem das kontaktlose Bezahlen mit Kredit- oder Girokarte entwickelte sich rasant und legte von Januar 2019 bis Dezember 2019 um 88 % zu. Per Ende 2019 lag der Anteil der Kontaktloszahlungen an allen Transaktionen mit Girokarte bereits bei 35,7 % (FAZ, 2020). Ein Durchbruch im Mobile Payment ist spätestens seit der Corona-Krise auch in Deutschland zu erwarten. Durch die pandemiebedingte Anhebung der Kaufbetragsgrenze für kontaktloses Bezahlen von 25 auf 50 € dürfte sich die Anzahl der Kontaktloszahler (mobil oder mit Karte) insgesamt noch einmal deutlich erhöhen.

Embedded Finance

Embedded Finance ist ein wichtiger Aspekt der Kundenzentrierung und bezeichnet die Integration von Finanzdienstleistungen wie Kreditvergabe, Zahlungsabwicklung oder Versicherung in den Verkaufsprozess von Nichtbanken. Ob Möbelhändler, Autohändler oder Immobilienmakler, Kunden müssen sich im Bedarfsfall beim Kauf nicht mehr separat an traditionelle Finanzinstitute wenden. Eingebettete Finanzservices können die Kundenbindung stärken (Embedded Finance, 2024). Immerhin die Hälfte der Deutschen hat schon Produkte oder Dienstleistungen des Embedded Finance genutzt. Dabei kamen 25 % im Rahmen von „Jetzt kaufen, später zahlen" („Buy now, pay later") mit dem Thema in Berührung, und immerhin 18 % bei Versicherungsprodukten (Der-Bank-Blog 2023). Bei Embedded Finance gibt es verschiedene Bereiche, die sich teilweise überlappen. Demnach wird „Embedded Banking" oder „Banking-as-a-Service" manchmal als Synonym für „Embedded Finance" verwendet. Zwar werden die meisten eingebetteten Finanzlösungen wie Kredite und Zahlungen in der Regel von Banken angeboten, das Embedded Banking bezieht sich aber nur auf Bankkonten und die zugehörigen Debitkarten, z. B. in Form eines gebrandeten Girokontos von Unternehmen, die Plattformen für ihre Geschäfte nutzen. Dabei erhalten User der Plattform einen schnelleren Zugriff auf Gelder und interne Vergünstigungen. Ein Spezialaspekt ist dabei das Embedded Payment, bei dem der Bezahlprozess dadurch vereinfacht wird, dass Nutzer ihre Bezahlmethode wie u. a. ihre Kreditkartendaten nur einmal eingeben müssen und später immer wieder auf die gespeicherten Informationen zugreifen können. Im Rahmen von Embedded Finance können Unternehmen heute bei der Kreditvergabe wesentlich günstigere Kreditoptionen anbieten, und diese noch dazu ganz direkt an der Kasse (Embedded Finance, 2024).

2.3.2 Hybrides Shoppen und Connected Retailing

Mehr als die Hälfte der Deutschen shoppt sowohl online als auch offline, wie die aktuelle Offerista-Studie aufzeigt (Offerista, 2024). Besonders häufig wird das „hybride" Shoppen bei Elektronik praktiziert, wo 56 % der Kunden mal hier und mal dort kaufen. Bei Mode verfahren 54 % so. Und selbst „analoge" Einkäufe werden von 56 % der Käufer online vorbereitet. Dies betrifft zunehmend auch Bankprodukte (Heinemann et al., 2021). Deswegen setzen immer mehr Anbieter auf den Trend des Hybrid Commerce. Auch die reinen Online-Händler zeigen zunehmend Präsenz vor Ort und eröffnen immer mehr stationäre Läden. Egal, ob Grab & Go, Scan & Go und Click & Collect oder umgekehrt Showrooming – sämtliche Studien dazu zeigen, dass die Verzahnung digitaler Touchpoints, die zunehmend SoLoMo-geprägt sind, stetig zunimmt (Hofacker & Langer, 2020; Offerista, 2024). Diese Art der „kundenzentrierten Kanalverzahnung" wird als Connected Retail bezeichnet, der vorrangig für die Omnichannel-Aktivitäten der Online-Händler steht und in den nächsten Jahren auch verstärkt auf Finanzdienstleister übergreifen wird (Heinemann & Kannen, 2020). Zweifelsohne bringen Online-Anbieter aufgrund ihrer Datenbasis die besten Voraussetzungen für ein „Seamless Shopping" bzw. Connected Retail mit. Dabei versteht z. B. Zalando unter Connected Retail nicht nur die intelligente Kanalverknüpfung, sondern auch die Vernetzung mit lokalen Händlern (Heinemann, 2021). Dieses Konzept setzt auf eine „No-Line-Experience" und wird derzeit unter dem Begriff „Beyond Banking" auch von Regionalbanken aufgegriffen (FINMAS, 2023, 2024).

No-Line-Commerce

Kunden schätzen und honorieren es, wenn Anbieter alle Kanäle zusammenführen – auch beim Kundenkonto und Payment (Heinemann, 2024). Konsumenten möchten verschiedene Einkaufs- und Informationskanäle parallel nutzen können. Sie informieren sich beispielsweise in webbasierten Produktdatenbanken zuerst über die Spezifikationen von Produkten und nutzen dann E-Commerce- und M-Commerce-Angebote für einen Preisvergleich, bevor sie im stationären Handel das reale Produkt testen. Diese Erwartung fördert die Verschmelzung von E-Commerce und klassischem Handel (Heinemann, 2021, 2024). Deswegen wird es immer weniger möglich, von reinen Online- und Offline-Welten zu sprechen. Insbesondere die parallele Mediennutzung erfordert aus Kundensicht die Integration von Online- und Offline-Kanälen zu einem „Gesamtsystem aus einem Guss", in dem der Kunde gar keine Trennung der Verkaufsformen mehr wahrnimmt. Dies wiederum ermöglicht den Kunden die Nutzung sogenannter Multi-Channel-Leistungen wie z. B. „Click & Collect". Hinzu kommen innovative Tools, wie zum Beispiel der Einkauf über QR-Code („QR Scan Retail") oder Augmented-Reality-Funktionen in Verbindung mit Produktabbildungen („AR App Retail"). Eine neue Dimension des „No-Line-Commerce" besteht sicherlich darin, dass Kunden die digitale Realität und ihre damit einhergehende digitale Anspruchshaltung zu jeder Zeit leben wollen, unabhängig davon, wo sie sich gerade aufhalten. Das gilt auch für das Einholen zusätzlicher Produktinformationen am „Point of Sale" (POS). Die emanzipierten Kunden möchten auf Basis der neuen Technologien die Möglichkeiten der modernen Kommunikation in den Läden nutzen und sich zwischen den Einkaufskanälen widerspruchsfrei hin- und herbewegen können – also gleichermaßen Showrooming und Webrooming betreiben (Gehrckens & Babenko, 2019; Heinemann, 2021, 2024).

Showrooming versus Webrooming

Kunden möchten eigentlich nicht mehr zwischen den Kanälen eines Anbieters unterscheiden. Mit der Nutzung des Smartphones im stationären Laden ist bei vielen Käufern auch nicht mehr auseinanderzuhalten, ob der Einkauf online oder offline stattfindet (Heinemann, 2024). Kunden kaufen zunehmend im Laden auch online und lassen sich dabei die Ware mitunter sogar in den Laden liefern. Dies treibt wiederum die hybriden Umsätze. Kunden erwarten nicht nur, ihre stationären Einkäufe im Online-Shop des Händlers vorbereiten zu können (Webrooming), sondern diese auch nach ihrem Filialbesuch zu Hause im Online-Shop des Anbieters finalisieren zu können (Showrooming) (vgl. Abb. 2.10). Bei mindestens 14 % aller Online-Käufe informieren sich die Konsumenten bereits vorab in mindestens einem Ladengeschäft (Hudetz, 2019; Heinemann, 2021, 2024). Inzwischen betreiben 46 % der Käufer aktiv Showrooming. Insofern verschwimmt die Verteilung zwischen Online- und Offline-Research zunehmend (Heinemann, 2013, 2021, 2024). Dadurch entstehen auch im Bankensektor innovative Verkaufsansätze, die mit einem hohen Grad an Integration der Touchpoints einhergehen. Konsumenten erwarten dabei eine ultimative Nutzungsmöglichkeit für mobile und interaktive Technologien.

2.3.3 Multi-Purpose- und Multi-Experience-Apps

Multi-Purpose-Apps können das Showrooming und Webrooming unterstützen. Sie erledigen mehrere unterschiedliche Aufgaben (Heinemann, 2024). Zweifelsohne war WeChat von Tencent Trendauslöser für das Zeitalter der Multi-Purpose-Apps. Diese integrieren

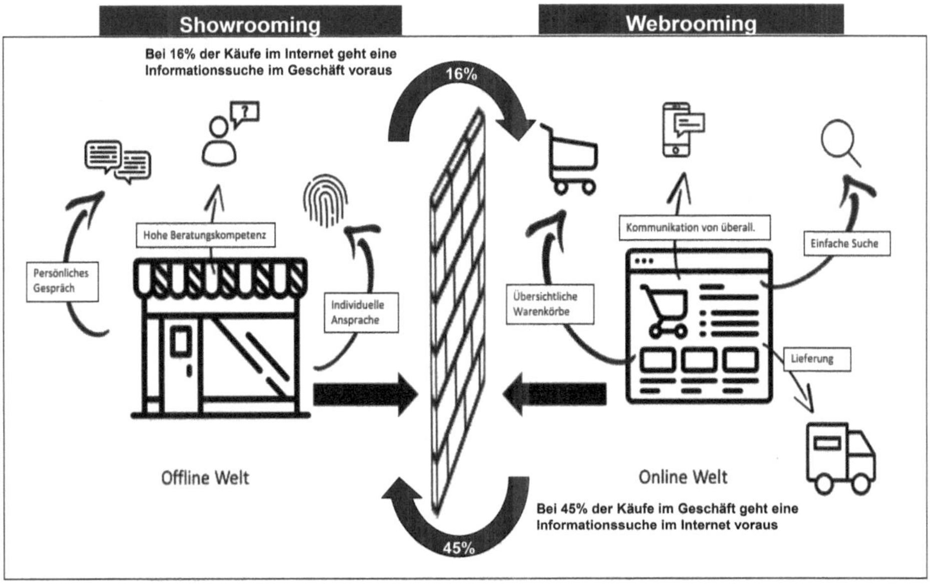

Abb. 2.10 Showrooming versus Webrooming. (Hudetz, 2019; Heinemann, 2021)

zentrale Anwendungen multifunktional in einer einzigen App, so wie u. a. Payment, Shopping und Messaging, und ersetzen damit bis zu zehn verschiedene Apps. Mehr als eine Million Dienste können Schätzungen zufolge über WeChat abgerufen werden (Welt WeChat 2021). Damit können User jederzeit und einfach Sprach- und Videoanrufe tätigen, bezahlen, chatten oder auch spielen. Derartige „Multi-Purpose"-Apps sind vor allem in Asien beliebt. In der WeChat-App können dabei Drittanbieter ihre spezialisierten Serviceleistungen direkt anbieten bzw. zur Verfügung stellen, wofür dann auf Userseite ein Log-in genügt. Dadurch vergrößert die Super-App von Tencent ihr Ökosystem immer mehr (Rose, 2020). Mit weit mehr als 100 unterschiedlichen Diensten in einer App wird WeChat von seinen Usern bis zu 360 min am Tag genutzt. Das Erfolgsmodell aus Chat, Pay und Play sowie „All in One" verfolgt auch Line in Japan, wo es von rund zwei Drittel der Bevölkerung genutzt wird. Darüber hinaus ist WeChat nicht nur Multi-Purpose-App, sondern auch Enabler-Plattform. Die Start-up-Szene ist dementsprechend durch WeChat-kompatible Mikroprogramme geprägt, wie Youzan, „The Booming Leader of WeChat Commerce", zeigt. Deswegen hat WeChat immer schon eigene App-Stores in der Plattform sowie eine enorme Servicebandbreite und Integrationsstärke: So kommt WeChat bereits auf über zwei Millionen Mini-Apps, völlig losgelöst von Betriebssystemen und Webbrowsern (Rose, 2020). Ähnlich dem „All-in-One-App"-Ansatz von WeChat stellen BaaA-Plattformen als „Banking-as-an-All-in-One"-Ansatz eine Multi-Purpose-App dar, in der den Kunden aus ihrer Sicht (Outside-in-Perspektive, kundenzentriert) ein optimales Rundumpaket für alle Banking-Produkte angeboten wird (optimaler Customer Value) (vgl. Abb. 2.8).

Multi-Experience-Apps

Gegenüber Multi-Purpose-Apps fokussieren sich Multi-Experience-Apps auf ein und dieselbe Aufgabe (Heinemann, 2024), jedoch auf unterschiedliche Art und Weise. Diesbezüglich können künstlich generierte Inhalte helfen, um die Einkaufserfahrung je nach Vorwissen, Stimmung, Involvement, etc. zu steigern (Krisch, 2024). Multi-Experience-Apps spiegeln eine neue Art der User Experience (UX) wider und greifen u. a. auch auf das Metaverse und den Immersive Commerce zurück (Heinemann, 2023). Dabei wird das Metaversum für die unterschiedlichsten Dinge benutzt, die sich zum Teil mit vorhandenen Techniken vermischen und wie z. B. Avatare nicht neu sind. Allerdings kann derzeit die Mehrheit der Verbraucher jenseits der GenZ mit dem Begriff und der Vision dahinter noch nicht viel anfangen (Schobelt, 2022). Es handelt sich derzeit eher noch um einen Sammelbegriff, der verschiedene Entwicklungen beschreibt. Im Grunde kann man das Metaversum als einen "monitorlosen und dezentral organisierten 3D-Interaktionsraum" definieren, der „Communities widerspiegelt und über XR zugänglich ist und Eigenschaften von Gesellschaften (bspw. Transaktionen, Präsenz von Menschen in Form von Avataren oder Währungen) beinhaltet" (Schobelt, 2022). Dabei machen drei Merkmale ein Metaversum aus. Erstens wird das Metaversum über immersive XR-Technologien wie AR und VR erlebt (Graf & Grollmann, 2022), weswegen normale 3D-Umgebungen keine Metaverse-Umgebungen sein müssen. Zweitens muss Metaverse Ähnlichkeiten mit physischen Gesellschaften aufweisen, wie z. B. soziale Kontakte, die Anwesenheit von Individuen oder

Avataren, und in einer Art von Rechtsstruktur stattfinden (z. B. mit Eigentumsverhältnissen, Gemeinschaftsregeln, Transaktionen, Bezahlung). Und drittens muss das Metaversum dezentralisiert sein (Graf & Grollmann, 2022).

2.4 App-basierte KI-Plattformökonomie im Open Finance

Im Zuge von PSD3 gewinnt Open Finance als Erweiterung von Open Banking auf andere Finanzbereiche zunehmend an Akzeptanz. Dies erfordert sowohl einen verstärkten KI-Einsatz im Banking als auch Connected Finance.

2.4.1 Open Finance

Die Berücksichtigung von Versicherungen, Kapitalanlagen und Pensionsplänen im Rahmen von Open Finance bietet Kunden an, einen umfassenden Überblick über ihre finanzielle Lage und intelligente Empfehlungen für die besten Lösungen für ihre spezifischen Anforderungen zu erhalten (Yousofzai et al., 2024). Dabei fördert Open Finance neue Geschäftsmodelle und Plattformlösungen bzw. Partnerschaften und bietet neue Chancen sowohl für Kunden als auch für Anbieter. Es schafft die erforderlichen Voraussetzungen, um Prozesse neu zu gestalten und ein vernetztes Finanzökosystem aufzubauen. In der Kombination von APIs, Plattformen und der Cloud können Banken ihren Kunden datenbasierte Lösungen anbieten, die den Echtzeitzugriff auf Daten verbessern und die Entscheidungsprozesse optimieren. Dabei definiert Open Finance die Wertschöpfungsketten von Finanzdienstleistern neu und steigert die Wettbewerbsfähigkeit und Effizienz von Banken (Abb. 2.11). Es verändert traditionelle Bankpraktiken dadurch, dass es den Kunden mehr Auswahl, Transparenz und Kontrolle über ihre Finanzdaten und -dienstleistungen ermöglicht. Die Öffnung von Schnittstellen für Drittanbieter gibt Kunden die Möglichkeit, von innovativen und personalisierten Angeboten zu profitieren. Auch werden Open-Finance-Lösungen immer intelligenter, denn KI ermöglicht es den Finanzinstituten, datenbasiert noch kundenspezifischere Produkte anzubieten. Fortschritte in der Verschlüsselung, Authentifizierung sowie Zustimmung tragen dementsprechend zu einer größeren Sicherheit der Kundendaten und damit einer breiteren Akzeptanz bei. Dies korrespondiert mit steigenden Investitionen in Open APIs. Rund ein Viertel der Finanzinstitute plant, diese Technologie innerhalb der nächsten 12 Monate zu entwickeln und zu implementieren, was einen Anstieg um 18 % gegenüber 2022 bedeutet (Finastra, 2023; Yousofzai et al., 2024).

2.4.2 KI im Retail Banking

Insbesondere Retail-Banken benötigen nach Expertenmeinung den verstärkten Einsatz von KI-basierten Plattformen bzw. Ökosystemen, um für ihre Kunden im immer härteren Wettbewerb relevant zu bleiben. Dabei befinden sich vor allem Banken und Sparkassen in einer

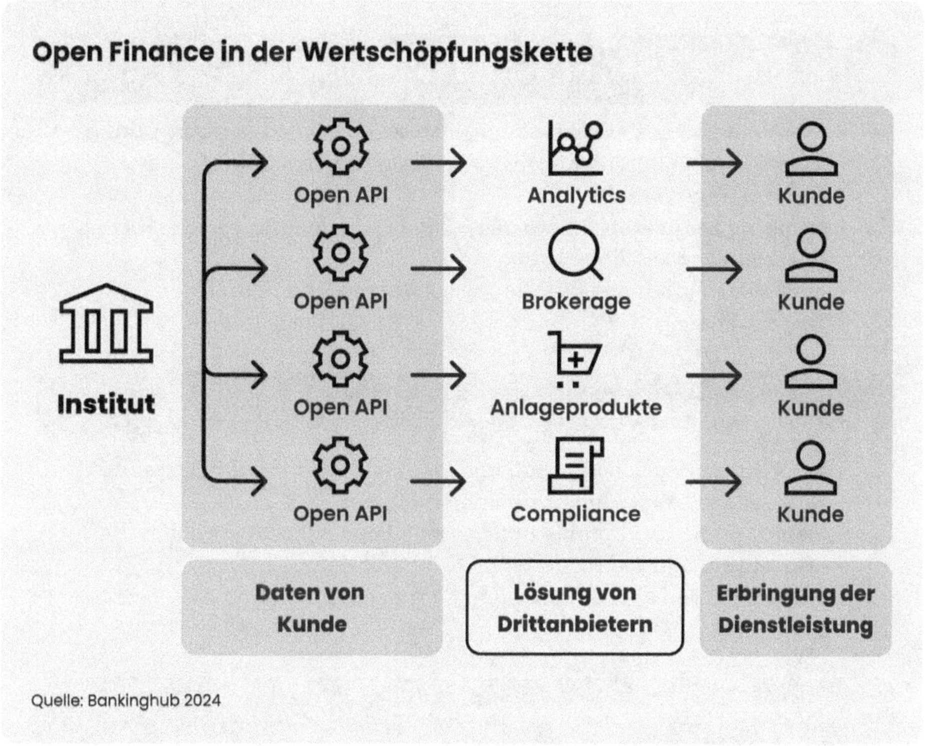

Abb. 2.11 Funktionsweise von Open Banking. (Yousofzai et al., 2024)

optimalen Schnittstellenposition, die die Akkumulation großer Datenmengen ermöglicht. Die Daten müssen allerdings aufbereitet, gesammelt, aggregiert und mithilfe von KI in verwertbare Erkenntnisse umgewandelt werden. Daher sind Datenverarbeitung und IT-/KI-Infrastruktur von grundlegender Bedeutung, zumal Banken insbesondere aufgrund der weiter zunehmenden Regulatorik auch weiterhin unter Kostendruck stehen. Dabei kann der systematische Einsatz von KI entlang der Wertschöpfungskette in den nächsten Jahren ihre Profitabilität deutlich verbessern (Breinich-Schilly, 2024). Vor allem traditionelle Finanzinstitute müssen ihre Geschäftsprozesse auf KI-gestützte Modelle umstellen, um ihre Wettbewerbsfähigkeit zu erhalten. Dabei sollten die Institute den Einsatz der Algorithmen gut durchdenken, um die von diesen möglicherweise ausgehenden Gefahren weitestgehend einzudämmen. Zuvor sind allerdings Investitionen in eine moderne technologische Infrastruktur/IT sowie das Kundendatenmanagement unverzichtbar. Es geht vor allem um vier wesentliche Vorteile, die entsprechende KI-Lösungen mit sich bringen, und zwar

1. die Nutzung des Kundendatenschatzes für intelligente Analysen,
2. verbesserte Produktivität und Ressourcenzuweisung,
3. Effizienzvorteile und Kostensenkung sowie
4. verbesserte Kundenerfahrung (Abb. 2.12) (Breinich-Schilly, 2024).

Nutzung des Datenschatzes für Analysen

- Aufbereitung von unstrukturierten Informationen in verwertbare Daten
- Analyse großer Datenmengen, zur schnellen und fundierten Entscheidungsfindung
- Erstellung komplexer Modelle des Kundenverhaltens für personalisiertes Marketing und Risikobewertung
- Analyse von externen Daten und sozialer Medien zur frühzeitigen Trenderkennung

Verbesserte Produktivität und Ressourcenzuweisung

- Automatisierung von Routineaufgaben, so dass sich Mitarbeitende auf strategische Tätigkeiten konzentrieren können
- Identifizierung und Optimierung von ineffizienten Prozessen durch
- KI-gestützte Analysen
- Vorhersage von Ressourcenbedarf führt zu einer effizienteren Allokation von Kapital und Personal

Kostenvorteile und Einsparungen

- Senkung der Betriebskosten durch die Automatisierung und Optimierung von Prozessen
- Effiziente Einhaltung von Vorschriften durch automatisierte Prüfungen und Erstellung von Berichten
- Reduzierung von Fehlern und Risiken durch die Erkennung von Datenfehlern minimiert potenzielle finanzielle Verluste

Verbesserte Kundenerfahrung

- Verbesserung Kundenverständnis, führt zu personalisierten Dienstleistungen und Produkten
- Schnellere Reaktionszeiten durch KI-gesteuerte Kundeninteraktionen wie Chatbots und Beantwortung von Anfragen in Echtzeit
- Vorhersage von zukünftigen Kundenbedürfnissen und verhaltensweisen, ermöglicht proaktive Handlungen

Quelle: Horvath Research 2023; Springerprofessionals 2024

Abb. 2.12 KI im Banking. (Horvath Research, 2023; Springerprofessionals, 2024)

Allerdings darf eine durch KI unterstützte Kreditvergabe nicht zur Benachteiligung einzelner Kunden oder Kundengruppen führen. Deswegen hat die Europäische Kommission im April 2021 einen KI-Fahrplan mit entsprechenden Regulierungsmaßnahmen vorgelegt, um die Entwicklung der Technologie in sichere Bahnen zu lenken (Breinich-Schilly, 2024).

2.4.3 Connected Finance

Während die Mehrzahl der Kunden mobile Finanz-Apps nutzt, ist ihnen das Datenrisiko vielfach gar nicht bekannt. Darüber hinaus halten Schutz und Kontrolle der Bankdaten nicht Schritt mit dem enormen Wachstum von Finanz-Apps. Bei diesen werden die Bankdaten durch das sogenannte „Screen Scraping" (Bildschirmauslesen) eingesammelt, während die Nutzer zum Einloggen auf den Apps persönliche und vertrauliche Informationen verwenden wie u. a. User Name und Passwort. Banken haben es diesbezüglich schwer, zwischen bildschirmauslesenden Bots, bösartigen Bots sowie normalen Bankkunden zu unterscheiden. Finanz-Apps und andere Daten-Aggregatoren sammeln nicht selten Login-Daten und sensible Kontodaten, was im Falle von Datenlecks erheblichen Schaden verursachen kann (The Clearing House, 2020). Es wird geschätzt, dass 45 % der Website-Logins bei Banken von Daten-Aggregatoren kommen. Untersuchungen zeigen, dass Kunden nichts über die Praktiken beim Sammeln ihrer Finanzdaten wissen. Die meisten Finanz-App-User (70 %) vertrauen darauf, dass die Daten sicher sind. Zweifelsohne liest die Mehrheit von ihnen (79 %) auch nicht die Geschäftsbedingungen derartiger Apps, die zudem nicht standardisiert sind und die Nutzung sämtlicher Daten erlauben. Den meisten App-Usern (80 %) ist nicht bewusst, dass die Apps oder Dritte ihren Nutzernamen und ihr Passwort vorhalten. Sobald sie es wissen, fühlen sich 68 % unwohl damit. Im Zuge von Open Finance greifen allerdings sowohl Finanzinstitute als auch Fintech-Apps sowie Datenbroker und Nichtbanken auf Finanzdaten zu, tauschen diese untereinander aus und operieren dabei mitunter nach unterschiedlichen Regularien. Dass daraus ein unkalkulierbares Datenrisiko erwächst, ist den Usern in der Regel nicht klar (The Clearing House, 2020).

Insbesondere der durch die PSD2 ermöglichte Zugang von Drittanbietern zu vertraulichen Kontodaten der Kunden sowie die Pflicht zum Bereitstellen entsprechender Schnittstellen ist risikobehaftet. So schlägt PSD2 zwar Standards vor und empfiehlt einen Wechsel vom „Screen Scraping" zu einem anderen Verfahren, schreibt aber keine API-Standards vor. Dies führt dazu, dass jede Bank ihre eigenen individuellen APIs kreiert, die nicht immer kompatibel sind mit den APIs anderer Banken. Das zwingt Drittanbieter und Daten-Aggregatoren, wiederum eigene APIs zu den Banken zu implementieren, was den Adoptionsprozess erheblich verlangsamt.

Demgegenüber hat das Consumer Financial Protection Bureau (CFPB) in den USA bereits 2017 Prinzipien für den Umgang mit vertraulichen Kundendaten in Hinblick auf Datenzugriff, Autorisierung von Bezahlvorgängen und Datensicherheit erstellt (Abb. 2.14). Das hat die Basis für Connected Banking und die Bereitschaft zur Zusammenarbeit aller Beteiligten geschaffen, was für den Aufbau eines nachhaltigen Ökosystems einschließlich des damit verbundenen Finanzdatenaustausches (FDX) erforderlich ist. Die Prinzipien beinhalten einen gemeinsamen API-Standard für das Teilen von Daten sowie entsprechende Abkommen zwischen Banken und Daten-Aggregatoren für den Datenaustausch. Dies ist angesichts der Anzahl aller Beteiligten erfolgskritisch, auch um Technologie, Liefer- und Produktionsprozesse sowie Verbraucherschutz zu gewährleisten. Mit Connected Banking wird sich das gesamte Bankwesen, das bisher keine direkten Beziehungen zwischen den beteiligten Partnerunternehmen beinhaltete, zu einem neuen Bankensektor verändern, wobei sich alle involvierten Parteien auf einen gemeinsamen Kunden fokussieren. Basis sind gemeinsame Standards für eine API-basierte Technologie, gemeinsame Prinzipien für die erforderlichen Verträge, eine Zentralisierung des Risiko-Managements sowie eine zentralisierte Netzwerk-Infrastruktur (Abb. 2.13, Abb. 2.14, Abb. 2.15) (The Clearing House, 2020).

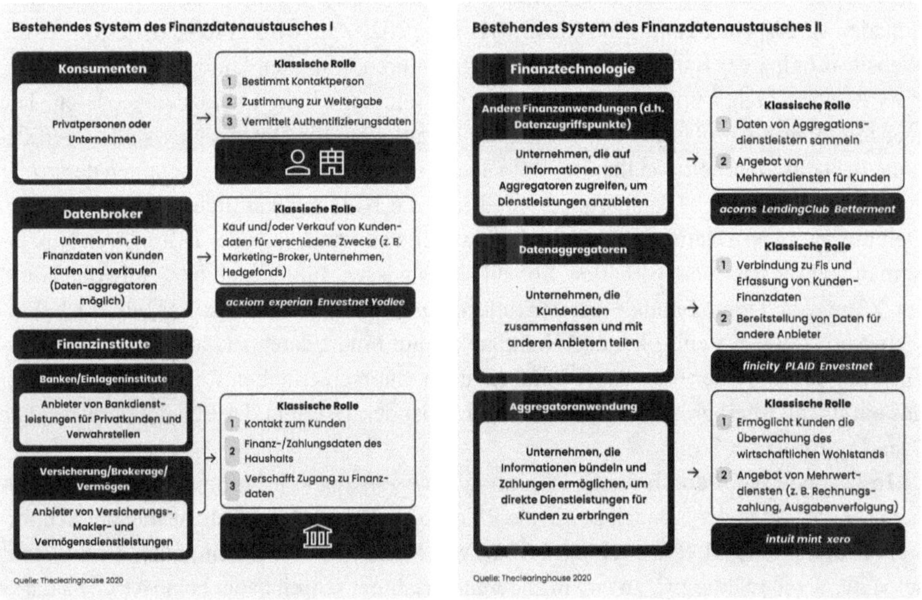

Abb. 2.13 Bestehendes System des Finanzdatenaustausches. (The Clearing House, 2020)

Abb. 2.14 CFPB-Prinzipien für ein standardisiertes Datenmanagement im Open Banking. (The Clearing House, 2020)

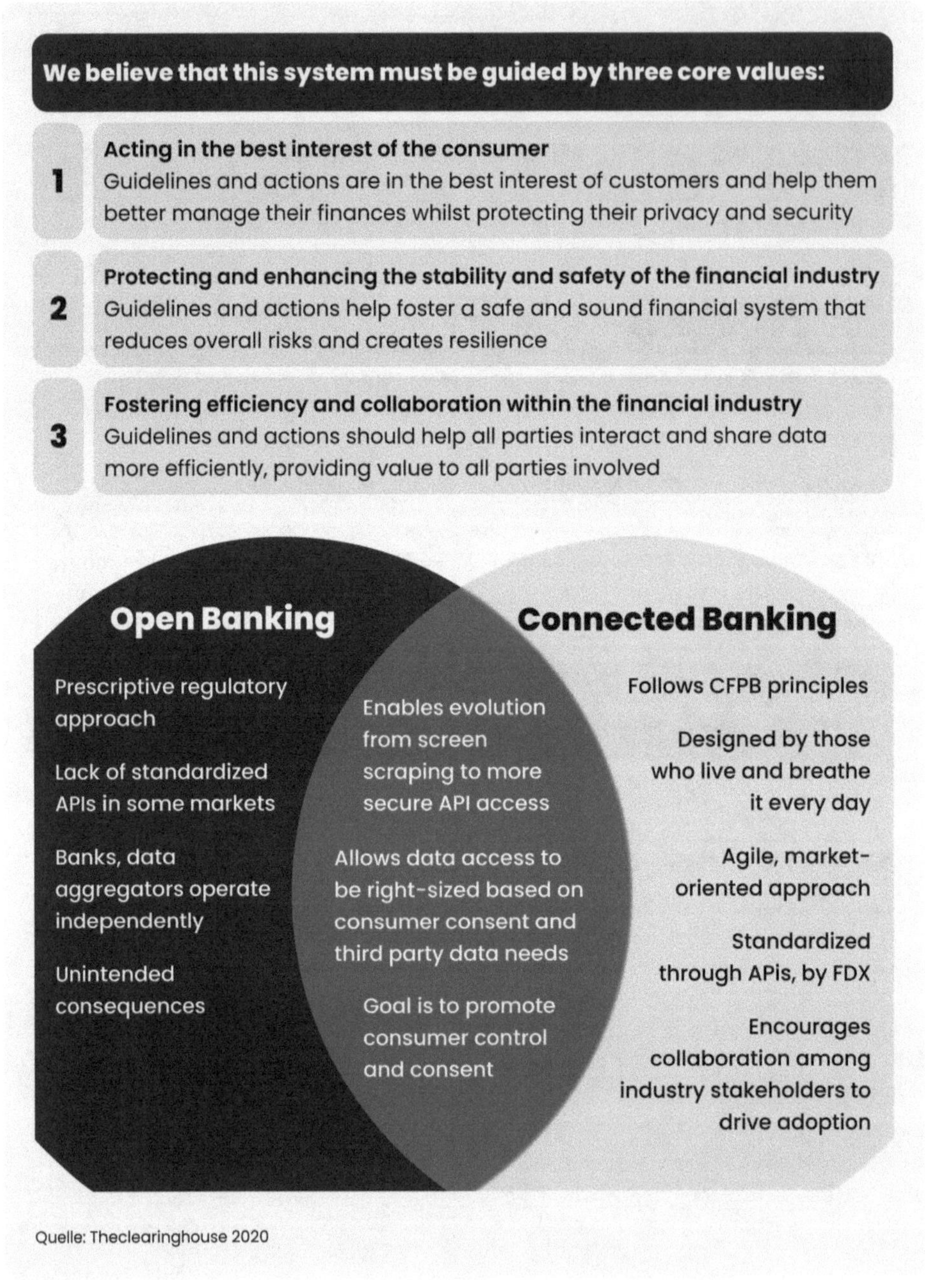

Abb. 2.15 Grundpfeiler des Connected Banking. (The Clearing House, 2020)

2.5 Fazit für Banken und Sparkassen

Banken sollten die Chancen von Open Finance offensiv und App-basiert nutzen. Sie können von anderen Banken lernen und deren Trends aufgreifen. Der Einzelhandel kann Vorbild für die Neuerfindung der Bankfiliale und des Omnichanneling sein.

Relevanz branchenfremder Trends für Banken
Das digitale Universum und die SoLoMo-Internetnutzung stellen zweifelsohne eine große Chance für Banken dar. Bezüglich der branchenfremden Trends geht es vor allem darum, den KI-Hype und das Thema „AI-Search" richtig einzuordnen und weder in Aktionismus noch in große Ratlosigkeit zu verfallen – unter Vermeidung von Technologieexplosion und digitaler FOMO („Fear of missing out"). Banken sollten rechtzeitig einen KI-Fahrplan für Open Finance erarbeiten und dabei das Motto „App-First" berücksichtigen. Dabei können sie von erfolgreichen Shopping-Apps und insbesondere von Multi-Purpose- und Multi-Experience-Apps lernen. Diese unterstützen unter bestimmten Voraussetzungen sogar die Transformation vom Open Banking zu Open Finance. Die Chance eines Finanz-Ökosystems ist allerdings nur mit standardisierten Lösungen inklusive der APIs sowie umfassender Nutzung von Social Media möglich. Wertvolle Impulse können diesbezüglich von den Bereichen C2C und C2M (Customer-to-Manufacturer) des Online-Handels kommen, indem die D2C-Vorteile als vertikale Bank ausgespielt werden. Dies kann auch duale Ökosysteme ermöglichen und damit Chancen für einen Marktplatz für Beyond-Banking-Angebote inklusive Retail Media („Finance oder Embedded Media") eröffnen. Channel-Innovationen inklusive Messenger-/WhatsApp- und Live-Chat-Commerce sowie ein umfassendes Omnichannel-Konzept könnten dabei Bankkunden auf Dauer binden („Kanal egal – Smart App-based Bank Branch"). Dabei sind die Möglichkeiten von rabattbezogenen Loyalitätskonzepten zu berücksichtigen (z. B. Erlass von Gebühren bei Summe X). Die Leadgenerierung und die Conversion sollten zudem zentrale KPIs werden, wobei Skalierungsfähigkeit und Reichweite oberste Priorität haben sollten, auch bezüglich der Neuerfindung der Bankfiliale. Dies beinhaltet auch eine Prüfung des Netzwerkpotenzials der Filialen sowie die Erstellung eines Business Plans für das Thema Open Finance.

Neuerfindung der Bankfiliale
Open Banking bzw. Open Finance erfordert auch den verstärkten Einsatz von KI-Anwendungen und Ökosystemen in der Bankfiliale. Standorte und Standortpolitik müssen neu ausgerichtet werden („Relokation und Replacement") und die Verlagerung von Frequenzen berücksichtigen. Dies gilt auch für digitale Frequenzen und digitalen Kontext. Die Neuerfindung der Bankfiliale („Reimagination der Formate") erfolgt höchstwahrscheinlich App-basiert. Dafür müssen sämtliche Register des modernen CRM gezogen werden. Zudem werden smarte Bankfilialen innerhalb eines schlanken und effizienten Filialnetzes verschiedener Archetypen eingesetzt, die jeweils unterschiedliche Anforderungen abdecken. Digitalisierung und Automatisierung der Filialen beinhalten optionale Möglichkeiten der Selbstbedienung (z. B. „eigene Kontoeröffnung"), müssen aber

zugleich beratungsfokussiert für den Bedarfsfall sein. Dies erfordert einen Wechsel vom Residenz- und Holprinzip hin zum Distanz- und Bringprinzip mit Vereinbarungsmöglichkeit von Hausbesuchen. Die Anpassung von Öffnungszeiten an den Kundenalltag ist ein Hygienefaktor. Mitarbeitende übernehmen mit digitaler Unterstützung neue Rollen, sodass die Filialen die Kundenbindung aktiver stärken. Dazu gehört auch eine Emotionalisierung und Gewährleistung des bestmöglichen Kundenerlebnisses durch Flagship-Filialen, die das gesamte Produkt- und Dienstleistungsangebot der Bank abbilden.

Neuerfindung des Omnichanneling im Banking

Die Plattformökonomie und branchenfremde Trends aus dem Retail-Sektor sind immer noch und immer wieder relevant für Finanzdienstleister. Plattformen und „Marktplätze" stehen im Retail weiterhin an der Spitze der Angebots- und Prozess-Digitalisierung. Sie gewinnen weiterhin Marktanteile – allerdings in veränderter Form. Dies ist zweifelsohne auch ein denkbares Zukunftsszenario im Open Finance. Die Open-Finance-Potenziale blieben bisher jedoch weitgehend ungenutzt. PSD3 bzw. die EU-Payment-Regulation soll neuen Schwung in die Umsetzung bringen und erfordert auf Basis einer Plattformökonomie auch ein umfassendes Omnichanneling. Die Neuerfindung des Omnichanneling im Banking setzt eine nahtlose und widerspruchsfreie Integration aller Kanäle ohne Priorisierung der Bankfiliale voraus. Denn der Kunde wechselt den Kanal im Kaufprozess selbstbestimmt und erzwingt die Integration aller Vertriebskanäle („Kanal egal"). Der stationäre Vertrieb erscheint im Banking zwar vorerst unersetzbar für Kaufabschlüsse, das Online-Geschäft und dabei die Plattformökonomie dienen allerdings bereits vollumfänglich der Geschäftsanbahnung. Sämtliche Angebote der Open-Finance-Plattform inklusive der Beyond-Banking-Produkte sollten allerdings auch stationär abgebildet werden – und sei es durch digitale Vergrößerung („Stretch Shelf"). Der Fokus muss auf Leadgenerierung und Abschluss statt auf Funktion liegen.

Finanz-Apps spielen eine Schlüsselrolle

Banken sollten von Social-Commerce-Plattformen und interaktiven Geschäftsmodellen lernen und die Art einer kuratierten Beratungsleistung im Open Finance spezifizieren („Lebensplanung statt Hausfinanzierung"). Empfehlenswert ist eine Positionierung als lokale Plattform mit regionalen Angeboten und echter persönlicher Beratungsmöglichkeit. Dies beinhaltet die Anwendung von intelligenten Technologien und Geräten wie Mobiles, Wearables, Internet of Things (IoT), biometrischer Erkennung, Social Media, Blockchain, Augmented und Virtual Reality. Damit können Banken Teil eines mobil-integrierten Portals werden und damit das „Begehren" eines Finanzproduktes in Echtzeit identifizieren, sodass Banken dem Kunden direkt relevante und passende Produkte anbieten können. Dabei ist Embedded Finance als Bestandteil und Chance für ein als mobil-integriertes Portal – mit entsprechender Partnerausrichtung – zu sehen. Eine Open-Finance-App kann als „All-in-One-Plattform" attraktiv für alle Lebensbereiche sein und damit zur am häufigsten heruntergeladenen App werden („Verdrängung der Shopping-Apps"). Sämtliche Prozesse sind zu diesem Zweck mit prozessorientierten statt funktionsorientierten Verantwortlichkeiten kundenzentriert auszurichten. Größter Hemmschuh für die Umsetzung der Zukunftsthemen rund um das Open Banking/Open Finance bleiben die Organisation und die IT-Infrastruktur inklusive Datensilos sowie die Informationsqualität.

Literatur

Breinich-Schilly, A. (2024). KI ist der Treibstoff für Banken. Springer Professional vom 8. Jan. 2024. https://www.springerprofessional.de/bankstrategie/kuenstliche-intelligenz/ki-ist-der-treibstoff-fuer-banken/26526446. Zugegriffen am 25.03.2024.

Brindöpke, M. (2018). Plattformen 2015 – Wie die Goliaths um die Davids kämpfen (müssen). K5 Future Retail Conference 2018, Berlin. https://www.youtube.com/watch?v=5gDi0VFJ2rI. Zugegriffen am 01.04.2020.

Deloitte Whitepaper. (2023). Die PSD3-Revoltion: neuer Schwung für Open Banking? Reflexion zu nicht erfüllten PSD2-Erwartungen, ersehnten PSD3-Perspektiven und zukünftigen Innovationen. https://www2.deloitte.com/content/dam/Deloitte/de/Documents/financial-services/Deloitte-Die-PSD3-Revolution.pdf. Zugegriffen am 09.05.2024.

Destatis. (2021). Branchen und Unternehmen. Industrie und verarbeitendes Gewerbe. https://www.destatis.de/DE/Themen/Branchen-Unternehmen/Industrie-Verarbeitendes-Gewerbe/_inhalt.html. Zugegriffen am 09.07.2021.

Embedded Finance. (2024). Embedded Finance: Definition & Erklärung. https://www.embeddedfinance.de/magazin/embedded-finance-definition-erklaerung.html. Zugegriffen am 09.05.2024.

FAZ. (2020). Deutsche bezahlen immer mehr kontaktlos. Nr. 42 vom 19. Februar 2020, S. 23.

Finastra. (2023). State of the Nation Survey 2023. https://www.finastra.com/financial-services-state-nation-survey-2023. Zugegriffen am 25.03.2024.

FINMAS. (2020). Plattformökonomie im Banking. Studie der FINMAS GmbH, Berlin. https://www.finmas.de/plattformstudie/. Zugegriffen am 01.12.2020.

FINMAS. (2023). *RUDI – rund um die Immobilie. RUDI-Versand vom 2. Nov. 2023.* FINMAS GmbH.

FINMAS. (2024). *Die neue Effizienz der Baufinanzierung* (ZG-Präsentation vom 26. April 2024). FINMAS GmbH.

Giesen, H. (2017). Plattformen im Banking – vom As-a-Service- bis zum AirBnB-Banking. Next Finance Blog vom 20. November 2017. http://www.next-finance-blog.de/plattformen-im-banking-vom-as-a-service-bis-zum-airbnb-banking/. Zugegriffen am 13.07.2018.

Graf, J., & Grollmann, D. (2022). Metaversum: Der Weg ins 23. Jahrhundert. iBusiness vom 7. Okt. 2022. https://www.ibusiness.de/aktuell/db/534103jg.html. Zugegriffen am 8. Okt. 2023.

Heinemann, G. (1989). *Betriebstypenprofilierung und Erlebnishandel.* Springer-Gabler.

Heinemann, G. (2013). *No-Line-Handel – höchste Evolutionsstufe im Multi-Channeling.* Springer-Gabler.

Heinemann, G. (2019). *Der neue Online-Handel: Geschäftsmodelle, Geschäftssysteme und Benchmarks im E-Commerce* (10. Aufl.). Springer-Gabler.

Heinemann, G. (2020a). *Der neue Online-Handel: Geschäftsmodelle, Geschäftssysteme und Benchmarks im eCommerce* (11. Aufl.). Springer-Gabler.

Heinemann, G. (2020b). *B2B eCommerce: Grundlagen, Geschäftsmodelle und Best Practices im Business-to-Business Online-Handel.* Springer-Gabler.

Heinemann, G. (2021). *Intelligent Retail: Die Zukunft des stationären Einzelhandels.* Springer-Springer-Gabler.

Heinemann, G. (2023). *Der neue Online-Handel: Geschäftsmodelle, Geschäftssysteme und Benchmarks im E-Commerce* (14. Aufl.). Springer-Gabler.

Heinemann, G. (2024). *Der neue Online-Handel: Geschäftsmodelle, Geschäftssysteme und Benchmarks im E-Commerce* (15. Aufl.). Springer-Gabler.

Heinemann, G., & Kannen, K. (2020). Plattform werden oder Sterben. In: FAZ/Wirtschaft, Der Betriebswirt, Nr. 34, vom 10. Februar 2020, S. 16.

Heinemann, G., Kannen, K., & Bleil, S. (2021). *Plattformökonomie und eCommerce im Banking, Grundlagen, Plattform-Geschäftsmodelle, Optionen und Lösungsansätze.* Springer-Gabler.

Hofacker, L., & Langer, N. (2020). Connected Retail 2020: Strategien, Herausforderungen und Trends. https://www.ehi.org/de/studien/connected-retail-2020/. Zugegriffen am 12.08.2020.

Hudetz, O. (2019). Connected Commerce: Buzzword oder echte Chance? Was Kund*innen vom vernetzten Einkaufen halten. https://www.otto.de/unternehmen/de/technologie/connected-commerce-ifh-buzzword-oder-echte-chance. Zugegriffen am 15.01.2021.

Kleine, J., Jolmes, M., & Peschke, T. (2018). Plattformökonomie im Finanzdienstleistungssektor: Ausprägungsarten, Ausgestaltungsoptionen und Konzeptentwicklung für Volksbanken und Raiffeisenbanken. Genossenschaftsverband Bayern. https://www.profil.bayern/11-2018/top-thema/viel-mehr-als-ein-vertriebskanal/. Zugegriffen am 01.04.2020.

Konto-Report. (2018). Girokonten in Deutschland – Anzahl der Filial- und Onlinekonten. http://konto-report.de/girokonto/. Zugegriffen am 10.05.2019.

Krisch, J. (2024). Multi-Purpose- vs. Multi-Experience Apps im E-Commerce. Exciting Commerce vom 16. März 2024. https://excitingcommerce.de/2024/03/16/multi-purpose-vs-multi-experience-apps-im-e-commerce/. Zugegriffen am 01.04.2024.

Gehrckens, M., & Babenko, L. (2019). Ausblick 2020: Die acht wichtigsten Trends im Einzelhandel und E-Commerce. Location Insider vom 19. Dez. 2019. https://locationinsider.de/ausblick-2020-die-acht-wichtigsten-trends-im-einzelhandel-und-e-commerce/. Zugegriffen am 01.08.2020.

Micropayment. (2020). XS2A. Payment Lexikon. https://www.micropayment.de/glossar/xs2a/. Zugegriffen am 22.02.2020.

Neuhaus, D. (2018). Neuartige Kundenerlebnisse durch digitale Ökosysteme. Substanzielle Effizienzpotenziale ausschöpfen – Recht der Kunden auf Privatsphäre und Sicherheit der persönlichen Daten kommt höchste Priorität zu. vom 28. April 2018. https://www.boersen-zeitung.de/index.php?li=1&artid=2018082813. Zugegriffen am 13.07.2019.

Offerista. (2024). The State of Shopping 2024: Shopping-Trends 2024 in Deutschland und Europa. https://www.offerista.com/wp-content/uploads/2024/05/240419_Whitepaper_State-of-Shopping_DE.pdf. Zugegriffen am 23.10.2024.

Pereira-Martins, F. (2019). PSD2: Banken verlieren Monopol auf Kundendaten. Internetworld vom 15. Januar 2019. https://www.internetworld.de/technik/payment/psd2-banken-verlieren-monopol-kundendaten-1667715.html?ganzseitig=1. Zugegriffen am 13.04.2019.

Rehme, F. (2017). Mobile Payment liefert den Beweis: Halbherzigkeit wird nie belohnt. In: Zukunft des Einkaufens.de vom 1. Mai 2017. https://zukunftdeseinkaufens.de/mobile-payment-liefert-den-beweis-halbherzigkeit-wird-nie-belohnt/. Zugegriffen am 02.05.2017.

Roemer, S. (2019). Wie Händler Zahlungen „stark" absichern können. In: eTailment vom 28. Feb. 2019. https://etailment.de/news/stories/3D-Secure-Mastercard-Visa-biometrie-22075?utm_source=%252Fmeta%252Fnewsflash%252FmorningBriefing&utm_medium=newsletter&utm_campaign=nl2619&utm_term=aeda4e5a3a22f1e1b0cfe7a8191fb21a. Zugegriffen am 15.07.2019.

Rose, C. (2020). Super-Apps: Was deutsche Unternehmen von ihnen lernen können – und ihnen voraus haben. iBusiness vom 29. Mai 2020. https://www.ibusiness.de/aktuell/db/399660cr.html. Zugegriffen am 02.08.2020.

Schobelt, F. (2022). Metaverse und der Handel: Strategien für das Internet der Zukunft. iBusiness vom 21. Juni 2022. https://www.ibusiness.de/aktuell/db/733141frs.html. Zugegriffen am 22.06.2022.

Statista. (2019a). Anzahl der Girokonten in Deutschland in den Jahren 2012 bis 2018 nach Bankengruppen. https://de.statista.com/statistik/daten/studie/38041/umfrage/anzahl-der-girokonten-in-deutschland-nach-bankengruppe. Zugegriffen am 30.07.2019.

Statista. (2019b). Anzahl der Online-Girokonten in Deutschland in den Jahren von 2009 bis 2018. https://de.statista.com/statistik/daten/studie/39539/umfrage/anzahl-der-online-gefuehrten-konten-in-deutschland. Zugegriffen am 30.07.2019.

Statista. (2023). Onlinebanking in Europa 2022. https://de.statista.com/statistik/daten/studie/4102/umfrage/online-banking-in-europa/#:~:Text=Anteil%20der%20Nutzer%20von%20Online%2DBanking%20in%20Europa%20nach%20ausgew%C3%A4hlten%20L%C3%A4ndern%202022&text=Diese%20Statistik%20zeigt%20den%20Anteil,genutzt%20haben%2C%20bei%2091%20Prozent. Zugegriffen am 02.02.2023.

The Clearing House. (2020). Connected Banking. White Paper. https://www.theclearinghouse.org/connected-banking. Zugegriffen am 25.03.2024.

VÖB. (2024). Unsere Positionen: Open Finance und die Regulierung von Zahlungsdiensten. https://www.voeb.de/unsere-positionen/open-finance. Zugegriffen am 25.03.2024.

Welt DSGVO. (2018). Zahl der Datenschutzbeschwerden explodiert. Karsten Seibel vom 30. Juni 2018a. https://www.welt.de/wirtschaft/article178537272/DSGVO-Zahl-der-Beschwerden-im-ersten-Monat-bis-zu-zehn-Mal-so-hoch.html. Zugegriffen am 13.07.2018.

Wikipedia. (2020). Zahlungsdiensterichtlinie. https://de.wikipedia.org/wiki/ Zahlungsdiensterichtlinie. Zugegriffen am 12.01.2020.

Yousofzai, Y., Stylianou, G., & Bezler, S. (2024). Open Banking und Open Finance: Innovationstreiber auch für den Kapitalmarkt? BankingHub vom 21. Feb. 2024. https://bankinghub.de/blog/open-banking-open-finance. Zugegriffen am 25.03.2024.

3 Plattform- und KI-Readiness der Bankkunden

Zusammenfassung

Die Zeiten, in denen Bankkunden ihr einmal eröffnetes Konto ein Leben lang behalten, sind vorüber. Finanzkunden in Deutschland erkennen zunehmend die Vorteile digitaler Technologien und möchten diese aktiv in allen Bereichen nutzen. Banken bekommen für ihre Digital-Angebote nur die Note befriedigend. Auch Kriterien für Bankauswahl und Bankenwechsel ändern sich radikal. Die Mehrzahl der Bankkunden hat schon einmal die Hausbank gewechselt. KI könnte der Digitalisierung der Finanzbranche weiteren Schub verleihen. Kundengewinnung und -bindung sind zukünftig im Banking nicht mehr ohne digitale Plattform möglich. Eine Online-Marketing-Relevanz digitaler Plattformen ist unabdingbar.

3.1 Aktueller Stand des Kaufverhaltens in Zeiten von Plattformökonomie und KI

Die bisherige Ordnung des Kaufentscheidungsprozesses wird insbesondere durch die Smartphone-Nutzung stark verändert, was auch zu einer radikalen Veränderung des Kaufverhaltens führt. Nach E-Commerce 1.0 und Amazonisierung des Einkaufens führt das App-based Retailing, das derzeit von asiatischen Plattformen (Temu, Shein & Co.) vorangetrieben wird, zu einer neuen Evolutionsstufe im Kaufverhalten. Hybrides Kaufverhalten und Technologieerwartungen zwingen alle Anbieter zur digitalen Transformation (Heinemann, 2024).

G. Heinemann et al., *Intelligent Open Finance*,
https://doi.org/10.1007/978-3-658-47925-1_3

3.1.1 Digitales Kaufverhalten und „App-Browsing"

Durch die Evolution des Kaufverhaltens werden auch die Wettbewerbsverhältnisse neu definiert. Einerseits bietet das Internet dem Kunden die Möglichkeit, sich beinahe jedes weltweit verfügbare Produkt relativ schnell und einfach beschaffen zu können. Andererseits findet der Kunde im „World Wide Web" alle erforderlichen Informationen, die ihn bei der Suche nach dem richtigen Produkt unterstützen. Aufgrund detaillierter Produktinformationen, zusätzlicher Testberichte sowie dargestellter Produktbewertungen wird der Entscheidungsprozess von Kunden viel besser unterstützt als bei der traditionellen Beratung durch einen Anbieter (Heinemann, 2023). Dies führte zum klassischen „ROPO" -Effekt (Research Online und Purchase Offline), der weiterhin anhält: Zwar beginnen immer noch die meisten der deutschen Online-Käufe bei Google, es folgen aber per Ende 2023 fast gleichauf Online-Marktplätze (Heinemann, 2023; etailment, 2024; eBay, 2024). Vor allem Amazon hat es in den letzten Jahren geschafft, den Kaufprozess zu seinen Gunsten zu verändern. Nicht nur die Produktsuche wird zunehmend durch den Online-Marktführer dominiert, der als Produktsuchmaschine mittlerweile sogar Google abgelöst hat, auch die Anbieterauswahl findet auf dem Amazon-Marktplatz statt. Dies betrifft allerdings vorrangig den Bedarfskauf, bei dem das Kaufbedürfnis an erster Stelle steht. Geht es jedoch um Impuls- und Erlebniskäufe, hatte der stationäre Handel bisher zweifelsohne Vorteile gegenüber den meisten Online-Händlern. Im Zuge des App-based Retailing, mit dem Wish eine neue Dimension des Einkaufserlebnisses erfunden hat, ist das Kaufverhalten bezüglich des Shoppings in eine neue Evolutionsstufe übergegangen. Mittlerweile wurde Wish von Shein, Temu und TikTok Shop verdrängt. Die Änderung des Kaufverhaltens ist in Abb. 3.1 dargestellt.

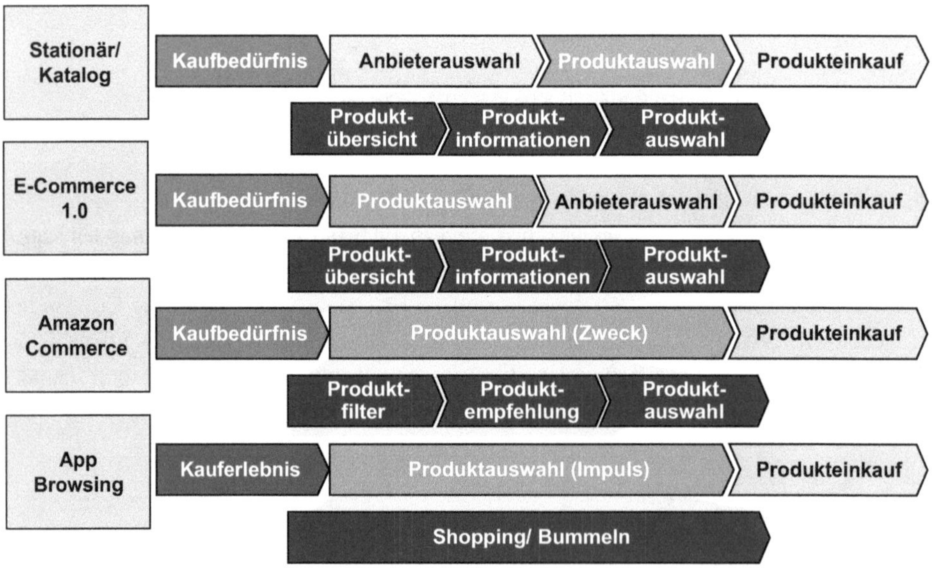

Abb. 3.1 Das neue Kaufverhalten. (Eigene Darstellung in Anlehnung an Gehrckens & Boersma, 2013; Graf, 2017; Heinemann, 2023)

Vom E-Commerce 1.0 zu Amazon Commerce und App Browsing

Der Mix aus enorm günstigen Preisen – die Preisvorteile liegen mindestens 80–90 % – und langen Lieferzeiten führt zu einer ganz anderen Einkaufsdynamik, die als „Discovery Shopping" beschrieben werden kann. Das primäre Kaufmotiv ist dabei weniger der Zielkauf als vielmehr ein Einkaufsbummel. Damit konkurrieren die Shopping-App Retailer gar nicht so sehr mit Amazon und Co., sondern richten sich eher an Kunden ohne Kaufinteresse, die dann zu Käufern konvertiert werden. Das konnte bisher in der Tat der stationäre Handel viel besser als die meisten Online-Modelle (Graf, 2017; Blacker, 2023; Krisch, 2024). Dabei stellt gut die Hälfte der Internetnutzer Preisvergleiche an, informiert sich auf Websites, liest Testberichte im Internet oder berücksichtigt Kommentare und Diskussionsbeiträge anderer Nutzer (Heinemann, 2023). Mit der zunehmenden Verlagerung der Kommunikation ins Netz verschiebt sich auch die Relevanz einzelner Informationsquellen für den Internetnutzer: Mittlerweile zählen Bewertungen anderer Internetnutzer zu den vertrauenswürdigsten Quellen. Diese spielen insbesondere bei der Vorbereitung von Käufen eine große Rolle. Die Orientierung an der letzten Handlung des Kunden vor dem Einstieg in den Kaufprozess – in der Regel Googeln – darf insofern die sogenannte Customer Journey nicht ausblenden. Diese besagt, dass zwischen dem Kaufgedanken und dem finalen Klick eine Reihe von Stationen liegt. So sind Werbebanner oder E-Mail-Newsletter nicht selten Kaufimpulsauslöser. Der Prozess bis zum endgültigen Kauf kann mehrere Wochen dauern. Das schließt Search, Diskussionen in Bewertungsplattformen, Erfahrungsaustausch oder Recherchen auf Preisvergleichsportalen ein (Gehrckens & Boersma, 2013; Heinemann & Gaiser, 2016; Heinemann, 2023). Der Customer-Journey-Ansatz berücksichtigt auch Langzeiteffekte und beinhaltet zwei Dimensionen. Die erste Dimension umfasst Kaufimpulse. Die zweite Dimension gewichtet den Beitrag bestimmter Touchpoints während der Customer Journey zur Conversion („Conversion Attribution").

Customer Journey und Customer Touchpoints

Es ist schwierig, die Abhängigkeiten zwischen verschiedenen Werbemittelkontakten darzustellen, denn nicht alles auf dem Weg eines Kunden zur Kaufentscheidung lässt sich messen. Insofern muss der Customer-Journey-Ansatz immer auch die Online- und Offline-Welt zusammenbringen. Das setzt qualifizierte Datenerhebungen voraus. Dabei sollte die Customer Journey kein Selbstzweck sein, sondern dem Online-Händler gezielte Möglichkeiten zur Kundenakquisition aufzeigen. Da die moderne Customer Journey aufgrund der Granularisierung immer unübersichtlicher wird, empfiehlt sich für Online-Marketing-Zwecke eine Strukturierung nach dem AIDAS-Prinzip (Seokratie, 2018), das auf dem AIDA-Modell beruht (Attention, Interest, Desire, Action). Dieses wohl bekannteste Modell im Marketing, das bereits 1898 von Elmar Lewis entwickelt wurde, erlebt derzeit eine Renaissance. Im Grunde beschreibt AIDA, wie Werbung in der modernen Customer Journey wirkt (Seokratie, 2018; Meffert et al., 2018). Das AIDA-Prinzip wurde Ende des 19. Jahrhunderts um das „S" erweitert, das für Satisfaction steht. Obwohl das Modell sehr alt ist, gilt es als eines der wichtigsten Prinzipien, wie Werbung vereinfacht gesehen funktioniert. Vor allem bei Push-Marketing-Strategien ist AIDAS „funktionsfähig", da die Aufmerksamkeit des

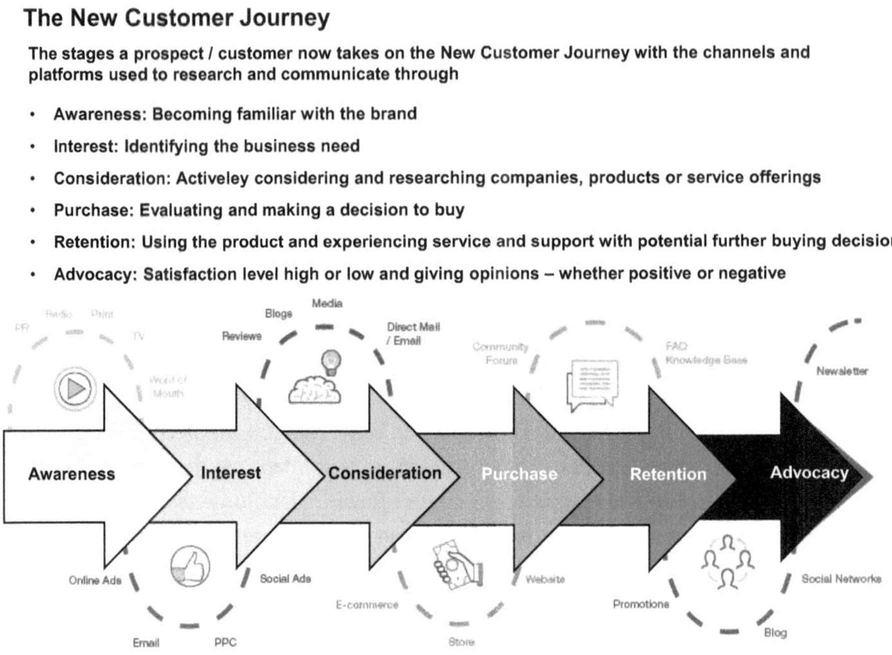

Abb. 3.2 Die neue Customer Journey. (Maximizer, 2018)

Konsumenten immer erst positiv geweckt werden muss, was vor allem in der granularisierten Customer-Touchpoint-Welt immer schwieriger wird. Dennoch macht es Sinn, die Spezifika des Online-Handels noch stärker zu berücksichtigen und AIDAS in AICPURA zu erweitern, wobei A und I (Attention, Interest) gleich bleiben, aber DA (Desire, Action) in CPURA (Consideration, Purchase, Retention, Advocacy) verändert werden (Maximizer, 2018). Das berücksichtigt, dass der Kunde heute in 80 % aller Fälle bereits Peer-Empfehlungen sucht, bevor er einen Kauf tätigt. Darüber hinaus erwarten die Kunden eher „Pull statt Push" sowie Personalisierung und Engagement. Daraus ergibt sich eine neue Customer Journey, die in Abb. 3.2 dargestellt ist (Maximizer, 2018; Heinemann, 2023).

3.1.2 Hybrides Kaufverhalten und Technologieerwartungen

Mehr als die Hälfte der Deutschen (54 %) sind hybride Kunden, die sowohl online als auch offline einkaufen – so die globale Einkaufsstudie der Offerista Group (Offerista, 2024). Damit liegt Deutschland im internationalen Vergleich vorne. Nur wenige Deutsche (12 %) und Europäer bevorzugen den reinen Online-Einkauf. Den deutschen Kunden ist insbesondere der Einkauf von Food im stationären Supermarkt wichtig (97 %). Non-Food wird zu rund 25 % online gekauft (Heinemann, 2023). Reine Online-Shopper kaufen in Deutschland aufgrund der Lieferung nach Hause (61 %) sowie dem Mangel an Warteschlangen und

Menschenmassen (48 %) im Internet. Demgegenüber werden stationäre Geschäfte hierzulande bevorzugt, weil Kunden dort die Möglichkeit haben, Produkte vor dem Kauf zu sehen, anzufassen oder auszuprobieren (79 %). Gegenüber dem europäischen Durchschnitt (16 %) ist bei den deutschen Kunden auch der Kundenservice ein entscheidender Kauffaktor (40 %). Von den Online-Käufern hierzulande wählen 44 % immer oder manchmal die Click-and-Collect-Option aus. Von ihnen lassen sich 73 % vor Ort im Geschäft zu weiteren Käufen hinreißen (Offerista, 2024). Um zusätzliche kaufrelevante Informationen zu bekommen, recherchieren 79 % der Kunden in Deutschland Produkte online, bevor sie stationär einkaufen. Dabei probieren sie häufig neue Marken aus (21 %). Dabei sind attraktive Preise und Rabatte Schlüsselfaktoren für das Testen einer neuen Marke (55 %). Während ein Großteil der deutschen Shopper ihre Kaufentscheidung online trefft, wird anschließend bevorzugt im stationären Geschäft eingekauft. Eine digitale Shopper-Aktivierung über alle Kanäle der Customer Journey hinweg ist daher für Anbieter erfolgskritisch. Getrieben von dem sich rasant ändernden Mediennutzungs- und Einkaufsverhalten der Konsumenten sind alle Anbieter zur digitalen Transformation verdammt (Offerista, 2024).

Technologiehoffnungen und Ängste

Eine Studie von iBusiness aus dem Jahr 2024 hat untersucht, wie positiv oder negativ die Menschen unterschiedliche Technologien einschätzen. Gegenüber 2023 – dem Jahre des ChatGPT-Hypes – schneiden Technikfelder aus dem Bereich der KI und dem Backend am schlechtesten ab, während die Befragten vor allem Roboter-Technologien im Schnitt am positivsten einschätzen. Offensichtlich hat die Berichterstattung vieler Medien über künstliche Intelligenz (KI) und Maschinenlernen zu einer Zunahme der Ängste geführt. Selbst ChatGPT – bei vielen Usern bereits im Einsatz – wird in der Wahrnehmung zunehmend negativer gesehen (Graf, 2024). Am besten schnitten dagegen Cloudsysteme und Kollaborationstools ab, gefolgt von der KI-Technik „Natural Language Processing“ (NLP). Mit diesen drei Technologien haben viele Menschen bereits Erfahrung. Vor allem Übersetzungstools werden bereits umfassend genutzt, und am Arbeitsplatz sind Cloudsysteme und Kollaborationstools auch keine Seltenheit mehr. Anscheinend beurteilen User Technologien umso positiver, je mehr Erfahrungen sie mit ihnen haben. Auch Pflegeroboter werden mittlerweile als positiv eingestuft. Demgegenüber haben die Insolvenzen von Krypto-Portalen, die massive Zunahme von Kryptowährungs-Spams sowie das Platzen der Krypto-Spekulationsblase offensichtlich dazu geführt, dass das Krypto-Thema von den meisten Deutschen extrem negativ gesehen wird. Kryptowährungen wie der Bitcoin werden dabei am negativsten bewertet.

Wie Abb. 3.3 zeigt, lassen sich auf Basis der Erwartungen der User sowie der Bekanntheit der jeweiligen Technologie folgende Bereiche identifizieren, in denen sich die Technikhoffnungen und -ängste der Deutschen bewegen. Demnach werden Kryptowährungen und menschenähnliche KI-Systeme sowie Metaverse, Chatbots und autonome Autos als Gefahr eingeschätzt. Hoffnungsträger sind vernetzte Computersysteme und (eingeschränkt) Kollaborationstools, Lieferroboter und menschenfremde KI-Systeme (Graf, 2024).

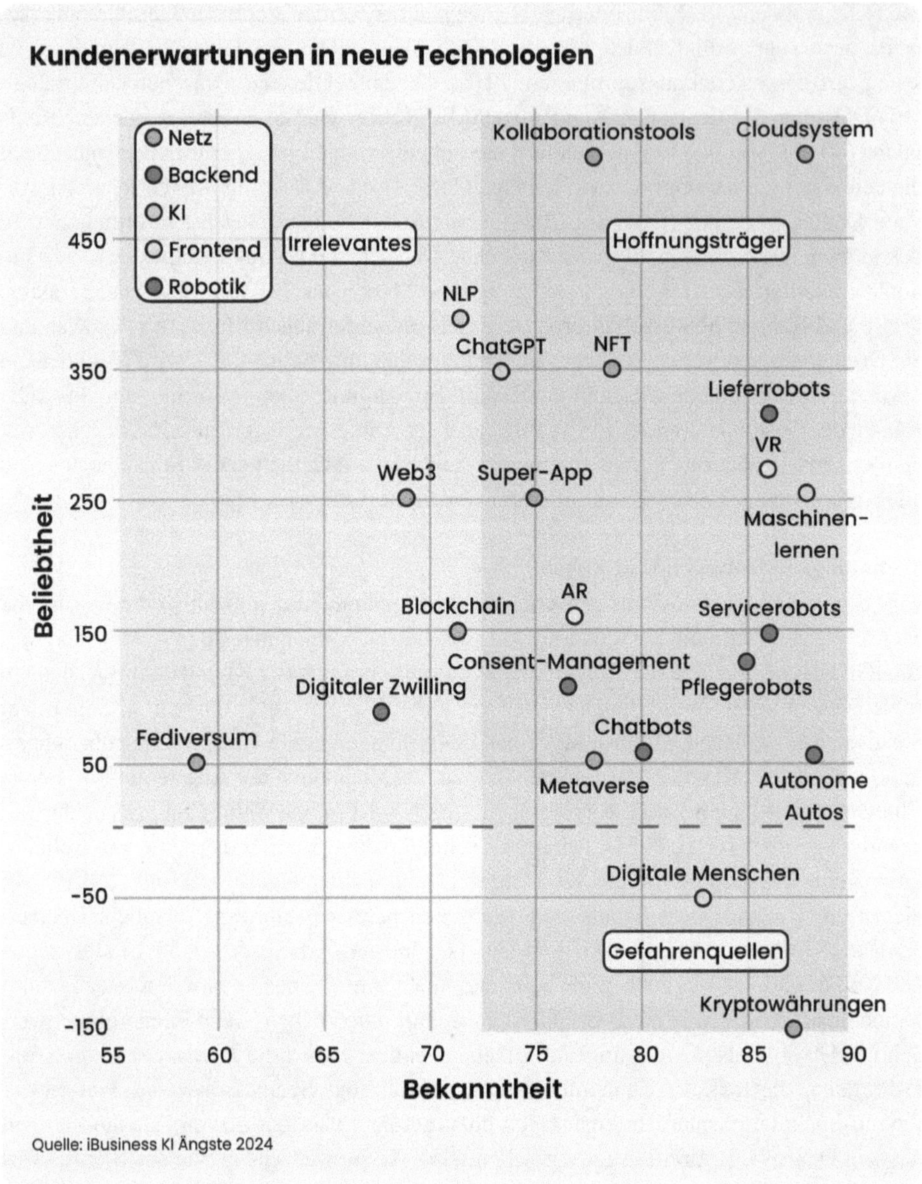

Abb. 3.3 Kundenerwartungen an neue Technologien. (Graf, 2024)

3.1.3 Shopping-Verhalten und Kundentreue nach Corona

Kundentreue hat inzwischen Seltenheitswert. Die Zeiten, in denen Bankkunden ihr einmal eröffnetes Konto ein Leben lang behalten, sind vorüber. Mittlerweile haben 55 % der Menschen bereits einmal das vorrangig genutzte Girokonto gewechselt. Im Vorjahresvergleich (51 %) und vor allem gegenüber 2018 (35 %) zeigt sich eine zunehmende Bereitschaft zum Kontowechsel (Leichsenring, 2022). Der Trend zur Untreue ist allgegenwärtig. Im Rahmen der Kundenbindung kommen deswegen zunehmend Loyalitätsprogramme zum Tragen, weil die jüngsten Entwicklungen im Bereich der digitalen und mobilen Kommunikation den Online-Händlern jetzt alle Möglichkeiten geben, um jederzeit in Kundeninteraktion treten zu können. Damit ermöglichen Loyalitätsprogramme auch eine personalisierte Kommunikation, die sonst in dieser Form nur in Communitys möglich war, vor allem wenn ein direkter bzw. persönlicher Kontakt zum Händler oder Hersteller nicht gegeben ist. Wie in Communitys üblich, können damit jetzt auch Loyalitätsprogramme einen emotionalen Zusatznutzen für den Kunden bewirken. Voraussetzung ist allerdings eine weitgehend akzeptierte und zufriedenstellende Basisleistung seitens des Unternehmens, auf welche ein Angebot aus dem Loyalitätsprogramm aufbaut (Braun et al., 2017; Location Insider, 2022). Ist dies gegeben, können Online-Händler ausgewählte Kunden gezielt ansprechen und mithilfe des Leistungsangebots an das Unternehmen binden. Zudem lassen sich bestehende Kundendaten automatisch zum individuellen Kauf- und Zahlungsverhalten zuordnen, wie mit dem Amazon-Kundenkonto praktiziert. Dabei können Kunden aufgrund der gespeicherten persönlichen Daten eine einfachere und schnellere Kaufabwicklung realisieren, idealerweise über eine App. Sind alle relevanten Kundendaten in der App hinterlegt, erfordert der Kaufprozess nur wenige Klicks. Webbasierte Loyalitätsprogramme erlauben es auch, mithilfe der Angebotsgestaltung sowie datenbasiert verschiedene Zielgruppen direkt anzusprechen (Heinemann, 2023).

Beliebtheit von Treue- und Bonusprogrammen

Hierzulande nehmen über zwei Drittel der Befragten an mindestens einem Bonus-/Treueprogramm teil. Ein Viertel der Deutschen ist bei mehr als drei Treueprogrammen Mitglied (siehe Abb. 3.4). Im internationalen Vergleich fällt die Mitgliederzahl jedoch etwas geringer aus. Ein Grund dafür ist zweifelsohne das erhöhte Datenschutzbewusstsein (Comarch, 2023). Beim Thema Datensicherheit gehen zwei Fünftel der Deutschen lieber auf Abstand und stehen der Datenpreisgabe innerhalb von Treueprogrammen eher skeptisch gegenüber. Die tatsächlichen Handlungen in der Praxis zeigen allerdings, dass fast zwei Drittel der Deutschen unkritische Daten wie Wohnort und Geburtsdatum teilen. Demgegenüber werden Daten mit zunehmender Sensibilität und erhöhtem Risikopotenzial im Registrierungsprozess nicht bzw. kaum geteilt. Andererseits sind Loyalitätsprogramme, die Coupons und Punkte als Währung anbieten, für über 60 % der Deutschen besonders interessant (Comarch, 2023). Nachhaltigkeits-Programme und personalisierte Angebote in Echtzeit sind weniger beliebt. Das kann daran liegen, dass die Anbieter nicht transparent genug kommunizieren, die Mitglieder „Greenwashing“ befürchten und die heutigen Mechanismen der Personalisierung innerhalb von Treueprogrammen nicht sinnvoll eingesetzt werden. Kaum Beliebtheit haben Programme, bei denen Mitglieder für den Zugang zu exklusiven Angeboten eine Gebühr bezahlen müssen. Die meisten Kunden scheinen eine eher kurzfristige Loyalität zu den Programmen aufzuweisen und sofortige Belohnungen zu bevorzugen. Dabei nutzen nur 37 % ihre Kundenkarte beim Einkaufen, was ebenfalls ein Indiz für fehlende Relevanz der Angebote oder ineffektive Kundeninteraktionen sein kann. Die Bereitschaft der Befragten, in den Laden zu gehen (25 %), um eine Belohnung zu erhalten, zeigt vorhandenes Potenzial für Omnichannel-Strategien (Comarch, 2023).

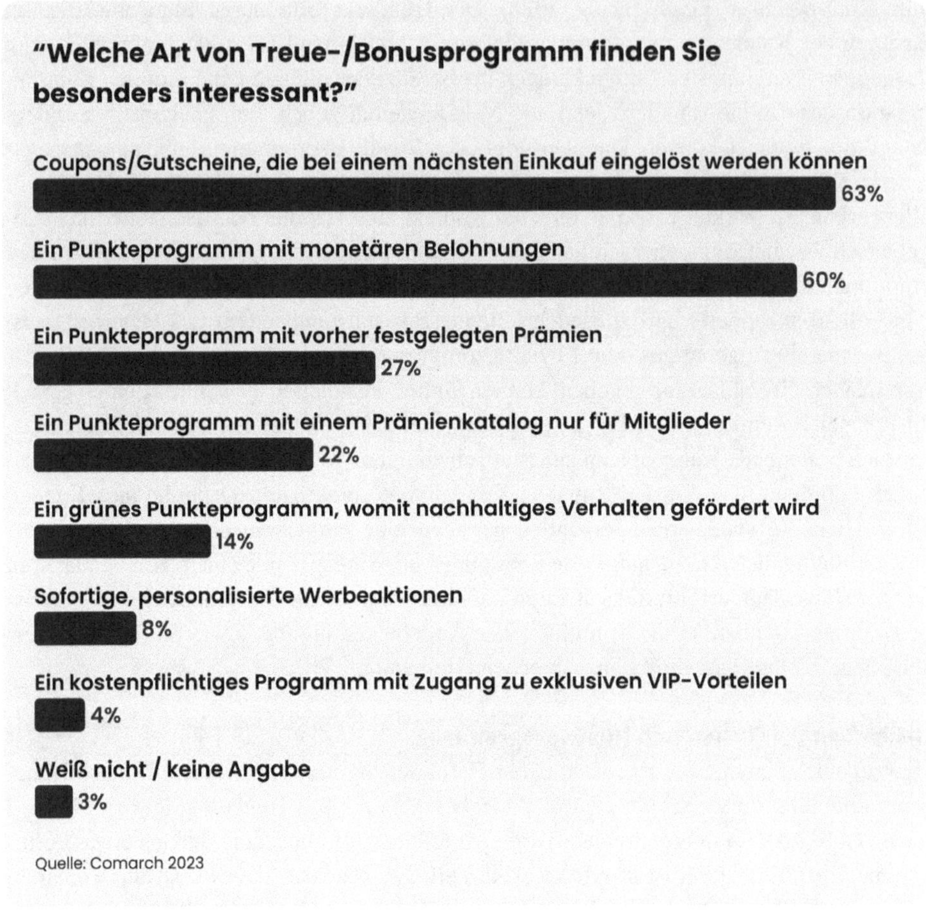

Abb. 3.4 Mitgliedschaften in Treue- und Bonusprogrammen in Deutschland. (Comarch, 2023)

3.2 Wandel der Kundenanforderungen im Kontext von Open Finance

Finanzkunden in Deutschland erkennen zunehmend die Vorteile digitaler Technologien und möchten diese aktiv in allen Bereichen nutzen. Das Interesse der Konsumenten an den bereits verfügbaren KI-Tools ist wegen ihrer Anwendungsmöglichkeiten und benutzerfreundlichen Bedienung erheblich. Banken bekommen für ihre Digital-Angebote zwar nur die Note befriedigend, doch vier von fünf deutschen Bankkunden bevorzugen das Online-Banking – in der Regel per Mobile und App. Mit 42 % sind die Verbraucher, die nie eine Filiale aufsuchen, unter ihnen die größte Gruppe.

3.2.1 Digitaler Reifegrad der Bankkunden

Der KI-Hype hat inzwischen auch die Konsumentenseite erfasst. Wie eine aktuelle Studie von Deloitte aufzeigt, haben 46 % der Deutschen bereits von generativer KI (GenKI) gehört, und mehr als 20 % der Konsumenten haben bereits Dienste wie ChatGPT ausprobiert. Allerdings ist das Interesse der Verbraucher von Bedenken hinsichtlich des enormen Veränderungspotenzials von künstlicher Intelligenz begleitet. Laut Deloitte-Studie wird der digitale Konsument von heute auch in Krisenzeiten sein TMT-(Technik, Medien, Telekommunikation-)Budget nicht herunterfahren (Deloitte, 2024; Leichsenring, 2024a). Bei generativer KI hat er zwar noch Aufklärungsbedarf, doch er bildet eine Symbiose mit seinem Smartphone und vernachlässigt andere Consumer Devices. So hat er noch immer keine VR-Brille angeschafft und kündigt Streaming-Dienste, die er in der Corona-Zeit abonniert hatte. Dabei nimmt die Smartphone-Dominanz immer weiter zu.

Entwicklung bei generativer KI

Das Interesse der Konsumenten an den bereits verfügbaren KI-Tools ist aufgrund ihrer vielfältigen Anwendungsmöglichkeiten und benutzerfreundlichen Bedienung erheblich. Personen unter 25 Jahren kennen zu 80 % diese Themen. Rund 46 % der Deutschen sind mit ChatGPT und ähnlichen Technologien vertraut. Dabei hat bereits mehr als jeder Fünfte GenKI-Tools genutzt, wobei der Anteil in den jüngeren Altersgruppen signifikant höher ist. Die Nutzungshäufigkeiten zeigen jedoch ein differenzierteres Bild, denn nur 27 % der Befragten, die bereits GenKI angewandt haben, greifen mindestens einmal wöchentlich darauf zurück. Bezogen auf die Gesamtbevölkerung nutzen bislang nur etwa 6 % GenKI wöchentlich. Dabei überschätzen selbst Verbraucherinnen und Verbraucher mit GenKI-Erfahrung häufig die Verlässlichkeit der erzeugten Ergebnisse; hier besteht noch Aufklärungsbedarf (Deloitte, 2024; Leichsenring, 2024a).

3.2.2 Neues Kundenverhalten im Banking

Finanzkunden in Deutschland erkennen zunehmend die Vorteile digitaler Technologien und möchten diese aktiv in allen Bereichen nutzen. Allerdings erhalten die Banken für ihre digitalen Angebote von den Kunden nur die Note befriedigend, die Versicherungen sogar nur ein ausreichend. Dabei stellen die sich verändernden Kundenbedürfnisse nicht nur eine Herausforderung dar, sondern bieten vor allem auch beträchtliche Chancen. Eine aktuelle Studie des Digitalverbands Bitkom zeigt die Herausforderungen und Chancen sowie den digitalen Reifegrad von Finanzkunden auf (Bitkom, 2024):

- **Breite Zustimmung für Online-Banking:** 76 % der Deutschen nutzen diese Möglichkeit. Auffällig ist die Zunahme bei den über 65-Jährigen von 21 % im Jahr 2019 auf 45 % in 2023.
- **Die Treue zur eigenen Bank lässt nach:** Bereits 55 % der Befragten haben bereits einmal ihr bevorzugtes Girokonto gewechselt. Der Vergleich zu 2018 (35 %) zeigt eine zunehmende Wechselbereitschaft.

- **Vor allem Jüngere wünschen sich digitale Bankangebote:** Mehr als die Hälfte der 16- bis 29-Jährigen (54 %) gibt „bessere digitale Angebote" als Hauptgrund für ihren Bankwechsel an (36 % bei den über 30-Jährigen).
- **Kontaktloses Bezahlen ist Mainstream:** Fast alle Befragten (95 %) haben bereits mit Smartphone, Smartwatch oder Karte kontaktlos an der Kasse bezahlt und bemängeln es, wenn keine bargeldlose Zahlung angeboten wird.
- **Die Mehrheit versichert sich online:** Bereits 79 % der Deutschen haben bereits online eine Versicherung abgeschlossen. Nur 18 % fanden den Vorgang sehr einfach, 20 % eher kompliziert.
- **Kunden wollen eine digitale Übersicht über ihre Altersvorsorge:** Von Nicht-Rentnern wünschen sich 70 % eine einfache digitale Übersicht über alle ihre erwarteten Einkünfte im Alter.

Wie die aktuelle Bitkom-Studie zeigt, bevorzugen 81 % der deutschen Bankkunden das Online-Banking (Abb. 3.5). Für sie spielt der Name der Bank keine Rolle mehr, und 75 % von ihnen halten die Usability der App für das wichtigste Kriterium. Ob dabei mobile Bezahllösungen nutzbar sind, ist für 60 % der Online-Bankkunden entscheidend (Bitkom, 2024). Vor allem für Jüngere sind digitale Angebote noch wichtiger. Dabei achten 87 % der 16- bis 29-Jährigen auf eine benutzerfreundliche App, 79 % auf ein breites Online-Banking-Angebot und 78 % auf Mobile-Payment-Möglichkeiten.

Geänderte Kriterien für die Bankauswahl

Generell ist nur noch 53 % der Bankkunden eine bekannte Marke wichtig. Auf persönliche Beratung legen 51 % und auf eine schnell erreichbare Filiale nur noch 43 % aller Bankkunden Wert. Bei den Jüngeren spielt die Marke nur für 47 % eine Rolle, für 44 % die persönliche Beratung und für 29 % eine Bankfiliale. Insofern ist die Zukunft der Finanzbranche digital (Bitkom, 2024). Unabhängig vom Alter sind den Kunden bei der Bankauswahl aber weiterhin durchaus klassische Kriterien wichtig. Vor allem Sicherheit und Kosten spielen weiterhin eine große Rolle. Demnach sind für jeweils 96 % der Bankkunden die Höhe der Einlagensicherung sowie die Höhe der Bankgebühren entscheidende Kriterien. Es folgen gebührenfreier Zugang zu Bargeld im Ausland sowie kostenlos nutzbare Geldautomaten (je 88 %). Immerhin 86 % der Befragten bekunden, dass sie auf das Engagement einer Bank für Nachhaltigkeit achten, 73 % auf das Herkunftsland der Bank und ebenfalls 73 % auf die Zinsen für Tagesgeld. Für 49 % sind Kundenbindungsprogramme mit Punkten oder Prämien wichtig, aber nur für 14 % das Angebot von Kryptowährungen (Bitkom, 2024).

3.2.3 Finanzverhalten von GenY

Die Mehrheit der Millennials legt Wert auf regelmäßiges Sparen und investiert häufig. Auch wenn ein beträchtlicher Anteil von ihnen (20 %) ihr Geld immer noch unverzinst liegen lässt, und zwar zu 40 % auf Girokonten und zu 30 % in Bargeld, nutzen 30 % der Millennials Investitionsmöglichkeiten (Leichsenring, 2024b). Dabei verfolgen sie unterschiedliche

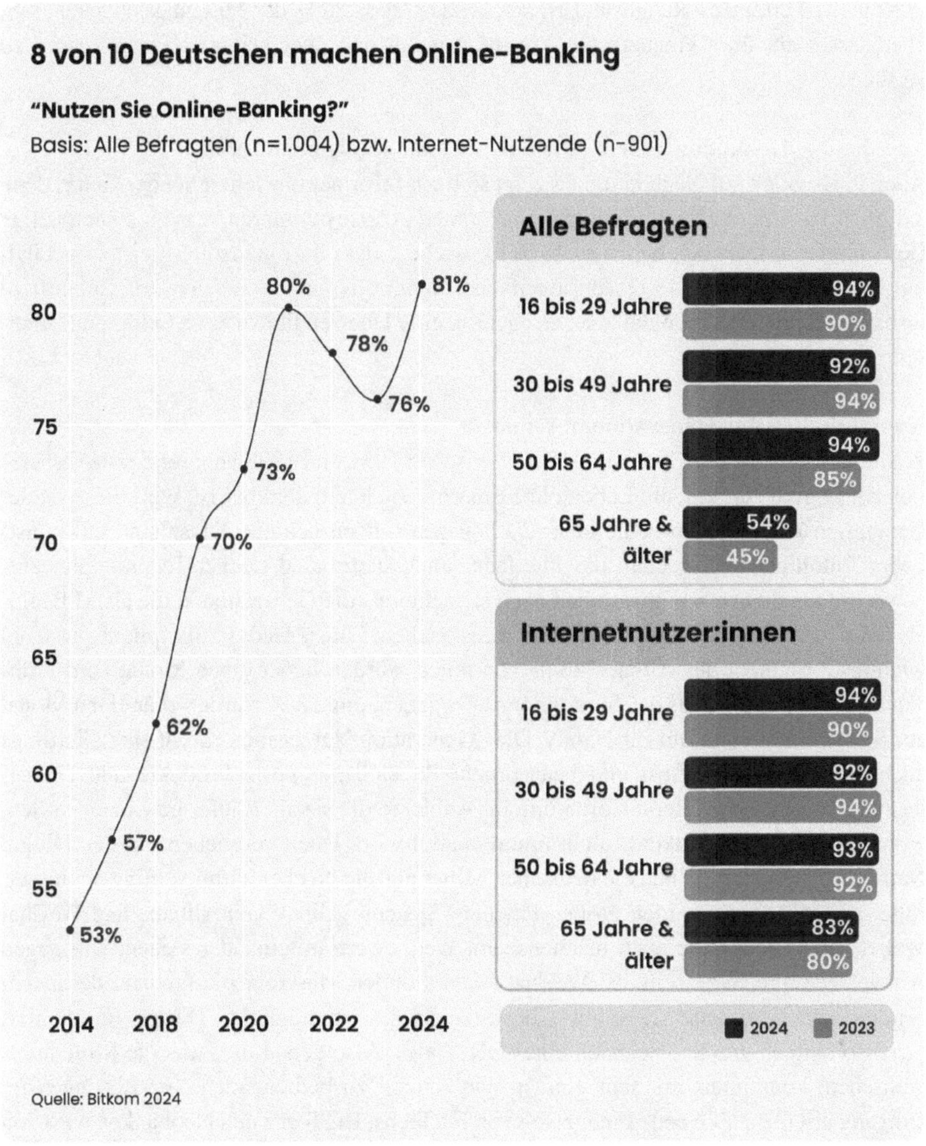

Abb. 3.5 Verbreitung des Online-Banking. (Bitkom, 2024)

Sparziele. So legen 49 % das Geld als Notgroschen für Unvorhergesehenes an, 41 % für Urlaubsreisen und 37 % für die Altersvorsorge. Bei der Informationssuche setzt die GenY entweder auf soziale Medien oder auf klassische Informationsformate wie u. a. Bücher und Zeitungen (21 %), Bankberatung (18 %), Freunde (17 %) oder Eltern (16 %). Bei den sozialen Medien nutzen sie dabei hauptsächlich YouTube (18 %), Instagram (10 %) oder TikTok (3 %). Bei den 25- bis 40-Jährigen wird Partnern und Eltern das höchste Vertrauen entgegengebracht. Finanz-Influencer erfahren hingegen weniger Vertrauen und landen auf dem 8.

Platz in der Vertrauens-Rangliste. Erschreckend ist, dass 20 % der Millenials angeben, sich überhaupt nicht über Finanzthemen zu informieren und über keinerlei Finanzwissen zu verfügen.

Nachhaltige Geldanlage: Großes Interesse, aber wenig Kenntnisse
Auch in Hinblick auf Nachhaltigkeit zeigt sich ein Informationsdefizit bei der GenY, denn lediglich 16 % der befragten Millennials konnten präzise definieren, was eine nachhaltige Geldanlage ist. Dennoch halten es 48 % für wichtig, dass ihr Finanzdienstleister nachhaltig agiert. Dabei ist für 43 % von ihnen das Hauptmotiv, in eine lebenswerte Zukunft zu investieren. Für 15 % von ihnen ist es wichtig, eine Überrendite zu erwirtschaften (Leichsenring, 2024b).

Kaufverhalten der Generationen Y und Z
Während schon für die Generation Y, die zwischen 1981 und 1998 geborene erste Generation der Digital Natives, ein Leben ohne Smartphone kaum denkbar ist, wird dies von der Generation Z – also den heute unter 20-Jährigen – noch getoppt. Diese sind mit künstlicher Intelligenz, Sprache als Interface und Distributed-Ledger-Technologie aufgewachsen und nutzen Innovationen noch schneller als die Generation Y, die als Millennials etwa 20 % der deutschen Bevölkerung ausmachen. Für sie ist das Smartphone das wohl wichtigste Element des Alltags. 48 % von ihnen würden lieber einen Monat kein Frühstück zu sich nehmen, als das Smartphone abzugeben, und 28 % würden eher einen Monat auf Sex verzichten als auf ihr Handy. Die „Generation Narzissmus" dreht sich allerdings auch gerne um sich selbst und beansprucht für sich nur beste Produkte und Dienstleistungen. Eine echte Herausforderung für Anbieter, die sie als Käufer gewinnen wollen, wobei es ohne sie in Zukunft nicht funktionieren wird. Doch verglichen mit den Digital Natives in China erscheinen die deutschen Millennials noch eher harmlos. Eine Schlüsselrolle spielen dort die beiden großen Payment-Systeme Alipay von Alibaba und WeChat Wallet von Tencent, die auch in intensivem Wettbewerb miteinander stehen. Um gegen Alibaba erfolgreich zu sein, hat WeChat einen mobilen Marktplatz aufgebaut, der insbesondere einen extrem schnellen Check-out-Prozess ermöglicht. Dieser funktioniert genauso einfach wie das Scannen eines QR-Codes. Also genau das, was die Millennials wünschen, kombiniert mit sehr einfach und schnell zu bedienenden App-Lösungen im Umgang mit Geld. Die neue Finanzwelt von FinTechs, BigTechs und Neobanken wird von ihnen entwickelt und genutzt. Aber auch die Generation X und die Babyboomer werden ihren Umgang mit Geld anpassen und gestalten – zwar langsamer als die Generation Y, aber ähnlich wie sie (Rieken & Schaffranski, 2019; Heinemann, 2018, 2023).

3.3 Personalisierte Customer Journeys und Conversion Funnels für Bankprodukte

Vor dem Abschluss eines Bankproduktes haben Kunden eine Vielzahl an Online-Kontaktpunkten. Der Online-Kanal dominiert dementsprechend bei der Neukundengewinnung im Banking, denn er spielt bei 89 % der Kunden eine signifikante Rolle.

Offline-Kanäle und das persönliche Gespräch (58 %) haben aber weiterhin eine hohe Relevanz für den Kaufabschluss (62 % sind Omnichannel-Abschlüsse).

3.3.1 Komplexe Customer Journey bei Bankprodukten

Im Durchschnitt hat ein Kunde vor dem Abschluss eines Bankproduktes elf Online-Kontaktpunkte. Dies stellt höchste Anforderungen an moderne digitale Tracking-Systeme für Werbemaßnahmen, da die Abbildung einer Customer Journey durch Medien- und Endgerätebrüche erschwert wird. Auf der anderen Seite erhöht es die Ansprüche an Beratungsqualität und silofreie CRM-Systeme, denn die intensive Online-Recherche bei komplexen Bankprodukten führt zu extrem gut informierten Kunden, die neue Anforderungen an Beratung stellen.

Online dominiert bei der Neukundengewinnung im Banking

Immer mehr der bisherigen stationären Bankkunden bereiten sich für ihre Bankgeschäfte im Internet vor (ROPO = Research Online, Purchase Offline). Bankprodukte werden dabei intensiv recherchiert. Bei komplexeren Produkten wie Geldanlagen treffen Berater zunehmen auf „smartere" Kunden. Die KPIs für die Desktop-Recherche zeigen, dass Kunden sich bei Bausparverträgen zu 82 % im Internet vorbereiten. Für Hypothekendarlehen liegt die ROPO-Rate bei 86 %, für Ratenkredite bei 63 %, für Geldanlagen bei 54 %, für Girokonten und Kreditkarten bei 50 % (vgl. Abb. 3.6) (Google & DSGV, 2019; Heinemann et al., 2021).

Bankprodukte werden intensiv recherchiert, v.a. bei komplexeren Produkten wie Geldanlagen treffen Berater auf "smartere" Kunden – KPIs für die Desktop-Recherche

	Girokonto/ Kreditkarte	Geld-anlage	Raten-Kredit	Bauspar-vertag	Hypotheken-Darlehen
ROPO-Segment in %	50	54	63	84	86
Tage für Entscheidungsprozess	32	39	35	46	30
Mobile Recherche	50%	48%	55%	49%	51%
Tage mit Informationssuche	5	7	7	8	7
Suche	49%	39%	44%	39%	51%
Starten Recherche mit Google	70%	56%	53%	55%	58%
Suchanfragen (total)	3,5	4,4	5,0	5,3	6,3
Generische Suche	0,5	0,7	1,0	1,6	2,1
Markensuche	1,7	2,0	2,1	2,3	1,0
Hybride Suche	1,3	1,7	1,9	1,3	2,3
Webseitenrecherche	91%	94%	93%	87%	98%
Dauer Webseitenrecherche	00h 23min	00h 27min	00h 34min	00h 34min	00h 22min
Verschieden besuchte Domains	2,9	3,3	3,0	4,0	3,2
Besuchte Domains gesamt	11,7	15,5	12,7	23,8	10,9

Abb. 3.6 Customer Journey für Bankprodukte. (Google und DSGV, 2019)

Online-Kanäle haben eine zunehmende Relevanz für den Kaufabschluss (Conversion)
Bereits bei der Neukundengewinnung dominiert Online im Banking, denn der Online-Kanal spielt bei 89 % der Kunden eine signifikante Rolle in den Kontaktpunkten. Bereits 92 % aller Bankkunden recherchieren online, davon 58 % auch auf dem Smartphone. Offline-Kanäle haben zwar noch Relevanz für den Kaufabschluss (62 % sind Omnichannel-Abschlüsse), allerdings entwickeln sich die „Pure-Online-Abschlüsse" rasant mit 32 % Anteil in 2019, was 291 % Wachstum gegenüber 2010 bedeutet (Google & DSGV, 2019; Heinemann et al., 2021) (Abb. 3.7).

Bankfinanzierungsberatung im Wandel
Durch die Plattformökonomie wird es auch für Banken und Sparkassen immer wichtiger, den Kunden die Möglichkeit zur Vorbereitung ihrer stationären Beratung zu geben. Durch eine digitale Plattform wird das Frontend im Rahmen der Kundenrecherche, Beratung sowie Vermittlung der Kunden besetzt, die Bank wird damit zum reinen Produkt- und Servicelieferanten. Bei der Baufinanzierung sind bereits für 37 % der Interessenten Banken und Sparkassen nicht mehr die erste Wahl (Abb. 3.8) (Investors Marketing, 2019). Zweifelsohne führt dies zum Verlust von Frontend- und Cross-Selling-Potenzialen und zur Ertragsverschiebung entlang der Customer Journey, sofern die Bank nicht selbst Plattform ist (Heinemann et al., 2021).

Dominanz von ROPO
Treiber dieser Entwicklung ist zweifelsohne das Smartphone, das als ständiger Begleiter für Informationen vor dem Abschluss von Bankprodukten dient. Trotz der beschleunigten Verschiebung in Richtung der Internetrecherche ist die Einbeziehung von Offline-Kanälen

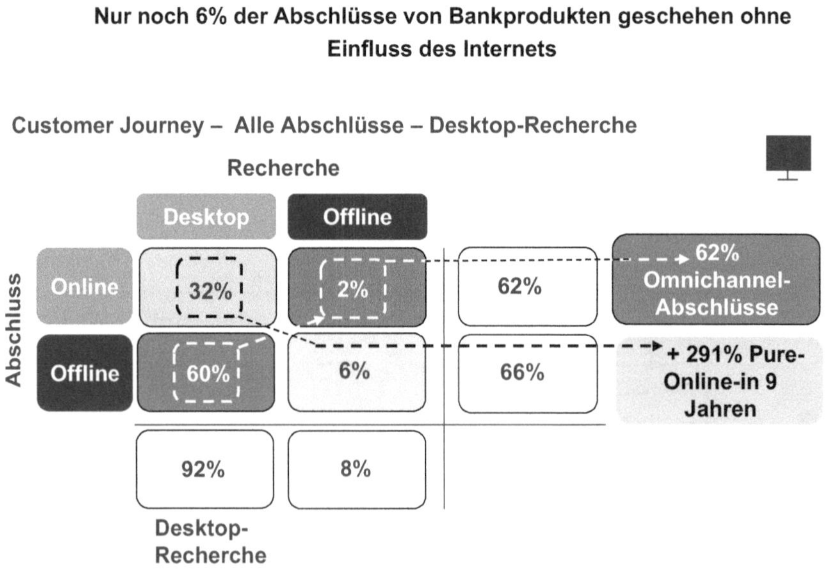

Abb. 3.7 Omnichannel-Abschlüsse im Banking. (Google & DSGV, 2019)

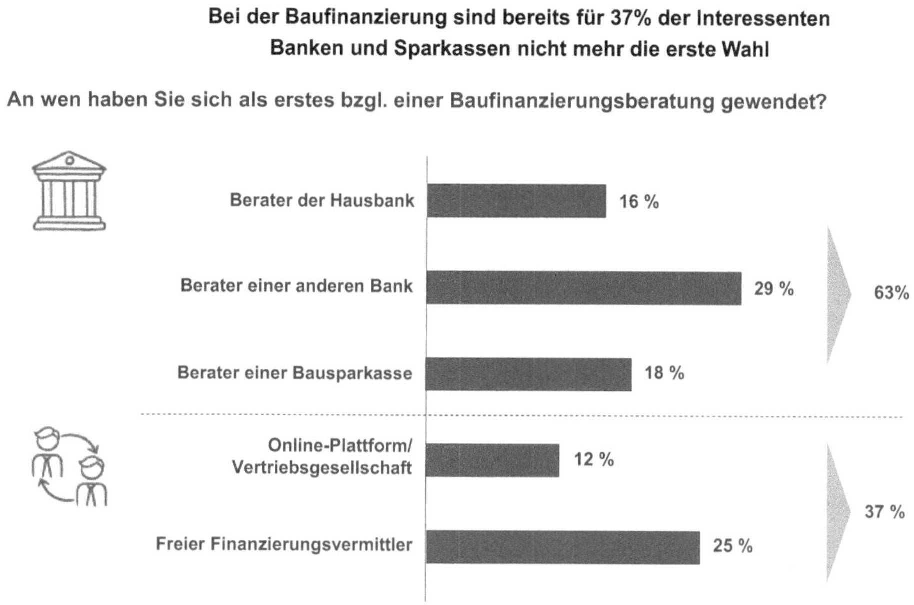

Abb. 3.8 Kaufverhalten von Privatkunden bei der Bankfinanzierung. (Investors Marketing, 2019)

zu einer Omnichannel-Strategie nach wie vor relevant (62 % „Omnichannel"-Abschlüsse). Offline-Kanäle haben trotzdem weiterhin eine hohe Relevanz für den Kaufabschluss (Conversion). Grund dafür sind einerseits die komplexen Abschlussprozesse von Produkten wie Hypothekendarlehen (nur 12 % davon online). Andererseits verspüren die Menschen gerade bei langfristigen Entscheidungen wie dem Abschluss eines Bausparvertrages nach wie vor das Bedürfnis nach einem ergänzenden persönlichen Abschlussgespräch (Bausparen: 82 % ROPO-Anteil – Research Online, Purchase Offline). Insofern steigen auch die Ansprüche an Beratungsqualität und silofreie CRM-Systeme, denn die intensive Online-Recherche bei komplexen Bankprodukten führt zu extrem gut informierten Kunden, die immer wieder neue Anforderungen an Beratung stellen. Gelingt es den Banken nicht, das Frontend als Omnichannel-Anbieter zu besetzen, werden sie zu reinen Produkt- und Servicelieferanten (Heinemann et al., 2021).

Personalisierte Customer Journey

Es ist festzustellen, dass jüngere Bankkunden und solche mit höherem Einkommen sich zunehmend von traditionellen Banken abwenden und eher Banken bevorzugen, die digitale Zugangsmöglichkeiten für Serviceleistungen anbieten (Consumer Banking Report, 2024). Sie begrüßen personalisierte Customer Journeys, die ihnen individuelle Empfehlungen und Informationen zur Verfügung stellen („customer education"). Bisher sind diese Kunden noch zurückhaltend, was einen Bankenwechsel angeht. Nur 9 % der Bankkunden haben in 2022 tatsächlich ihre Bank gewechselt, allerdings haben 30 % von ihnen bekundet, dies in den nächsten 12 Monaten zu tun. Anlass dafür sind häufig einschneidende Momente wie ein Jobwechsel, Hauskauf usw. Das wohl entscheidendste Ereignis für die

Wahl der bevorzugten Bank ist der 18. Geburtstag, wenn potenzielle Bankkunden volljährig werden. Für diese Entscheidung spielt eine personalisierte Customer Journey zunehmend eine Schlüsselrolle. Dabei nutzt ein Viertel der potenziellen Bankkunden bereits eine Nichtbanken-App, um die persönlichen Finanzen zu managen. Daher sind Banken gezwungen, diese Funktionalitäten ins eigene Haus zurückzuholen. Derartige Tendenzen bestehen auch nach der Bankenwahl fort, z. B. mit spezialisierten Funktionalitäten und Konten in App-Form, die eine große Gefahr für Traditionsbanken darstellen. Hier müssen Banken alles dafür tun, um ihre Kundendaten zu sammeln und zu nutzen, um ein Gesamtbild von ihren Kunden und deren finanziellem Leben zu erhalten. Deswegen führt für keine Bank der Weg am Open Banking vorbei. Dafür müssen die Geldinstitute sich schnellstens in die Lage versetzen, alle finanzrelevanten Kundendaten in Echtzeit zu erheben, um ihren Kunden situationsspezifische Angebote machen zu können. Dabei geht es vor allem darum, die aktuellen Kundenerwartungen zu verstehen, z. B. wie jüngere Kunden sie von ihren Smartphones haben. Always-on und always-available, und zwar 24/7, ist das, was moderne Kunden erwarten und Neo- bzw. Challenger-Banken ihnen bieten (Consumer Banking Report, 2024).

3.3.2 Conversion Funnel für Bankprodukte

Im Endeffekt geht es um den Kaufabschluss (Conversion). Dabei bezeichnet die **Conversion Rate** die in Relation zur Besuchsfrequenz vollzogenen Kaufakte. Diese Kennzahl ist ein wichtiger Indikator für den Erfolg des Online-Auftritts und die Qualität der Plattformgestaltung.

Insbesondere die **Usability**, hinter der sich eine unterschiedliche Anzahl von Shop-Funktionen verbirgt, hat nach Meinung vieler E-Commerce-Experten wesentlichen Einfluss auf die Conversion. Vor allem die Produktinformationen und -visualisierungen haben eine herausragende Bedeutung für die Conversion Rate, die erfahrungsgemäß im Online-Shop deutlich niedriger ist als im stationären Geschäft. Die anderen Usability-Hauptkriterien sind der Bestellablauf, die Navigation und die Suchfunktionen, die optische Gestaltung, die Barrierefreiheit, das Benutzerkonto und die Interaktion sowie die Kundenservicefunktionen. Unternehmenspräsentationen sind ebenfalls zu beachten, haben allerdings keine derart erfolgskritische Bedeutung wie die anderen Faktoren (Gehrckens & Boersma, 2013; Heinemann, 2019). Auf Plattformen gelten aber auch noch viele der traditionellen Handelsregeln. Diesbezüglich ist die Erfahrung relevant, dass der Angebotsumfang das Herz des Geschäfts und der wesentliche Anziehungspunkt für die Kunden ist. Erst mit der Ausweitung der Produkte skalieren sich die Umsätze proportional hoch, allerdings unter der Voraussetzung, dass die Usability und das Shop-Erlebnis den Produktzugang fördern und keine Barrieren aufbauen.

Da die Art der **Kaufabbrüche** bis zum vollzogenen Kaufakt unterschiedlich gestuft sein kann, wird zunehmend zwischen der „Hard Conversion" und der „Soft Conversion" unterschieden. Während die „Hard Conversion" sich auf den konkreten Kauf bezieht, umfasst die „Soft Conversion“ unterschiedliche Handlungen, die sich hinter der Landingpage, also nach dem ersten Klick, vollziehen. Deswegen gehen Plattformen im Rahmen von Web Analytics auch zunehmend dazu über, die Konversionspfade zu analysieren, die angesichts der ROPO-Tendenz idealerweise in die Bankfiliale des Anbieters führen sollten.

Diese Pfade werden im **Conversion Funnel** zusammengefasst, der nicht nur die Konversionsschritte darstellt, die onsite erfolgen, sondern auch solche, die bereits offsite einsetzen (Kreutzer, 2018). Dies ermöglicht eine ganzheitliche Betrachtung, zielorientierte Pfadanalysen und die Identifizierung von Nutzungsmustern, die Hinweise auf Optimierungsmöglichkeiten geben. Der Kaufabschluss erfolgt insbesondere beim Omnichanneling nicht mehr nur online, sondern auch zunehmend offline. Insofern müssen die Offline-Kaufabschlüsse in die Conversion Rate mit eingehen (vgl. Abb. 3.9).

Synchronisierte Übergänge zwischen den On- und Offline-Welten sind für das Funktionieren des Conversion Funnels extrem wichtig. Die herausragende Bedeutung des ROPO-Effekts für Bankprodukte erfordert deswegen neben der Plattformstrategie ein lokales Kommunikationskonzept, das Aufmerksamkeit für lokale Angebote und Filialen erzeugt (vgl. Abb. 3.10). Dieses kann sicherlich für jede Bankfiliale anders aussehen. In jedem Fall aber sollte auch die lokale Kommunikation den Gesamtauftritt im Sinne einer schlüssigen „Customer Journey“ unterstützen.

Neben einem lokalen Kommunikationskonzept muss modernes Bankmarketing persönlich ausgerichtet sein. Es geht darum, das richtige Angebot zeitgerecht zum richtigen Bankkunden am richtigen Ort zu bringen. Aktuelle Studien zeigen: Die modernen Bankkunden nutzen in der Regel mehrere Kanäle gleichzeitig und wünschen sich aufeinander abgestimmte Produktinformationen „aus einem Guss“. Sie erwarten individuelle und vor

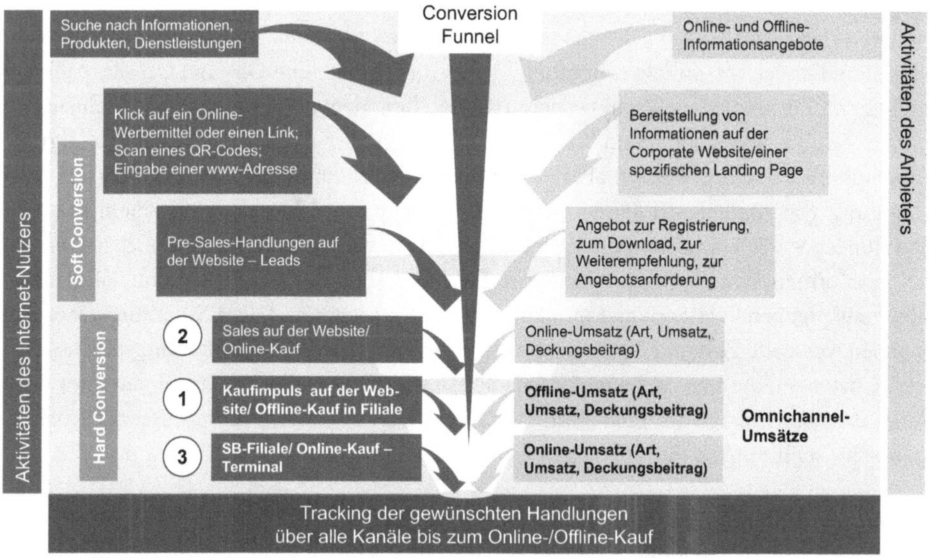

Abb. 3.9 Conversion Funnel. (Heinemann, 2019, in Anlehnung an Kreutzer, 2018)

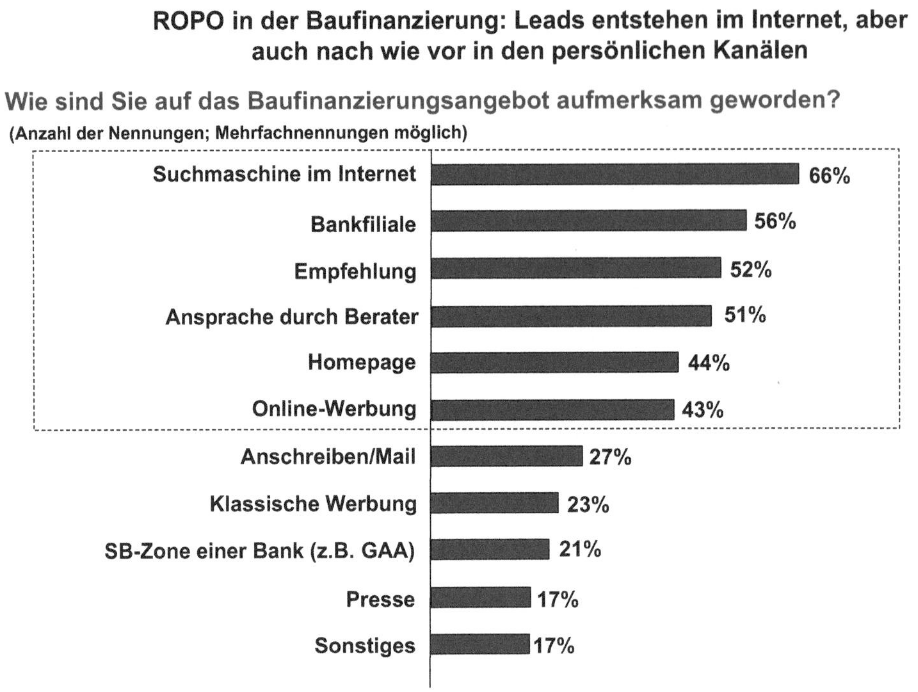

Abb. 3.10 ROPO in der Baufinanzierung. (Investors Marketing, 2019)

allem relevante Angebote, die auf ihre Bedürfnisse zugeschnitten sind und zur Vorbereitung des stationären Beratungsgesprächs online abrufbar sind. Oft genug fehlt es im stationären Handel noch an synchronisierten Übergängen zwischen der On- und Offline-Welt, vor allem bei der persönlichen Beratung in der Bankfiliale. Die On- und Offline-Auftritte müssen im Zusammenspiel funktionieren. Die sollten nicht als voneinander losgelöste, separate Zweige wahrgenommen werden. Zwar hinterlässt jeder Kunde im Netz digitale Fingerabdrücke, diese werden aber von Banken bisher kaum zur kundengerechten Aussteuerung von Angebotsformaten genutzt und fehlen so nicht selten bei einem späteren Beratungsgespräch des Kunden in der Filiale. Der Kundenbetreuer vor Ort hat häufig keine Informationen über die vorherigen Aktivitäten seines Kunden und kann daher leider nicht entsprechend zielgerichtet und kundenorientiert beraten. Diese Situation kostet den Kunden wertvolle Zeit und fühlt sich zudem frustrierend an. In der Marketingsprache wird die „Customer Journey" des Kunden in solchen Momenten „brüchig", was mitunter dazu führt, dass der Kunden die Lust am Einkauf bei diesem Anbieter verliert und zur Konkurrenz – im schlimmsten Fall im Netz – überläuft (Heinemann, 2019).

Ertragsverschiebung entlang der Customer Journey

Filialen können Kunden unter Umständen besser beraten oder ihnen bessere Informationen liefern. Dagegen zeigen Studien die Tendenz, dass Online-Informationen aus Kundensicht glaubhafter sind als Offline-Beratung. Um den Ansprüchen der modernen Kunden gerecht zu werden, kann eine datengetriebene und personalisierte Aussteuerung neuer Angebotsformate dafür sorgen, dass sich die Kundenberater besser mit den reinen Onlineangeboten abstimmen, die Kunden zielgerichteter erreichen und so stärkere Geschäfts- und Marketingergebnisse einfahren. Vor allem die jüngeren Kunden unter 50 informieren sich vor einem Kauf in erster Linie über Suchmaschinen, Einkaufsplattformen, Preis- und Produktvergleichsseiten, Blogs sowie Online-Testseiten. Auch die Mehrzahl der Bankkunden folgt bereits diesem Muster, Tendenz steigend. Für Banken und Sparkassen wird es deswegen immer wichtiger, den Kunden die Möglichkeit zur Vorbereitung ihrer stationären Beratung zu geben. Darin liegt zweifelsohne auch der Schlüssel zur Rettung des stationären Bankgeschäfts.

Mithilfe einer digitalen Plattform für Bankprodukte lässt sich die Customer Journey umfassend begleiten und die Kundenbindung erhöhen. Dabei wird im Rahmen von Kundenrecherche, -beratung sowie -vermittlung das Frontend zum Kunden konsequent von der Plattform besetzt, die Bank agiert als Kreditgeber im Back-End und wird damit zum reinen Produkt- und Servicelieferanten. Zweifelsohne führt dies zum Verlust von Frontend- und Cross-Selling-Potenzialen und damit zu einer Ertragsverschiebung entlang der Customer Journey. Auch ist damit zu rechnen, dass es aufgrund des erhöhten Wettbewerbs und der zunehmenden Transparenz zu einem Margenrückgang kommt (vgl. Abb. 3.11) (Kleine et al., 2018; Heinemann, 2019).

3.3.3 Neue Kriterien der Bankauswahl

Bei der Entscheidung für eine Bank sind heute deren digitale Angebote oft wichtiger als etwa die Marke oder das Filialnetz. Diese Entwicklung dürfte sich weiter verstärken (Bitkom, 2024). Demnach ist für 75 % der Kunden eine benutzerfreundliche App wichtig, 67 % achten auf eine breite Angebotspalette beim Online-Banking und 60 % darauf, ob Mobile-Payment-Anwendungen nutzbar sind. Dagegen ist nur für 53 % eine bekannte Marke wichtig, die Bedeutung von persönlicher Beratung kommt auf 51 % und die zahlreicher, schnell erreichbarer Filialen auf nur 43 %. Für die 16- bis 29-Jährigen sind digitale Angebote noch wichtiger. Von ihnen achten sogar 87 % auf eine benutzerfreundliche App, 79 % auf ein breites Online-Banking-Angebot und 78 % auf die Mobile-Payment-Möglichkeiten.

Die Zukunft der Finanzbranche ist also digital (Bitkom, 2024). Allerdings erhalten die Banken von ihren Kundinnen und Kunden nur die Note „befriedigend" (2,9) für ihr Digital-Angebot. Insofern geraten klassische Filialbanken gerade mit Blick auf digitale Angebote aus unterschiedlichen Gründen unter Druck. Nicht ohne Grund können sich 54 % der Menschen in Deutschland vorstellen, mit ihrem hauptsächlich genutzten Konto zu einer reinen Online-Bank ohne Filialnetz zu wechseln. Unter den 16- bis 29-Jährigen ist der Anteil mit 71 % noch deutlich höher. Rund 44 % der Kunden können sich vorstellen, ein Girokonto bei einem Digitalunternehmen zu eröffnen (16- bis 29-Jährige: 61 %),

Abb. 3.11 Ertragseffekte entlang der Customer Journey. (Heinemann et al., 2021, in Anlehnung an Kleine et al., 2018)

37 % bei einem Tech-Startup (16- bis 29-Jährige: 49 %), und rund die Hälfte (49 %) bekundet zudem, ihnen würde nichts fehlen, wenn es keine Bankfilialen mehr geben würde – bei den Jüngeren von 16 bis 29 Jahren liegt der Anteil sogar bei 62 %. Die Finanzwelt steht insofern vor radikalen Veränderungen, und die Banken sollten diesen Wandel treiben, statt sich davon treiben zu lassen (Bitkom, 2024).

Kriterien für Bankauswahl und Bankenwechsel

Bei den Jüngeren spielt die Marke nur für 47 % eine Rolle, für 44 % ist persönliche Beratung wichtig, und gerade einmal 29 % halten Bankfilialen für ein wichtiges Kriterium bei der Bankauswahl. Unabhängig vom Alter rangieren bei der Bankauswahl nach wie vor klassische Kriterien oben, nämlich Sicherheit und Kosten. So sind für je 96 % aller Befragten die Höhe der Einlagensicherung sowie die Höhe der Bankgebühren wichtig. Dahinter folgen der gebührenfreie Zugang zu Bargeld im Ausland und viele kostenlos nutzbare Geldautomaten (je 88 %). Von den Kunden geben 86 % zudem an, dass sie auf das Engagement ihrer Bank für Nachhaltigkeit achten, 73 % auf das Herkunftsland der Bank und ebenfalls 73 % auf die Tagesgeld-Zinsen. Für 49 % sind Kundenbindungsprogramme mit Punkten oder Prämien wichtig, für 14 % das Angebot von Kryptowährungen (Bitkom, 2024). In dem Maße, wie die Digitalisierung zunimmt, nimmt die Treue zur Hausbank ab. 58 % haben schon einmal die Hausbank gewechselt. Ein Kontowechsel ist heute dank automatisierter Tools relativ einfach möglich. Während es früher darum ging, junge Kundinnen und Kunden zu gewinnen, braucht es heute überzeugende digitale Angebote, um Bestandskunden bei Laune zu halten und Wechselwillige jeden Alters von Wettbewerbern abzuwerben. Immerhin 70 % der Deutschen haben Geschäftsbeziehungen zu mehr als einer Bank. Selten aber werden diese Konten über eine einzige Banking-App gemeinsam gemanagt, was technisch jederzeit möglich wäre. Erst 32 % der Mehrkonten-Nutzer im Online-Banking nutzen solche Multibanking-Apps, obwohl es sich weitere 33 % immerhin vorstellen könnten. Dem stehen 32 % gegenüber, die solche Apps nicht nutzen und es auch in Zukunft unterlassen wollen. Insgesamt hat sich das Smartphone als Zugang zum Online-Banking etabliert, denn 76 % der Bankkunden nutzen dafür aktuell zumindest hin und wieder das Smartphone, 82 % ihren Laptop. Desktop-PCs kommen auf 43 %, Tablets auf 42 % (Bitkom, 2024).

Erwartungen an Banken

Online-Banking wird nicht nur für klassische Bankgeschäfte genutzt. Immerhin 42 % der Deutschen nutzen es auch, um Geld zu investieren, zum Beispiel in Tagesgeld, Festgeld, ETFs oder Aktien. Dabei setzen 8 % auf spezielle Online-Broker, vor allem weil diese höhere Zinsen auf das Tagesgeld bieten (55 %), niedrigere Gebühren als traditionelle Banken oder Broker verlangen (52 %), von Bekannten empfohlen wurden (51 %) oder benutzerfreundlicher sind (50 %). Für Online-Broker spricht auch die Flexibilität, jederzeit und überall investieren zu können (45 %). Darüber hinaus machen sie Marktdaten in Echtzeit verfügbar (42 %), weisen eine breite Palette von Anlageprodukten auf (41 %), gelten als sicher (35 %) und bieten innovative Anlageprodukte wie etwa Kryptowährungen an (14 %). Viele der Bankkunden, die online Geld über ihre Bank oder einen Broker investiert haben, bekunden, dass sie erst durch die Online-Angebote dazu gekommen sind (54 %). Fast die Hälfte von ihnen (47 %) sagt aus, dass solche Online-Angebote es allen erlauben würden, mehr aus ihrem Geld zu machen (44 %). Rund 58 % von ihnen sagt zudem, dass es Spaß macht, online zu investieren (Bitkom, 2024).

Offenheit für den KI-Einsatz in der Finanzwelt

KI könnte der Digitalisierung der Finanzbranche weiteren Schub verleihen, denn 37 % würden sich gerne von einer KI zu ihrer Altersvorsorge beraten lassen. Für ein Viertel (26 %) liefert KI ihrer Meinung nach bessere Empfehlungen zu Finanzprodukten als ein Berater. Rund 20 % würden gerne eine KI nutzen, die ihnen die Finanzplanung abnimmt und das Budget kontrolliert. Bei Finanzfragen ist offensichtlich das Vertrauen der Menschen in KI sehr hoch. Vor allem mit Blick auf eine hochgradig individualisierte Finanzplanung ergeben sich für Banken, aber auch für Versicherungen und andere Finanzdienstleister große Chancen durch KI (Bitkom, 2024).

3.4 Die Rolle digitaler Plattformen im Banking für CRM

Die Kriterien für Bankauswahl und Bankenwechsel ändern sich derzeit radikal. 58 % haben schon einmal die Hausbank gewechselt. Für 78 % der Konsumenten sind Instant Payments (Überweisungen in Echtzeit) wichtig. Diese erfordern Composable Banking. Kundengewinnung und -bindung sind im Banking zukünftig nicht mehr ohne digitale Plattform möglich, da diese für die Online-Marketing-Relevanz unabdingbar ist. Dies stellt erhöhte Anforderungen an das Customer Retention Management (CRM) sowie die Steigerung des Customer Lifetime Value (CLV) – also den Totalumsatz pro Kunde. KI könnte der Digitalisierung der Finanzbranche weiteren Schub verleihen.

3.4.1 Instant Payments und Composable Banking

Wie der Consumer Banking Report, 2024 zeigt, sind Bankkunden heutzutage erheblich mehr digital engagiert als jemals zuvor. Die Untersuchung zeigt, dass 29 % der Kunden ihre Banking-App täglich und weitere 35 % sie wöchentlich nutzen. Abseits vom digitalen Engagement haben die Kunden ganz konkrete Erwartungen in Hinblick auf die Art von Services, die Banken ihnen liefern sollen. So ist es für 64 % der Konsumenten wichtig, dass ihre Bank ihnen Zugang zu einem digitalen Banker oder Concierge ermöglicht. Rund 78 % weisen darauf hin, dass für sie Instant Payments am wichtigsten sind (Abb. 3.12). Deswegen sind Banken von heute gezwungen, entsprechende technologische Architekturen umzusetzen, die ihren Kunden sowohl „Always-on"-Service als auch hyperpersonalisierte Erlebnisse ermöglicht (Consumer Banking Report, 2024).

Instant Payments

Werden zum Beispiel Instant Payments mit allen erforderlichen modernen Komponenten einem traditionellen Legacy-Banking-System hinzugefügt, ist die Umsetzung sehr komplex, da diese Bezahlmethode sich erheblich von allen bisherigen Methoden unterscheidet. Instant Payments erfordern eine völlig neue Infrastruktur, die wiederum die Banking-Evolution nach vorne treibt. So müssen aus der Perspektive von Instant Payment Banken in Echtzeit 24/7 für ihre Kunden zugänglich sein. Derartige Systeme erfordern erhöhte Resilienz und Sicherheit. Betrugsfälle müssen umgehend erkennbar sein, Geldwäsche muss in Echtzeit zu verhindern sein. Instant Payments erfordern insofern eine modulare Architektur und sind Katalysator für diese. Sie erfordern Microservices statt monolithischer Systeme (Consumer Banking Report, 2024).

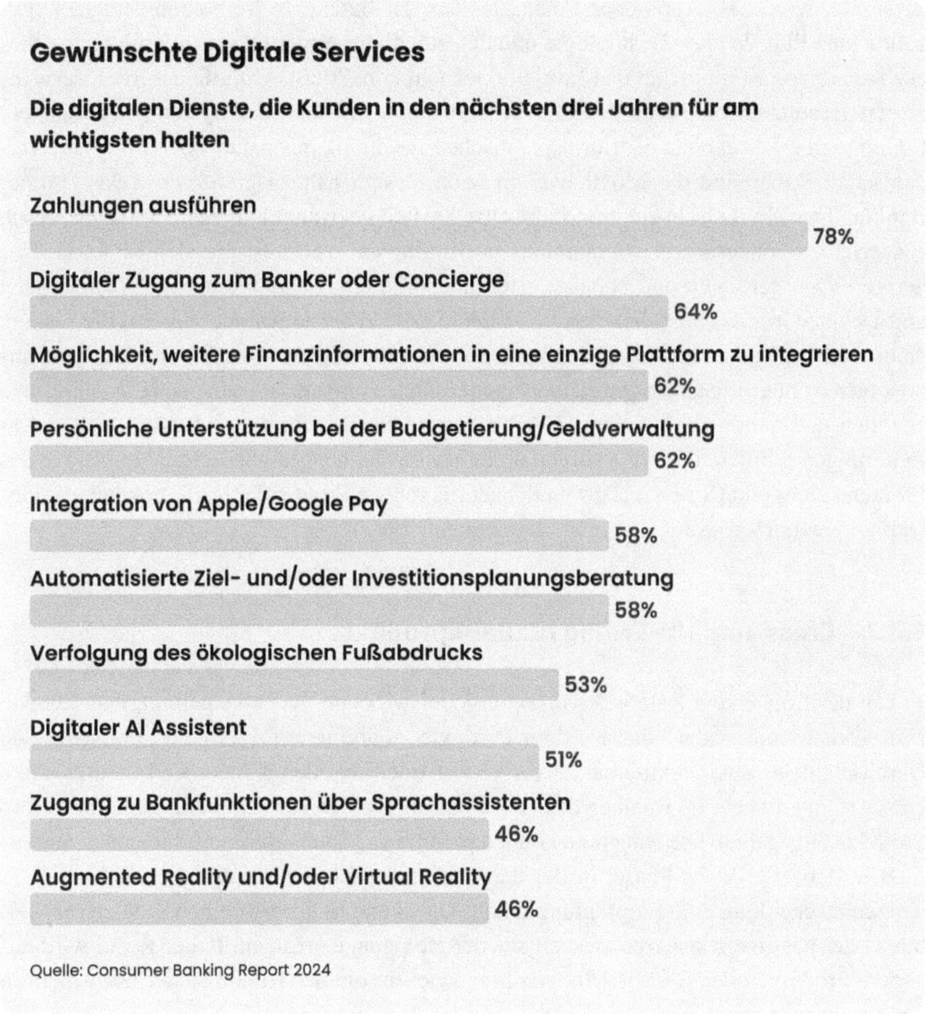

Abb. 3.12 Gewünschte digitale Services. (Consumer Banking Report, 2024)

Composable Banking

Composable Banking steht für eine flexible und modulare Architektur der Banken, bei deren Umsetzung Microservices ins Spiel kommen. Diese verkörpern den Gegenpol zu monolithischen Systemen und ermöglichen den sogenannten Headless Commerce. Dieser stellt quasi eine Philosophie der Entkopplung beziehungsweise Flexibilisierung dar. Dabei ermöglicht Headless Commerce agile Lösungen und neue Möglichkeiten, um Kunden ein einheitliches Marken- und Serviceerlebnis über verschiedenste Kanäle und Touchpoints hinweg zu bieten. Das wird im Zuge des Smartphone- und Social Commerce immer relevanter. War es bis vor wenigen Jahren normal, dass Bankkunden für ihr Online-Banking nur die vertrauten Websites nutzten, sind sie dabei heute auch in Sphären jenseits des

Browsers, wie z. B. Apps oder Voice Devices, zu finden. In Verbindung mit der hergebrachten Plug & Play-Technologie und den ständigen Änderungserfordernissen ist dies ein Treiber von Komplexität und Investitionen (Silicon, 2020). Mithilfe der Microservices ersetzt Headless Commerce das alte Modell durch ein flexibles System, mit dem ein E-Commerce-Portal ohne plattformspezifische Einschränkungen aus- oder umgebaut werden kann. Dabei sind die Möglichkeiten beim Design nahezu grenzenlos. Das Online-Banking ist nicht mehr in ein monolithisches System gezwängt und damit kanalspezifisch ausgerichtet, sondern arbeitet nunmehr mit multiplen Websites, die sich ohne die bisherigen Verzögerungen und hohen Kosten über Marken, Ländergrenzen, Sprachgrenzen und Device-Grenzen ausrollen lassen – ohne die Verzögerungen und Kosten, die bislang damit verbunden waren. Der Anwender kann nunmehr mit Headless Commerce die Komponenten wählen, die am besten zu den eigenen Zielen passen. Er kann den HTML-Service erstellen und damit von denjenigen APIs profitieren, die optimal die individuellen Anforderungen erfüllen. Die APIs sorgen dafür, dass es keine Designbeschränkungen für das Frontend mehr gibt (Silicon, 2020) und Änderungen am Frontend schnell, flexibel und einfach vorgenommen werden können (Heinemann, 2023).

3.4.2 Cross- und Up-Selling für Bankprodukte

Neben der Conversion Rate ist es direkt ergebniswirksam, wenn es gelingt, den Kunden zum Kauf weiterer oder höherwertiger Produkte zu animieren. Ziel ist es, entweder den Durchschnittsumsatz unmittelbar zu vergrößern oder aber den Kundenwert durch spätere Umsätze zu erhöhen. Im Rahmen des Cross-Selling werden Kaufempfehlungen für andere Produkte abgegeben. Die Angebote können parallel zur Sales-Phase erfolgen oder zeitversetzt in der After-Sales-Phase, in der der User erst nach der ursprünglichen Kauf- und Nutzerentscheidung eine Empfehlung erhält. Dies kann in Form von E-Newslettern, Mailings oder bei einem späteren Besuch auf der Homepage erfolgen. In der Regel wird auf andere Produkte oder Dienstleistungen hingewiesen, die der Kunde bisher noch nicht in Anspruch genommen hat. Zunehmend werden Recommender-Systeme eingesetzt, wie zum Beispiel die Recommendation Engine von Amazon. Dabei handelt es sich um automatisierte Empfehlungsdienste, die ausgehend von angeklickten Websites oder angeschauten bzw. gekauften Produkten ähnliche Artikel ermitteln und dem User empfehlen. Dazu wird auf das Data Mining und Methoden des Information Retrieval zurückgegriffen. Auch Informationen aus dem konkreten Kontext (zugegriffene Website) und aus der Kaufsituation, wie zum Beispiel die Kauf-, Navigations- oder Suchhistorie, werden herangezogen. Der Fokus bei den empfohlenen Produkten liegt in der Regel auf Komplementärprodukten, die in einem logischen Zusammenhang zum betrachteten oder gekauften Artikel stehen. Bei Baufinanzierungen bieten sich Angebote von Brand- oder Hausratversicherungen an. Diese Empfehlungen sind in der Regel mit einem selbstbestimmten Kaufvorgang verbunden, wodurch das Interesse der Kunden sichergestellt ist (Heinemann, 2023).

Neben dem Cross-Selling gibt es auch die Möglichkeit zum Up-Selling oder More-Selling (Heinemann, 2024). Beim Up-Selling soll der Kunde motiviert werden, höherwertige Angebote zu kaufen bzw. zu nutzen und damit den Umsatz direkt erhöhen. Denkbar sind Bundles, mit denen ergänzend zum ursprünglichen Produkt eine Produktergänzung zu einem Paketpreis empfohlen wird, der unter den beiden Einzelpreisen liegt (z. B. Hausrat- neben Feuerversicherung). Auch Serviceleistungen bieten sich für einen Up-Sell an, wie z. B. Vermögensberatung etc. Dabei ist allerdings sensibel und nur unter Hinweis auf valide und nachprüfbare Argumente zu verfahren. Wie beim Cross-Selling kann dies direkt während des Kaufvorgangs erfolgen, wobei dann auf die teureren Produkte und deren Vorteile hingewiesen wird. Daneben sind auch personalisierte E-Mails oder Newsletter zu empfohlenen Upgrades mit Zeitverzug nach dem Kauf denkbar. In diesem Zusammenhang bietet sich auch ein Produktkonfigurator an, um ein Up-Selling zu erzielen.

Das More-Selling ist eine einfachere Variante der ersten beiden Selling-Formen, bei der mehr von den gleichen Produkten verkauft werden soll, wie bei den bekannten Doppelpackungen (z. B. Lebensversicherung für Ehepartner). Geht es allerdings um Wiederholungskäufe oder Vertragsverlängerungen, ist die Erhöhung der Kundenbindung bzw. Reduzierung der Kundenabwanderung („Churn Rate“ oder Migration) von größerer Bedeutung. In diesem Zusammenhang werden auch immer wieder Customer-Buying-Cycle-Modelle (CBC) diskutiert, die auf dem AIDA-Schema (Attention, Interest, Desire, Action) aufbauen und mit deren Hilfe Banken und Sparkassen ihre Beziehung zu den Kunden gestalten können.

3.4.3 Loyalitätsprogramme im Banking

Das strategische Potenzial der Kundenbindung zeigt sich vor allem in solchen Märkten, in denen das Erstkäuferpotenzial nahezu ausgeschöpft ist, wie aktuell zum Beispiel in der Mobilfunkbranche. Auch angesichts der zunehmenden Austauschbarkeit von Produkten und Leistungen erlangt die Kundenbindung als Erfolgsfaktor große Bedeutung. Deswegen wird es für Banken immer wichtiger, die Kundenbindung zu erhöhen bzw. die Kundenabwanderung („Churn Rate“ oder Migration) so gering wie möglich zu halten. Dazu gehört es auch, abwanderungsgefährdete Kunden rechtzeitig zu identifizieren. Außerdem sollte der Anbieter zusammen mit den abgewanderten Kunden die Umstände analysieren, die letztendlich zur Abwanderung geführt haben. Die Informationen über abwanderungswillige oder bereits abgewanderte Kunden und die daraus gewonnenen Erkenntnisse über Abwanderungsgründe können dazu genutzt werden, durch adäquate Maßnahmen die Abwanderung weiterer Kunden in Zukunft zu verhindern (Braun et al., 2017). Eine wichtige Säule für Kundenbindung im Banking ist deswegen das Thema „Loyalitätsprogramme und Kundenkarten“. Loyalitätsprogramme bieten dem Online-Anbieter zusätzliche Möglichkeiten zur Kundenbindung, erfordern aber eine detaillierte Spezifikation. Ziel ist es, die Konsumenten über eine gezieltere Ansprache in loyale Kunden zu verwandeln. Generell lassen sich drei Arten von Loyalitätsprogrammen unterscheiden (vgl. Abb. 3.13) (Braun et al., 2017; Heinemann, 2023).

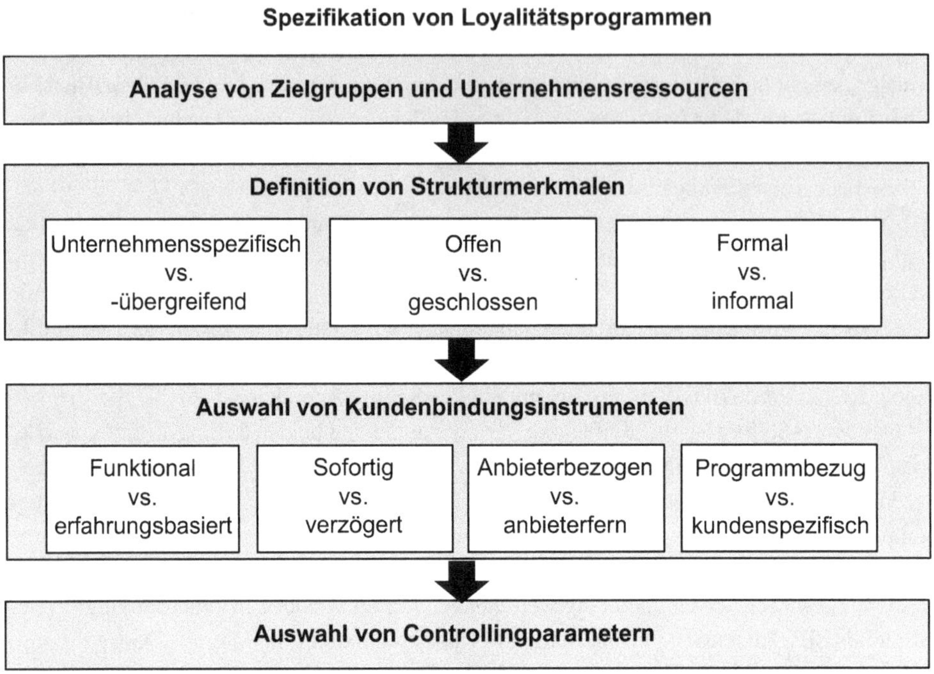

Abb. 3.13 Design von Loyalitätsprogrammen. (Braun et al., 2017; Heinemann, 2023)

3.5 Erfolgsfaktoren und Mehrwerte digitaler Plattformen für Kunden und Kreditinstitute

Um Bankprodukte erfolgreich auf einem virtuellen Marktplatz zu verkaufen, ist die Verkaufsstrategie anzupassen und die Relevanz durch Konversation anstatt einseitiger Kommunikation sicherzustellen. Datenschutzmäßig entsteht schnell ein Vertrauensverlust, wenn Kunden sich fremdbestimmt oder manipuliert fühlen und keine Kontrolle mehr über ihre persönlichen Daten haben.

3.5.1 Erfolgreiches Agieren mit Finanzprodukten auf digitalen Plattformen

Es geht um eine neue Art der Serviceorientierung, denn auch Bankprodukte werden zukünftig mit verbundenen Services auf einem sich rasant entwickelnden integrierten Marktplatz verkauft werden. Um als Finanzdienstleister erfolgreich zu agieren, sind erfahrungsgemäß die Formatstrategie in Bezug auf die Rolle der Bankfiliale anzupassen sowie die Relevanz von Konversation statt einseitiger Kommunikation und der vertrauensvolle und transparente Umgang mit Daten zu beachten (Täuber, 2019; Heinemann et al., 2019).

Anpassung der Formatstrategie: Der exponentielle Anstieg der Kundeninteraktionspunkte zwingt Banken dazu, von einer relativ statischen Filial-Formatstrategie zu einer dynamischen Marktplatzstrategie zu wechseln. Die Marktplatzstrategie kann eine Vielzahl bisheriger Verkaufspunkte unterstützen und in der Summe auch eine signifikante Reduktion der operativen Kosten ermöglichen. Die hohen Miet- und Personalkosten als Folge großer Niederlassungen können im flexiblen Marktplatzmodell deutlich reduziert werden (Täuber, 2019; Heinemann et al., 2019).

Konversation statt einseitiger Kommunikation: Mithilfe der Marktplatzstrategie können Geldinstitute ihre Kunden auf vielfältige Art erreichen. Verbraucher erleben aktuell eine Informationsüberflutung durch öffentliche und private Medien. Die personalisierte Ansprache mit individuellen und relevanten Angeboten, doch ohne den Kunden mit zu vielen Wahlmöglichkeiten zu überfordern, wird immer mehr zum kritischen Unterscheidungsmerkmal. Das bedingt einen Paradigmenwechsel in der Kommunikation: Wo bisher die reine Ansprache im Mittelpunkt stand, rückt nun die personalisierte Ansprache in den Fokus. Dies wird ermöglicht durch „Living Profiles", die als eine Art Daten-Container die relevanten individuellen Aspekte einer Person speichern und verwalten. Diese Profile können benutzt werden, um im integrierten Marktplatz eine einheitliche und relevante Ansprache über verschiedene Personalisierungselemente sicherzustellen. Beispiele für solche Elemente sind Recommendation Engine, Digital Marketing Platform, Regelwerke und Web Personalization Tools (Täuber, 2019; Heinemann et al., 2019).

Transparenter und vertrauensvoller Umgang mit Daten: Zum großen Teil vom Kunden unbemerkt, wird im Alltag eine rapide steigende Anzahl von zum Teil sehr persönlichen Daten erfasst, z. B. Mobile- und Online-Browsing, Einkauf, Social Media, Zahlungsverkehr, Wearables, IoT. Die effiziente Nutzung von Daten ist die Grundvoraussetzung für eine mit dem Verkauf über digitale Kanäle einhergehende Automatisierung und ein erfolgreiches Agieren auf dem Marktplatz (vgl. Abb. 3.14). Kunden-Akquirierungskosten, Abwanderungsraten oder der Einfluss von Social-Media-Kampagnen können inzwischen sehr granular, nämlich bis auf die Ebene eines Wohnviertels, gemessen und für die Detaillierung der eigenen Vertriebs- und Marketingstrategie verwendet werden. Private Nutzerdaten sind also zum einen die Grundlage personalisierter Kundenerlebnisse, zum anderen entsteht aber auch ein großes Risiko des Datenmissbrauchs. Während sich Verbraucher in vieler Hinsicht heute nicht mehr schwertun, freiwillig Daten von sich preiszugeben, wird das Thema Datensicherheit von rechtlicher Seite aus immer wichtiger. Nicht zuletzt getrieben durch die Datenschutzgrundverordnung (DSGVO), ist der Datenschutz inzwischen verstärkt in das Bewusstsein der Verbraucher gerückt. Ein Vertrauensverlust entsteht insbesondere, wenn Kunden sich fremdbestimmt oder gar manipuliert fühlen. Dies tritt insbesondere dann auf, wenn der Kunde das Gefühl hat, keine Kontrolle über seine persönlichen Daten mehr zu haben. Nutzt der Finanzdienstleister beispielsweise Informationen von Pinterest, um dem Kunden ein personalisiertes Angebot zu machen, ohne dabei transparent zu agieren, verliert der Kunde das Vertrauen. Ähnliches gilt, wenn andere technische Möglichkeiten eingesetzt werden, wie bspw. die Standortbestimmung.

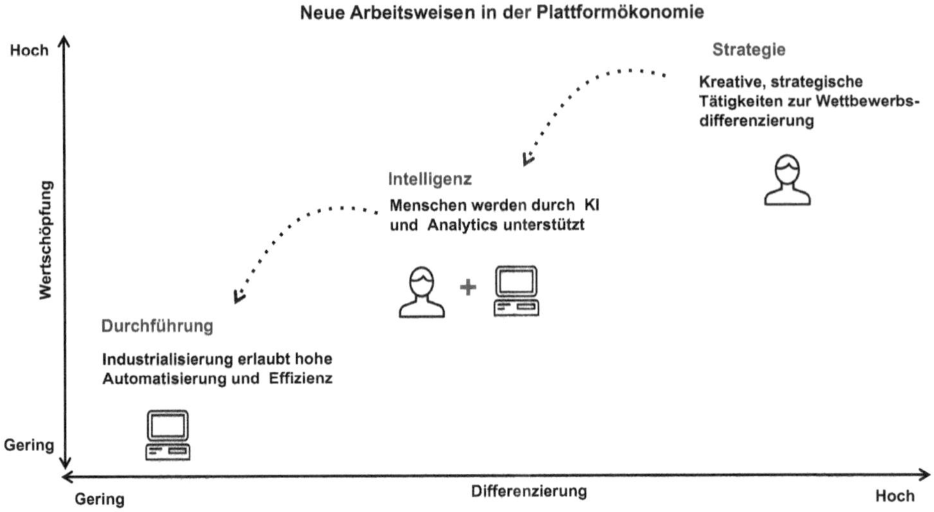

Abb. 3.14 Automatisierung ermöglicht neue Arbeitsweisen. (Täuber, 2019)

Hier liegt aus Kundensicht kein gleichberechtigter Dialog vor – der Händler verfügt über technische Möglichkeiten, die ihm einseitig mehr Macht verleihen (Täuber, 2019; Heinemann et al., 2019).

3.5.2 Vorteile digitaler Plattformen aus Kundensicht

Plattformen ermöglichen ein neues, nichtlineares Kaufverhalten. Das ist von existenzieller Bedeutung, denn die neue Customer Journey verläuft durch die Digitalisierung nicht mehr linear. Früher war der Kundenpfad zum Kauf im Allgemeinen vorhersehbar und verlief durch die Phasen Aufspürung (Discover), Überlegung (Consider), Bewertung (Evaluate), Kauf (Purchase) sowie Nutzung (Use) (Weuthen, 2019). Traditionelle Verkaufs- und Marketing-Wirkungsmodelle werden aber der Online-Welt nicht mehr gerecht und werden zunehmend durch von digitalen Technologien angetriebene Modelle abgelöst (Weuthen, 2019). Dank ihrer digitalen Devices können Kunden ihre Routen innerhalb und zwischen den Kanälen einfach steuern und variieren, um sie ihren jeweiligen Bedürfnissen anzupassen. Auch wenn jeder Konsument anders ist, sich mit unterschiedlicher Geschwindigkeit durch das Modell bewegt und dabei unterschiedliche Wege geht, sind mittlerweile nahezu alle Kunden digital unterwegs (Heinemann et al., 2019; Weuthen, 2019). Zwar bevorzugen die eher traditionellen Konsumenten altbekannte, meist analoge Kanäle bzw. Interaktionen, doch auch sie hinterlassen dabei mittlerweile digitale Spuren. Sollten sie ihre Reise beispielsweise in einem Reisebüro buchen, werden ihre persönlichen Daten trotzdem digital aufgenommen und verarbeitet. Experimentierfreudigere Kunden nutzen fast ausnahmslos digitale Kanäle und stellen dabei fest, dass sich das Kauferlebnis dadurch verbessert. Selbst ältere Generationen nutzen zunehmend Messenger-Dienste wie WhatsApp oder schreiben E-Mails, um mit ihren Kindern und Enkelkindern zu kommunizieren. Stärker digital orientierte Konsumenten sind zwar bestrebt, den digitalen Bereich breiter für sich zu nutzen, sind dazu jedoch (noch) nicht immer in der Lage. Im Gegensatz zu ihnen machen die digitalen Hardliner die digitale Technik zu einem Teil ihres Lebens, und zwar in allen Dimensionen (Accenture, 2014; Weuthen, 2019). Dabei wird es für Anbieter immer wichtiger, die verschiedenen Kanäle zu verbinden und nicht nur einen Kanal für den Kunden anzubieten. Es bedarf also intelligenter und kundenorientierter Konzepte, die dem Verbraucher an jedem Berührungspunkt einen echten Mehrwert bieten, und zwar ohne Kanalbrüche (Weuthen, 2019).

Dies betrifft nicht nur Multi-Channel-Bankdienstleister, die alle Absatzkanäle mit Online-Angeboten und entsprechenden Technologien in der Bankfiliale am Point of Sale (PoS) verknüpfen müssen (Bach 2015), sondern gilt auch für Pure-Online-Banken, die zunehmend auch analoge Touchpoints generieren müssen, wie es Amazon mit Amazon Go oder Alibaba in Asien mit den sogenannten Mom-and-Pop-Shops vormachen. Marketingexperten erwarten, dass die Kunden von heute von ihren Händlern einfordern werden, sie über alle Kanäle und Prozessschritte hinweg mit einem abgestimmten Auftritt zu begleiten (Tromp, 2018; Weuthen, 2019).

Im Endeffekt geht es darum, den Konsumenten Mehrwerte zu bieten. Um dies zu erreichen, lassen sich die Dimensionen der Konsumenten-Mehrwert-Gleichung (Tromp, 2018; Weuthen, 2019) zu Hilfe nehmen:

1. **Kosten:** Aufgrund der Kosten- und Qualitätstransparenz durch neue Technologien sind die Verbraucher sehr preissensitiv und zugleich illoyal. Sie sind nicht mehr nur service- oder nur leistungsorientiert oder nur preissensibel, sondern alles zugleich. Das macht sie unberechenbar.
2. **Auswahl:** Die Auswahl, die Verbrauchern zur Verfügung steht, hat sich bereits dramatisch vergrößert und wird sich durch die voranschreitende Personalisierung und zunehmende Auswahl an Dienstleistungen nochmals deutlich verändern. Die Technologie als Katalysator wird es Unternehmen immer stärker ermöglichen, Dienste und Produkte über die gesamte Customer Journey hinweg auf die einzelnen Konsumenten individuell zuzuschneiden.
3. **Bequemlichkeit:** Kunden erwarten Bequemlichkeit und Convenience. Finanzdienstleister werden dazu aufgefordert sein, im Rahmen der Customer Journey Lern-, Betrachtungs-, Kauf- und Empfangsphasen bereitzustellen. Die Reise der Kunden wird noch bequemer, sobald digitale Assistenten mit künstlicher Intelligenz es ermöglichen, nahtlos und automatisch die ideale Option für den Verbraucher zu finden, zu bestellen und zu liefern.

4. **Kontrolle.** Verbraucher können ihre gesamte Customer Journey kontrollieren, beeinflussen und gestalten. Plattformen bieten einen Zwei-Wege-Kanal, über den ihre Stimmen gehört werden können, sei es durch den Austausch von Meinungen über soziale Medien oder die kurzfristige Aktualisierung einer Bestellung per App.
5. **Erfahrung.** Je mehr Finanzdienstleister differenzierte und positive Verbrauchererfahrungen liefern können, desto größer ist der Kundenvorteil. Zusätzlich fordern die Verbraucher eine stärkere Einbindung des Smartphones in alle Kaufprozesse.

Kunden werden so zunehmend zu Nonstop-Konsumenten (Abb. 3.15). Der Weg dieser Nonstop-Konsumenten zum Kauf ist aufgrund der digitalen Medien und Plattformen nicht mehr linear. Heute ist die Customer Journey überwiegend dynamisch (dynamic), zugänglich (accessible) und kontinuierlich (continuous), da die digitalen Touchpoints immer und zu jeder Zeit vorhanden sind und Kunden ihre Kaufoptionen ständig neu bewerten können.

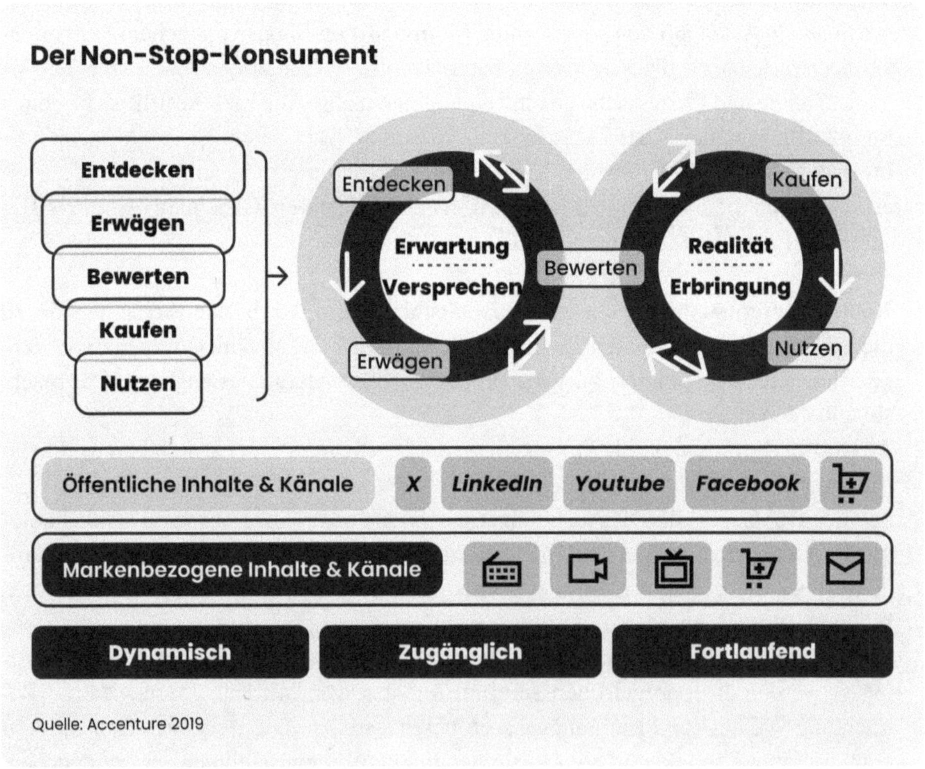

Abb. 3.15 Vom traditionellen Einkaufsverhalten zum Non-Stop-Konsumenten. (Weuthen, 2019)

3.5.3 Ergebnisorientierte Betriebsmodelle

Um in einem integrierten Marktplatz erfolgreich agieren zu können, ist ein modernes und digitales Betriebsmodell erforderlich. Auf der einen Seite gibt es durch die Vielzahl an direkten und indirekten Kontaktpunkten mit dem Kunden, die zum großen Teil in Echtzeit bedient werden müssen, viele Entscheidungsoptionen und Möglichkeiten. Auf der anderen Seite ist eine Vielzahl von Daten, die direkt von den Konsumenten, indirekt über Portale oder soziale Netzwerke und verstärkt auch über IoT-Devices generiert werden, bei den Entscheidungen zu berücksichtigen. Der Einsatz von Automatisierung, Analytics und künstlicher Intelligenz (KI) zur wertstiftenden Verarbeitung und Interpretation der Daten ist ein unverzichtbares Element einer jeden Neuausrichtung des Betriebsmodells (Täuber, 2019). Die Herausforderung besteht darin, die jeweils richtige Mischung aus Mensch und Maschine für die verschiedenen Prozesse zu finden.

Beim Design des zukünftigen Betriebsmodells können alle Tätigkeiten drei Ebenen zugeordnet werden, abhängig von der Komplexität und dem Grad der Automatisierbarkeit (Täuber, 2019):

- Strategie-Ebene,
- Intelligenz-Ebene
- Durchführungsebene.

Auf der strategischen Ebene können die Händler den größten Einfluss ausüben, indem sie sich damit befassen, wie Inspiration und Innovation auf dem integrierten Marktplatz erfolgreich umgesetzt werden könen. Dies erfordert es, Tätigkeiten wie Sortimentsplanung, Visual Merchandising und strategischen Einkauf, die in der Vergangenheit oft stark arbeitsteilig organisiert wurden, wieder beim Merchandiser zu vereinen.

Auf der Ebene der Intelligenz können die Händler aufgrund großer Datenmengen schnell Entscheidungen und Vorhersagen treffen. Das ermöglicht bspw. Konzepte wie Hyperlokalisierung des Sortiments und Hyperpersonalisierung der Verkaufsansprachen über verschiedene Vertriebskanäle.

Auf der Durchführungsebene steht die Automatisierung von sich häufig widerholenden Tätigkeiten im Fokus. Beispiele dafür sind Stammdatenverwaltung, Auftragsbearbeitung, aber auch die Auswertung von PoS-Qualität (z. B. mit Realogramm) per künstlicher Intelligenz und Einleitung entsprechender Korrekturmaßnahmen.

Um ein zukunftsfähiges neues Betriebsmodell für Banken zu entwickeln, ist es wichtig, das Unternehmen konsequent an den wesentlichen Ergebnissen auszurichten, die eine Wertschöpfung generieren. Dadurch werden sich Finanzdienstleister stärker auf aus Kundensicht relevante Produkte und Services fokussieren und mit Kunden so interagieren können, wie diese es erwarten. Zusätzlich kann eine solche Organisation deutlich kosteneffizienter agieren. Abb. 3.16 zeigt den schematischen Aufbau eines derartigen kundenorientierten Betriebsmodells (Täuber, 2019).

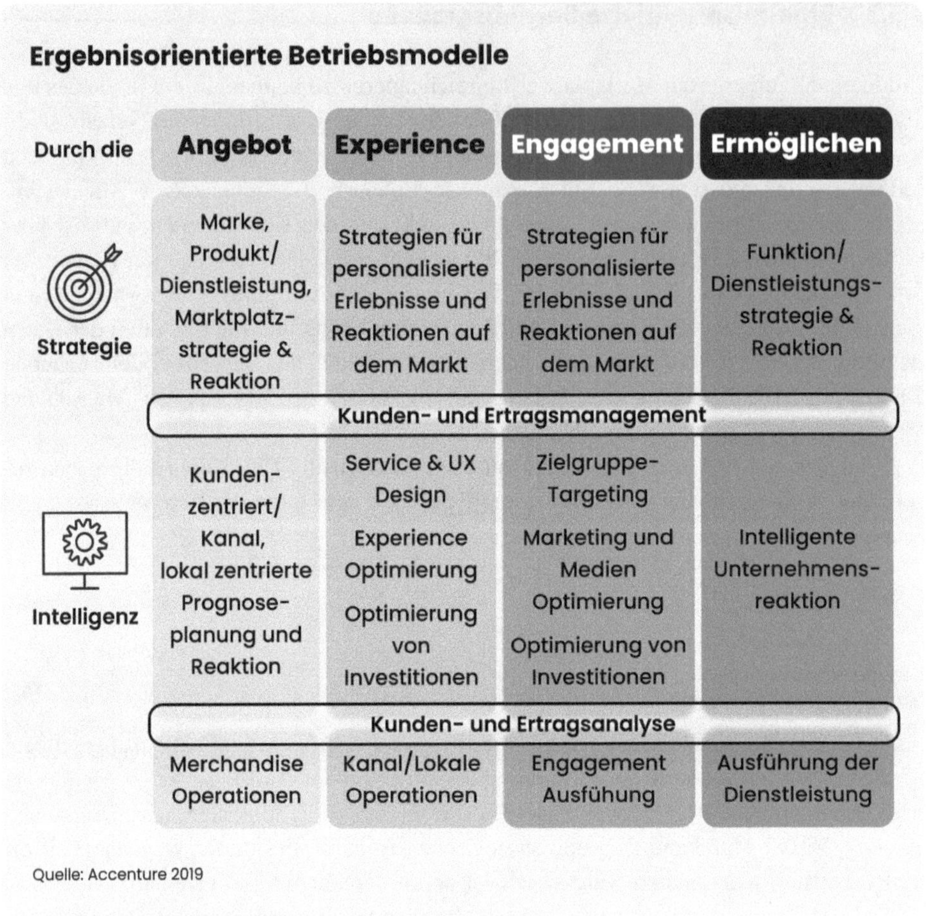

Abb. 3.16 Ein neues ergebnisorientiertes Betriebsmodell für den Handel. (Täuber, 2019)

3.6 Fazit und Lessons Learned

Banken und Sparkassen sind gezwungen, die Auswirkungen der Digitalisierung auf die Zukunft des Bankensektors zu antizipieren. Die Finanzdienstleistungsbranche hat dabei zwei große Herausforderungen zu meistern. Zum einen müssen die Banken die Abwanderung der Kunden ins Internet kompensieren und zum anderen müssen sie ihre Kostenstrukturen an die stetig sinkenden Erträge anpassen. Insbesondere im Vergleich zum Einzelhandel haben Finanzdienstleistungsunternehmen im Online-Geschäft noch erhebliche Optimierungspotenziale. Finanzdienstleistungsunternehmen sollten lernen, auf allen Kanälen zu verkaufen. Der Kunde entscheidet, welchen Kanal er nutzt. Es ist nicht mehr möglich, künstliche Grenzen aufrechtzuerhalten. Bestandsschutz wird neu gesehen werden müssen. Exklusivität wird in Frage gestellt werden. Das beste Produkt-/Leistungsangebot wird gewinnen, und zwar schneller und mit größerem Abstand zum Zweitplatzierten als jemals zuvor. Ein maßgeblicher Faktor wird das Online-Angebot sein.

Die ultimative Vertriebsherausforderung besteht den Ergebnissen zufolge aus mindestens drei Aspekten mit fundamentalem Charakter:

1. **Entwicklung eines neuen Geschäftsmodells:** Online-Geschäftsmodelle sind etwas anderes als nur eine einfache Weiterentwicklung bestehender Geschäftsmodelle.
2. **Integration aller bestehenden Vertriebswege:** weg von einem Multikanal-Ansatz und hin zu einem Omni-Channel-Modell.
3. **Infragestellen und Rückbau überkommener Vertriebsstrukturen** mit weitreichenden organisatorischen und personellen Veränderungen.

Das besonders Schwierige daran wird sein, dass Vertriebsführungskräfte und Vertriebsmitarbeiter jahrzehntelang bewährte Strategien, Strukturen und Denkweisen radikal in Frage stellen müssen, am Ende vielleicht sogar die eigenen Funktionen. Nicht alles Gelernte lässt sich übertragen. Aber sicher ist, dass durch einen Blick in die Handelsbranche erkennbar wird, welche Herausforderungen auf die Unternehmen zukommen.

Literatur

Accenture. (2014). Customer 2020: Are you future-ready or reliving the past? https://www.accenture.com/t00010101T000000__w__/es-es/_acnmedia/Accenture/Conversion-Assets/DotCom/Documents/Global/PDF/Dualpub_6/Accenture-Customer-2020-Future-Ready-Reliving-Past.pdf. Zugegriffen am 01.05.2018.

Bitkom. (2024). Online-Banking: Erstmals ist die Mehrheit der Generation 65+ dabei. Vom 7. Mai 2024. https://www.bitkom.org/Presse/Presseinformation/Online-Banking-Erstmals-Mehrheit-Generation-65-dbei. Zugegriffen am 16.05.2024.

Blacker, A. (2023). Worldwide and US Download Leaders 2022. Apptopia vom 4. Jan. 2023. https://blog.apptopia.com/worldwide-and-us-download-leaders-2022. Zugegriffen am 16.01.2023.

Braun, L., Reinecke, S., & Tomczak, T. (2017). Kundenbindung durch Loyalitätsprogramme. In M. Bruhn & C. Homburg (Hrsg.), *Handbuch Kundenbindungsmanagement: Strategien und Instrumente für ein erfolgreiches CRM* (9. Aufl.). Springer-Gabler.

Comarch. (2023). Shopping-& Loyalty-Studie Deutschland 2023: Wie Menschen einkaufen, was sie lieben und welche Kundenbindungsprogramme sie begeistern. Comarch-Studie-Shopping-Loyalty_2023.pdf. Zugegriffen am 01.04.2020.

Consumer Banking Report. (2024). Consumer Banking Report 2024. https://www.epam.com/insights/research/2024-banking-report. Zugegriffen am 25.05.2024.

Deloitte. (2024). Digital Banking Maturity Studie 2024. https://www2.deloitte.com/de/de/pages/financial-services/articles/digital-banking-maturity-studie-2022.html. Zugegriffen am 28.11.2024.

eBay. (2024). Produktsuche im E-Commerce: In Deutschland bevorzugt mit Suchmaschinen und auf Online-Marktplätzen. https://www.ebayinc.com/stories/press-room/de/produktsuche-im-e-commerce-in-deutschland-bevorzugt-mit-suchmaschinen-und-auf-online-marktplaetzen/. Zugegriffen am 11.04.2024.

etailment. (2024). Morning Briefing: Otto, Smart Commerce, Olymp, Wolt, Markta, Kaufkraft, Zahlungsbetrug, Personalisierung, Festnetzpreise, Siemens Energy. Redaktion etailment vom 10. April 2024. https://etailment.de/news/morning_briefing/morning-briefing-otto-smart-commerce-olymp-wolt-markta-kaufkraft-zahlungsbetrug-personalisierung-festnetzpreise-offliner-siemens-energy-24722. Zugegriffen am 11.04.2024.

Gehrckens, M., & Boersma, T. (2013). Zukunftsvision Retail – Hat der Handel eine Daseinsberechtigung? In G. Heinemann, M. Gehrckens, K. Haug, & dgroup (Hrsg.), *Digitalisierung des Handels mit ePace: Innovative E-Commerce-Geschäftsmodelle und digitale Zeitvorteile* (S. 51–76). Springer-Gabler.

Google & DSGV. (2019, November 29). Customer Journey Banking 2019. Google-interne Daten: Letzte 12 Monate bis Juni 2019, Deutschland. Pressekonferenz.

Graf, A. (2017). Wish – wie Weihnachten, nur ohne wünschen. Kassenzone vom 27. Dez. 2017. https://www.kassenzone.de/2017/12/27/wish-wie-weihnachten-nur-ohne-wuenschen/. Zugegriffen am 28.12.2017.

Graf, J. (2024). Studie Digitale Ängste: Wie die Deutschen KI fürchten und Roboter lieben. iBusiness vom 11. März 2024. https://www.ibusiness.de/aktuell/db/536878jg.html. Zugegriffen am 01.06.2024.

Heinemann, G. (2018). *Die Neuausrichtung des App- und Smartphone-Shopping: Mobile Commerce, Mobile Payment, LBS, Social Apps und Chatbots im Handel.* Springer-Gabler.

Heinemann, G. (2019). *Der neue Online-Handel: Geschäftsmodelle, Geschäftssysteme und Benchmarks im E-Commerce* (10. Aufl.). Springer-Gabler.

Heinemann, G. (2023). *Der neue Online-Handel: Geschäftsmodelle, Geschäftssysteme und Benchmarks im E-Commerce* (14. Aufl.). Springer-Gabler.

Heinemann, G. (2024). *Der neue Online-Handel: Geschäftsmodelle, Geschäftssysteme und Benchmarks im E-Commerce* (15. Aufl.). Springer-Gabler.

Heinemann, G., & Gaiser, C. (2016). *SoLoMo – Always-on im Handel: Die soziale, lokale und mobile Zukunft des Omnichannel-Shopping* (3. Aufl.). Springer-Gabler.

Heinemann, G., Gehrckens, M., Täuber, T., & Accenture. (Hrsg.). (2019). *Handel mit Mehrwert: Digitalisierung von Märkten, Geschäftsmodellen und Geschäftssystemen.* Springer-Gabler.

Heinemann, G., Kannen, K., & Bleil, S. (2021). *Plattformökonomie und eCommerce im Banking: Grundlagen, Plattform-Geschäftsmodelle, Optionen und Lösungsansätze.* Springer-Gabler.

Investors Marketing. (2019). *Kaufverhalten von Privatkunden in der Baufinanzierung – Investors Marketing Privatkunden Studie Baufinanzierung.*

Kleine, J., Jolmes, M., & Peschke, T. (2018). Plattformökonomie im Finanzdienstleistungssektor: Ausprägungsarten, Ausgestaltungsoptionen und Konzeptentwicklung für Volksbanken und Raiffeisenbanken. Genossenschaftsverband Bayern. https://www.profil.bayern/11-2018/topthema/viel-mehr-als-ein-vertriebskanal/. Zugegriffen am 01.04.2020.

Kreutzer, R. T. (2018). *Praxisorientiertes Online-Marketing: Konzepte – Instrumente – Checklisten* (3. Aufl.). Springer-Gabler.

Krisch, J. (2024). Gelingt TikTok Shop als erstes ein feedbasierter Marktplatz? Exciting Commerce vom 19. März 2024. https://excitingcommerce.de/2024/03/19/gelingt-tiktok-shop-als-erstes-ein-feedbasierter-marktplatz/. Zugegriffen am 25.03.2024.

Leichsenring, H. (2022). Digitales Banking: Deutsche Institute drohen den Anschluss zu verlieren. Der Bank Blog vom 13. Dez. 2022. https://www.der-bank-blog.de/reifegrad-digitales-banking/studien/37692829/#google_vignette. Zugegriffen am 25.03.2024.

Leichsenring, H. (2024a). Das kennzeichnet den digitalen Konsumenten von heute. Vom 30. Jan. 2024. https://www.der-bank-blog.de/das-kennzeichnet-den-digitalen-konsumenten-von-heute/studien/37706418/. Zugegriffen am 25.03.2024.

Leichsenring, H. (2024b). Wie Millennials sparen und Geld anlegen: Finanzverhalten der Generation Y. Der Bank Blog vom 24. Feb. 2024. https://www.der-bank-blog.de/wie-millenials-sparen-und-geld-anlegen/studien/37707474/. Zugegriffen am 25.03.2024.

Location Insider. (2022). Warum sich ein Loyalty-Programm für den Handel besonders lohnt. Vom 13. Okt. 2022. https://locationinsider.de/warum-sich-ein-loyalty-programm-fuer-den-handel-besonders-lohnt/. Zugegriffen am 02.02.2023.

Maximizer. (2018). What is The New Customer Journey? (And How to Master It). Vom 13. Sept. 2018. https://www.maximizer.com/what-is-the-new-customer-journey/. Zugegriffen am 02.07.2019.

Meffert, H., Burmann, C., & Kirchgeorg, M. (2018). *Marketing: Grundlagen marktorientierter Unternehmensführung* (13. Aufl.). Gabler.

Offerista. (2024). So kauft Deutschland: Shopping-Studie 2024. Vom 11. April 2024. https://www.offerista.com/so-kauft-deutschland-shopping-studie-2024/. Zugegriffen am 01.04.2020.

Seokratie. (2018). AIDA-Formel: So funktioniert das Prinzip im Online Marketing! Vom 8. Nov. 2018. https://www.seokratie.de/aida-formel/. Zugegriffen: 02.07.2019.

Silicon. (2020). Warum der Hype um Headless Commerce? Vom 20. Nov. 2020. https://www.silicon.de/experten-tipp/warum-der-hype-um-headless-commerce. Zugegriffen am 22.07.2021.

Täuber, T. (2019). Lösungsansätze zur digitalen Transformation – erweitertes Produktportfolio, integrierte Marktplätze, neu ausgerichtete Betriebsmodelle. In G. Heinemann, M. Gehrckens, T. Täuber, & Accenture (Hrsg.), *Handel mit Mehrwert. Digitalisierung von Märkten, Geschäftsmodellen und Geschäftssystemen* (S. 71–106). Springer-Gabler.

Rieken, J., & Schaffranski, M. (2019). *Trendstudie: Zehn kulturelle Forderungen der Generation Y.* Sparkassen Innovation Hub & Trendbüro Wippermann. https://www.blskblog.de/files/2019/04/2019-Trendstudie_S-HUB.pdf

Tromp, S. (2018). Shopping 4.0: Ein Ausblick auf die technologischen Weiten des Handels. In: Handel 4.0. vom 17. Januar 2018. https://handel4punkt0.de/index.php/tech-news-mobile/278-shopping-4-0-ein-ausblick-auf-die-technologischen-weiten-des-handels. Zugegriffen am 15.06.2018.

Weuthen, J. (2019). Das goldene Zeitalter des Konsumenten – Wie die Digitalisierung, der demografische Wandel und die Veränderung der Werte unserer Gesellschaft das Konsumentenverhalten beeinflussen. In G. Heinemann, M. Gehrckens, T. Täuber, & Accenture (Hrsg.), *Handel mit Mehrwert: Digitaler Wandel in Märkten, Geschäftsmodellen und Geschäftssystemen* (S. 107–134). Springer Fachmedien.

4 Plattform- und KI-Readiness der Banken und Sparkassen

Zusammenfassung

Generell lässt sich sagen, dass die Sparkassen eine gute Basis für die Plattformökonomie mitbringen und sich der Herausforderungen zum großen Teil bewusst sind. Was fehlt, ist die Umwandlung dieser Basis in Chancen und Vorteile. Sicherlich gehören bereits real existierende Plattformen zu den großen Bedrohungen der Branche, jedoch sind diese Anbieter in erster Linie bankenfremde Marktplätze und Vergleichsportale, die noch keine große Historie oder Expertise in Finanzprodukten jeglicher Art aufweisen. Zum jetzigen Zeitpunkt lässt sich nur darüber spekulieren, wie Amazon und andere reine E-Commerce-Player ihr Angebotsportfolio hinsichtlich Finanzdienstleistungen visualisieren und aufstellen werden, jedoch sind Sparkassen und andere Finanzdienstleister aufgrund ihrer langjährigen Erfahrung inhaltlich klar im Vorteil und sollten sich hinsichtlich ihrer Online-Auftritte an den Best Practices der hier vorgestellten Studie orientieren.

Im Zuge der sich entwickelnden Plattformökonomie im Banking stellt sich die Kernfrage, wie es um die digitale Bereitschaft und die entsprechenden Fähigkeiten („Digital Readiness“) der Banken und Sparkassen steht.

Während die Digitalisierung bereits einen Großteil des alltäglichen Lebens bestimmt, stehen vor allem im stationären Bankensektor die größten Veränderungen erst noch bevor. Die Erfahrung bankenfremder Branchen zeigt, dass die Digitalisierung alle bisherigen Kompetenzen und Geschäftsprozesse beeinflusst. Die Geldinstitute stehen dabei – wie übrigens auch der deutsche Mittelstand – vor drei wesentlichen Problemen (Agentur Handel, 2016; Heinemann et al., 2021):

G. Heinemann et al., *Intelligent Open Finance*,
https://doi.org/10.1007/978-3-658-47925-1_4

- **Vielfalt innovativer Technologien:** Den Banken ist oft nicht klar, welche Technologien am besten für das Unternehmen einzusetzen sind, den Konsumenten einen Zusatznutzen bringen und sich in der Praxis bewähren. Darüber hinaus ist die IT-Infrastruktur häufig stark veraltet.
- **Prozessanpassung und -integration:** Finanzdienstleistern ist in der Regel nicht bewusst, dass es nicht einfach darum geht, Prozesse zu digitalisieren, sondern dass diese für eine sinnvolle Automatisierung vorher optimiert werden müssen. Dabei sind Medienbrüche möglichst zu vermeiden.
- **Barrieren der Digitalisierung:** Abgesehen von den fehlenden technischen Voraussetzungen (zum Beispiel Software-Auswahl, Informationsübertragung zwischen verschiedenen Systemen) sehen sich insbesondere stationär geprägte Bankhäuser auch mit mentalen Barrieren konfrontiert (zum Beispiel hinsichtlich der Rolle des Vertriebs beim Aufbau eines Online-Absatzkanals).

Zweifelsohne spielt die Weiterbildung eine Schlüsselrolle, um bestehende Widerstände abzubauen. Die durch die Digitalisierung verursachten Veränderungen in den Tätigkeitsanforderungen müssen auch bei der Neuordnung der Berufe im Bankensektor ihren Niederschlag finden (Heinemann, 2019, 2024). Die Weiterentwicklung anderer Berufe, die für die Vermarktung von Bedeutung sind (zum Beispiel Kaufmann/frau für Dialogmarketing, Kaufmann/frau für Marketingkommunikation, IT-Berufe sowie Lager- und Logistikberufe), muss die durch die Digitalisierung veränderten Qualifikationsanforderungen ebenfalls aufgreifen (HDE, 2019; Heinemann, 2019, 2024). Die folgende Aussage bringt es auf den Punkt: „Digitale Kompetenz wird zu einer Schlüsselkompetenz, denn soziale und wirtschaftliche Teilhabe ist künftig ohne digitale Teilhabe kaum mehr denkbar“ (FINMAS, 2020; Heinemann et al., 2021).

4.1 Status der digitalen Transformation der Banken

Der Zwang zu kundenzentrierten Lösungen verändert derzeit weltweit den Bankensektor. Insbesondere Banking as a Service (BaaS), Embedded Finance sowie KI sind Game Changer und disruptieren die Banken. Deutsche Institute sind dabei digitales Mittelmaß, insbesondere gegenüber Challenger-Banken, und reagieren kaum auf veränderte Kundenerwartungen (mobile Kontoeröffnung, Digital Sales, Cross-Selling, Beyond Banking). Derweil breitet sich Open Finance weltweit vermehrt aus und gewinnt bei anderen Finanzdienstleistern (Versicherungen, Anbietern von Kapitalanlage und Pensionsplänen) an Bedeutung, wobei die Ansätze und Reifegrade erheblich variieren.

4.1.1 Status der digitalen Transformation der Banken in Deutschland

Die neueste Deloitte-Studie zeigt auf, dass die Pandemie einen unumkehrbaren Trend hin zum digitalen Banking ausgelöst hat. Zwar bauen alle Banken ihre digitalen Angebote aus, allerdings sehr unterschiedlich. Vor allem bei den Sparkassen und sonstigen Banken in Deutschland hinkt die digitale Kundennähe im internationalen Vergleich deutlich hinterher (Deloitte, 2024). So wurden in der Studie rund 300 Banken in 41 Ländern anhand von Testkunden untersucht, die als „Mystery-Shopper" reale Konten eröffneten. Über 1200 Funktionalitäten wurden in den digitalen Kanälen mit einer UX(User Experience-)Analyse begutachtet (Leichsenring, 2022b). Folgende Ergebnisse traten zu Tage:

- **Deutsche Geldinstitute** reagieren im Vergleich zu anderen Ländern nur unzureichend auf gestiegene digitale Kundenerwartungen. Dies ist eine offene Flanke für neue Markteintritte und gefährdet etablierte Banken.
- Deutschland hat **keine digitalen Champions** mehr (innerhalb der oberen 10 %). In Bezug auf den digitalen Reifegrad im Banking legen globale Spitzenbanken vor und laufen den inländischen Instituten den Rang ab.
- Im digitalen Vertrieb manifestieren sich **nachhaltige Schwächen bei der mobilen Kontoeröffnung**. Obwohl dieser Service bereits seit Jahren zum Standardrepertoire gehört und von immer mehr Kunden gefordert wird, bietet ein Drittel der deutschen Banken keine Möglichkeit an, ein Konto über das Smartphone zu eröffnen. Institute aus Deutschland hinken auch bei **Digital Sales,** und hier insbesondere beim Ausbau von Kundenbeziehungen, hinterher. Bei Cross-Selling- sowie Beyond-Banking-Angeboten sind deutsche Institute weit abgeschlagen.
- Best Practices (insbesondere von **Challenger-Banken**) punkten auch bei essenziellen Funktionalitäten mit optimierter Usability. Insbesondere bei rein App-basierten Produkten schaffen sie eine makellose UX und locken mit innovativen Features. Sie erweitern ihr Angebot über klassische Bankaktivitäten hinaus und werden zu Multi-Service-Plattformen mit Services in anderen Bereichen, wie Mobilität, E-Government oder Gesundheit.

Deutsche Institute sind nur digitales Mittelmaß im internationalen Vergleich

Die Deloitte-Studie zeigt auf, dass die Kundenerwartungen sich schneller verändern, als die deutschen Geldinstitute darauf reagieren, obwohl alle Marktteilnehmer die Dringlichkeit genau kennen (Leichsenring, 2022b; Deloitte, 2024). Die Studie macht deutlich, dass der Wettbewerbsdruck im Banking durch digitale Aufrüstung dramatisch zunimmt. Dabei gewinnen Smartphone und Apps stark an Bedeutung für die täglichen Bankaktivitäten. Während weltweit die Banken angemessen darauf reagieren, sind in Deutschland kaum Fortschritte zu erkennen. Insofern besteht bei innovativen und kundenzentrierten digitalen Angeboten im internationalen Vergleich für deutsche Institute ein enormer Nachholbedarf. Bei den 1200 erhobenen Kriterien hinken die untersuchten 18 deutschen Banken teilweise erschreckend deutlich hinter den internationalen Wettbewerbern hinterher und bleiben im internationalen Vergleich digitales Mittelmaß.

Die regelrechte Trägheit deutscher Geldinstitute bei digitalen Angeboten und Services, die weltweit längst gängiger Standard sind, ist gefährlich für den Finanzstandort Deutschland (Deloitte, 2024). Es gilt, vor allem bei kundenzentrierten Servicepaketen und Benutzerfreundlichkeit von den internationalen Mitbewerbern zu lernen. Wie aus Abb. 4.1

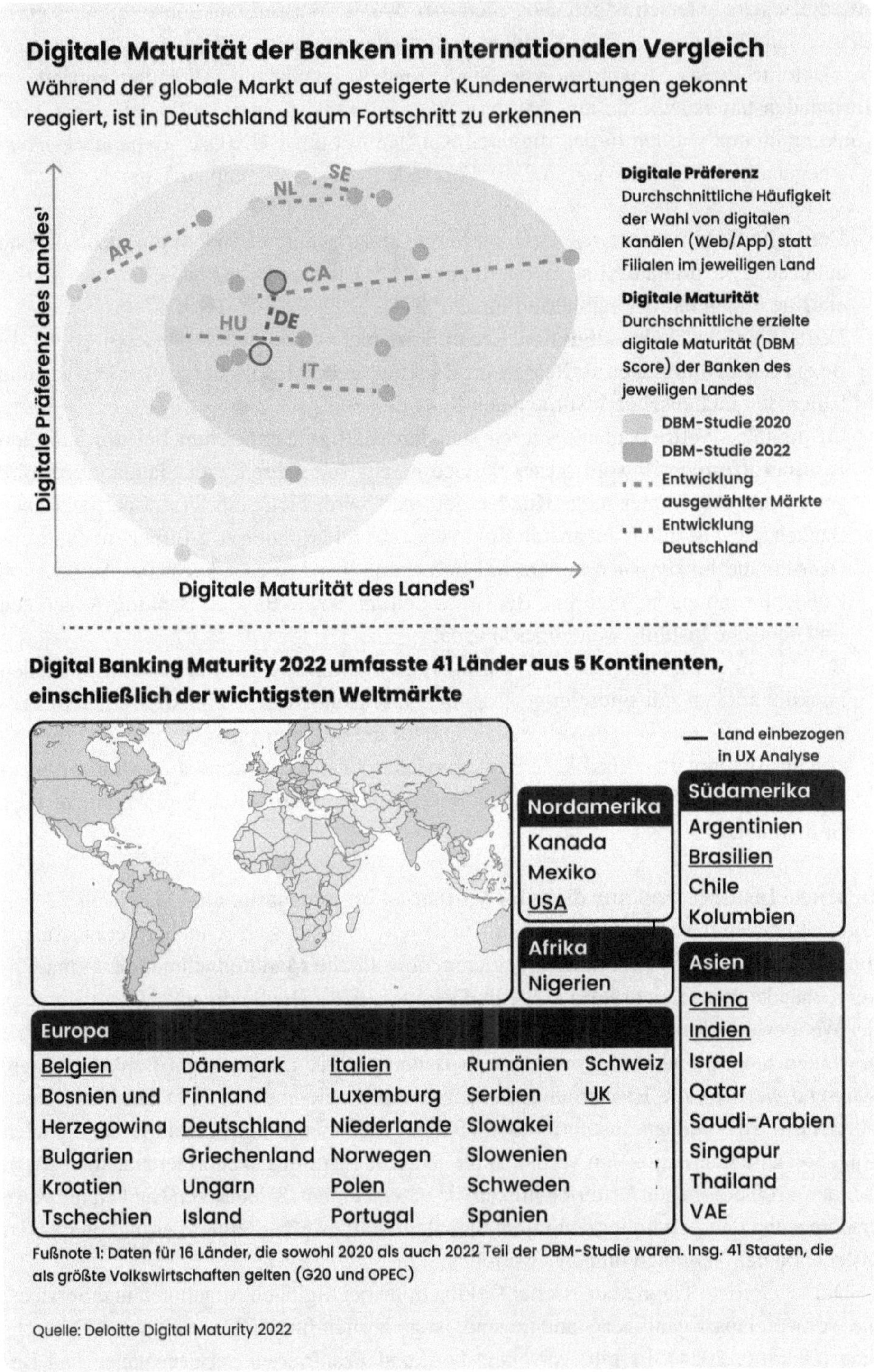

Abb. 4.1 Digital Banking Maturity im internationalen Vergleich. (Deloitte, 2024)

hervorgeht, hat sich der Digital Maturity Index von 2020 bis 2022 erheblich verschlechtert. Im internationalen Vergleich besteht für deutsche Banken daher enormer Nachholbedarf bei innovativen und kundenzentrierten digitalen Angeboten. Während sich vor zwei Jahren immerhin zwei deutsche Banken beim digitalen Reifegrad unter den besten zehn Prozent platzieren konnten, bleibt Deutschland diesmal außen vor.

Learnings für deutsche Banken
Die zentralen Erkenntnisse für deutsche Banken aus der Studie sind, die Kundenerwartungen ernst zu nehmen, die mobile Kontoeröffnung zu ermöglichen, den digitalen Vertrieb zu stärken sowie von Neobanken zu lernen.

4.1.2 Status der digitalen Transformation der Banken international

Extrem hoher Innovationsdruck sowie Zwang zu kundenzentrierten Lösungen verändern derzeit weltweit den Bankensektor. Insbesondere Banking as a Service (BaaS), Embedded Finance sowie KI sind Game Changer und disruptieren derzeit die Finanzdienstleistungsbranche. Sie befähigen Geldinstitute dazu, nahtlose und personalisierte Kundenerlebnisse anzubieten. Diese werden im Zuge der Plattformökonomie auch zunehmend von den Bankkunden erwartet (Finastra, 2023). Die aktuelle Finastra-Studie zeigt, dass sich die Entscheidungsträger in den Banken insbesondere gegenüber 2022 verstärkt diesen Themen widmen. Die gestiegene Adoptionsrate bei Baas und Embedded Finance zeigt, dass die Finanzinstitute die Chance erkannt haben, die neue Distributionskanäle und Value-added Services von Drittanbietern bieten. Vor allem BaaS ermöglicht es Banken, ihre Serviceangebote in Apps, Websites oder andere Plattformen zu integrieren, die bereits von ihren Kunden genutzt werden. Darüber hinaus sind diese Funktionalitäten immer einfacher zu integrieren. Dies wiederum ist der zentrale Hebel zur Steigerung der Kundenzufriedenheit, zumal damit auch individuelle und maßgeschneiderte Lösungen möglich werden. Zusätzlich können damit die Leistungen immer schneller angeboten werden. Abb. 4.2 zeigt die wichtigsten Technologien aus Sicht der Entscheidungsträger von Banken im Jahr 2023 im Vergleich zu 2022. Höchste Priorität und dementsprechend auch stärkstes Wachstum haben die Themen BaaS, Embedded Finance sowie KI. Aber auch die Bedeutung der digitalen Transformation von Organisationen wird erkannt und nimmt demensprechend zu, ebenso wie dezentralisiertes und Open Banking.

Grundsätzlich haben Banken damit begonnen, die sich verändernden Kundenerwartungen auch zu erfüllen. Immerhin vier von fünf Entscheidungsträgern aus der Bankenszene (81 %) bestätigen, dass sowohl BaaS als auch Embedded Finance schnellere Time-to-Market-Prozesse ermöglichen (Finastra, 2023). Um diese Technologien zu nutzen, geht es nicht mehr nur darum, immer nur und um jeden Preis neue Bankprodukte zu kreieren. Der Fokus liegt nun vielmehr darauf, die bestehenden Bankprodukte auch auf bankenfremden Plattformen zu vermarkten. Im Zuge der permanent steigenden Kunden-

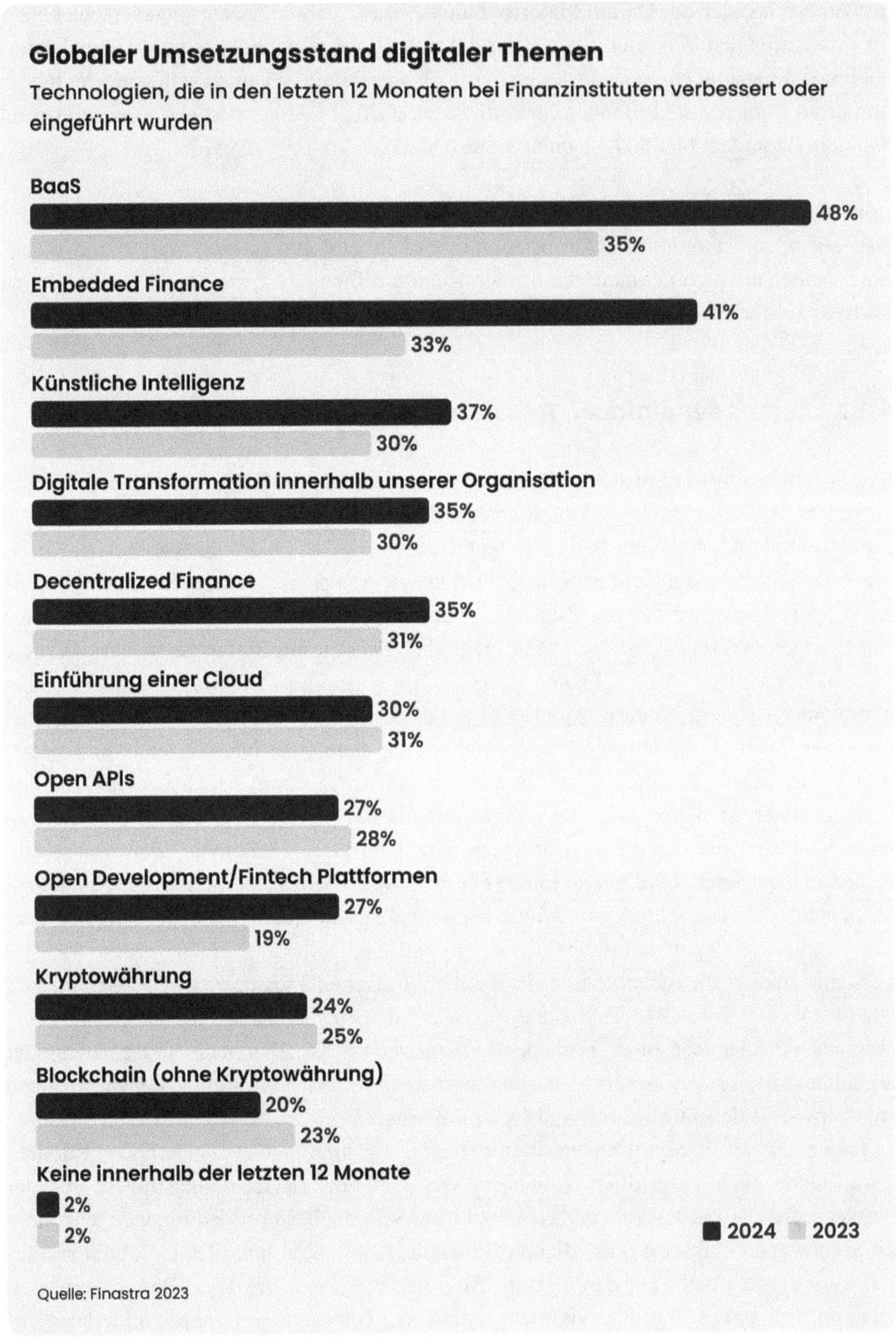

Abb. 4.2 Globaler Umsetzungsstand digitaler Themen. (Finastra, 2023)

erwartungen können BaaS und Embedded Banking dabei als zentrale Enabler gelten. Sie ermöglichen es, Bankprodukte und Services in Apps, Websites und anderen Plattformen, die bereits von ihren Kunden genutzt werden, anzubieten und zu integrieren. Diese Erkenntnis ist nicht neu. Bereits im Jahr 2022 unterstrichen rund 83 % der Entscheidungsträger aus der Bankenszene, dass sie den digitalen Kundenerwartungen entsprechen und den neuen Technologie-Trends folgen wollen. Dementsprechend stieg die Zustimmung für BaaS von 35 % in 2022 auf 48 % in 2023. Dies kann als klares Zeichen dafür gewertet werden, dass die Potenziale gesehen werden und eine zunehmende Zahl von Banken dieses Thema nunmehr umsetzen will. Sie haben offensichtlich erkannt, dass die Kundenerwartungen sich rapide verändern und sie ihren Kunden ihre Produkte auf die Art und Weise anbieten müssen, wie die Kunden es wünschen, und nicht wie die Banken es gerne hätten. Wie Abb. 4.3 zeigt, haben sich zwar durchschnittlich 48 % der Banken weltweit dem Thema BaaS verschrieben und die entsprechenden Fähigkeiten in den letzten 12 Monaten aufgebaut. Allerdings sind die Zustimmungswerte in den Ländern immer noch sehr unterschiedlich. Vor allem die USA führt mit 64 % Zustimmung das Feld an. Die Bankensektoren in Vietnam (55 %) und Saudi-Arabien (53 %) bewegen sich auf ähnlich hohem Niveau, während Deutschland (35 %) und UK (34 %) Schlusslicht sind (Finastra, 2023).

4.1.3 Status Open Finance

Open Banking hat durch die PSD2-Richtlinie in Europa in den letzten Jahren an Dynamik gewonnen. Die Vorteile von Open Banking sind die größere Auswahl an Finanzdienstleistern für die Kunden, da sie jetzt ihre Finanzdaten mit präferierten Drittanbietern teilen können, wodurch sich der Wettbewerb erhöht. Neue und innovative Geschäftsmodelle bieten den Kunden bessere und individuellere Produkte. Zudem wird der Zahlungsverkehr durch Open-Banking-Zahlungen schneller und effizienter, da sie niedrigere Kosten und Echtzeitabwicklung ermöglichen (Yousofzai et al., 2024). Nicht nur die FinTechs, sondern auch die Banken erkennen immer mehr die Vorteile von Kooperationen in Open-Banking-Ökosystemen. Dabei können Banken von der Agilität und Innovationskraft der FinTechs profitieren. Aber auch die FinTechs ihrerseits können aus der Expertise und der Reichweite der Banken Vorteile generieren. Deswegen breitet sich Open Banking nicht nur in Europa, sondern auch vermehrt in den anderen Weltregionen aus. Je nach Aktivitätsgrad der Banken, FinTechs und Regulierungsbehörden in den jeweiligen Ländern variieren dabei die Ansätze und Reifegrade. Darüber hinaus gewinnt Open Finance, das eine Erweiterung von Open Banking ist, bei anderen Finanzdienstleistern wie Versicherungen sowie Anbietern von Kapitalanlagen und Pensionsplänen, immer mehr an Bedeutung. Damit können Kunden einen umfassenden Überblick über ihre finanzielle Situation erhalten. Auch können sie damit Empfehlungen für die optimale Lösung für ihre spezifischen Anforderungen generieren (Yousofzai et al., 2024). Wie eine Studie von Finastra aus dem Jahr 2023 zeigt, steigt die Relevanz von Open Finance kontinuierlich an (Finastra, 2023).

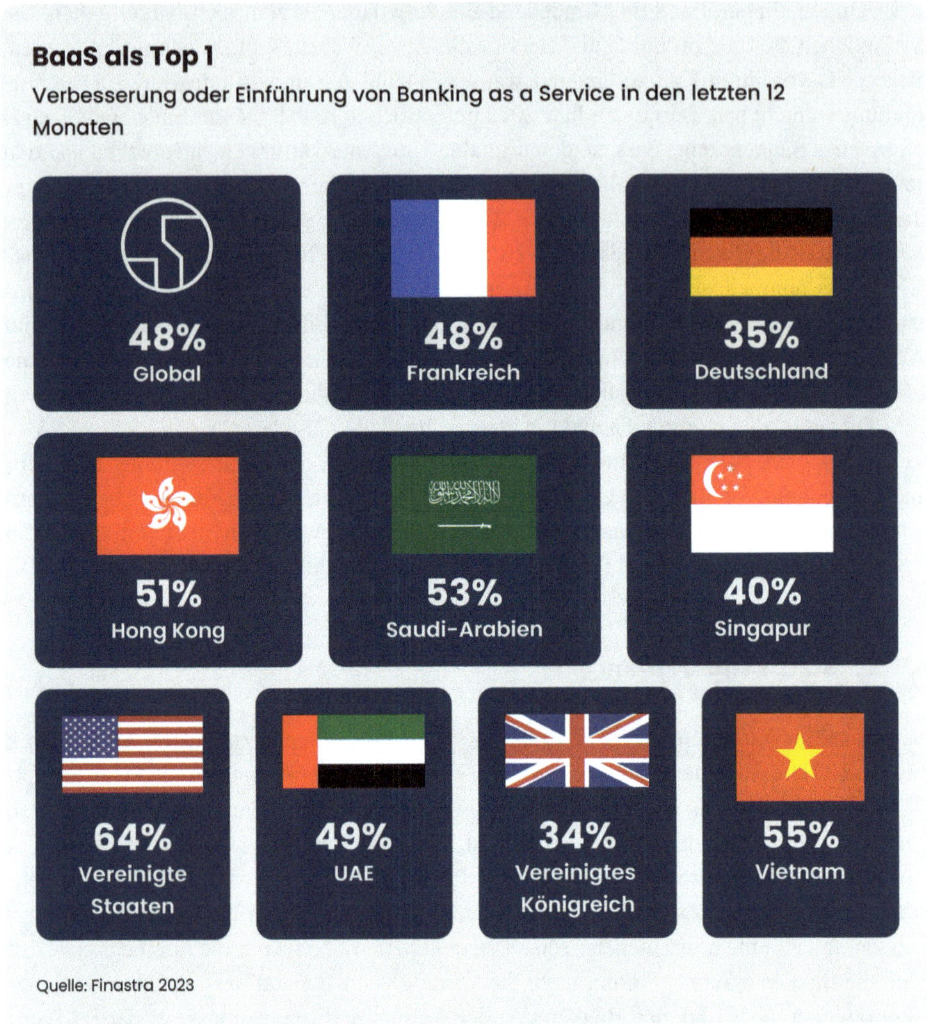

Abb. 4.3 Entwicklung von Banking-as-a-Service als Top-Thema. (Finastra, 2023)

Über 90 % der befragten Banken gaben dort an, dass Open Finance unumgänglich oder wichtig ist. Das geht mit steigenden Investitionen in Open APIs einher (siehe Abb. 4.4). So plant ein Viertel der Institute und damit 18 % mehr als im Vorjahr, diese Technologie innerhalb der nächsten 12 Monate zu implementieren.

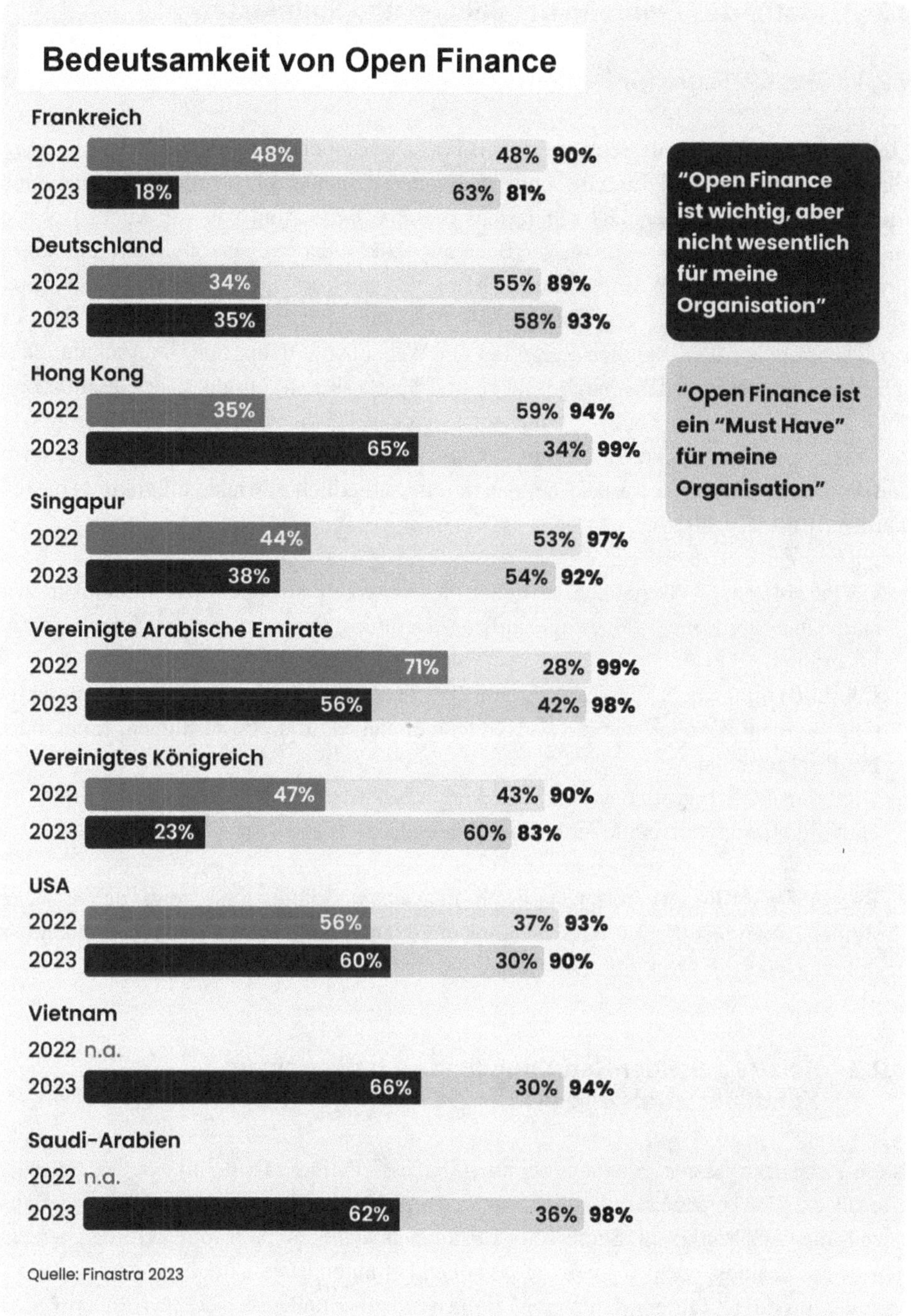

Abb. 4.4 Bedeutsamkeit von Open Finance. (Finastra, 2023)

4.2 Status des Frontend der Banken und Sparkassen

4.2.1 Der CX-Score für Banken und Sparkassen

Customer Experience – als Schlüsselbegriff für gute Kundenerlebnisse im Netz – ist nicht nur für Marken, Hersteller und E-Commerce-Unternehmen erfolgskritisch. Sie hat für die „digitale Kundenzufriedenheit" mindestens dieselbe Bedeutung wie der Kundenservice und ein reibungsloser Kaufprozess (iBusiness, 2025). Deswegen publiziert die MSG Group in Kooperation mit dem Institut für Marketing der Ludwig-Maximilians-Universität München und iBusiness regelmäßig den Customer Experience(CX)-Score, der als Branchenstandard den digitalen Reifegrad der Webauftritte deutscher Unternehmen verschiedener Branchen – dabei auch Banken und Sparkassen – abbildet. Der Gesamtscore, der maximal 100 Punkte betragen kann, setzt sich aus den durchschnittlichen Ergebnissen der folgenden drei Aspekte zusammen, in denen eine Vielzahl vordefinierter Funktionen und Angebote untersucht werden, bei denen unterschiedlich gewichtete Punkte vergeben werden (iBusiness, 2025):

- **CX Passiv** steht für Aktivitäten, bei denen die User die Zielgruppe von Kommunikationsaktivitäten sind, wie z. B. Magazin/Blog, Beratung, Newsletter oder Social-Media-Integration.
- **CX Aktiv** untersucht die CX-Faktoren, bei denen die Bankkunden selbst interaktiv tätig werden können, wie u. a. Kundenmeinungen und -bewertungen, Chat oder Feedbackformulare.
- **Digitaler POS** bewertet wesentliche Verkaufsaktivitäten, wie u. a. die Onlineshop-Gestaltung, Angebotsbreite und -tiefe, Zahlungsoptionen sowie Standortsuche.

Bezogen auf die 50 umsatzstärksten deutschen Geldinstitute zeigt der aktuelle Customer-Experience-Score, dass es beim digitalen Reifegrad der Banken größtenteils noch Potenzial nach oben gibt. Die Gesamtergebnisse sind in Abb. 4.5 dargestellt.

4.2.2 Relativ geringer Handlungsbedarf bei passivem Kundenerlebnis und POS

Beim Teilaspekt passives Kundenerlebnis (CX), der zu einem Drittel in den Gesamtscore eingeht, erzielen HypoVereinsbank, Commerzbank, Deutsche Bank und Volkswagen-Bank jeweils die volle Punktzahl (Score 100). Bei allen analysierten passiven Faktoren überzeugen sie mit Features wie u. a. einem redaktionell betreuten Blog, aktuellen News, personalisierten Produkt-/Kaufempfehlungen, umfassendem Kundenservice (Customer Care), einem Ratgeber zu Produktanwendungen, Kaufhilfen (bspw. Produktvergleiche) und direkter Social-Media-Integration (iBusiness, 2025). Einige weitere der teilnehmenden Ban-

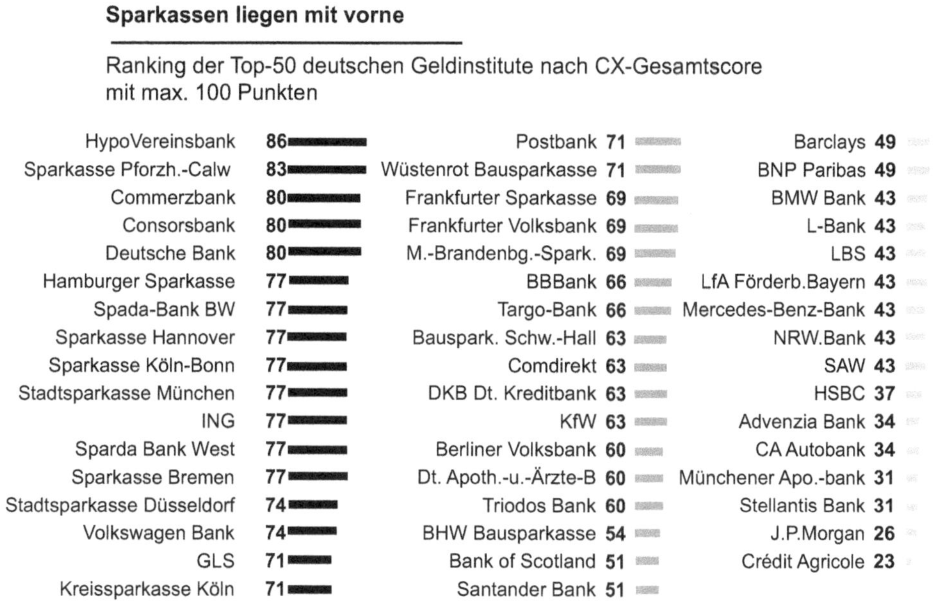

Abb. 4.5 Ranking der Top-50 deutschen Geldinstitute nach CX-Gesamtscore. (iBusiness, 2025)

ken erreichten Punktzahlen zwischen 77 und 92. Demnach erfüllt jede zweite der untersuchten Banken fast alle Kundenerwartungen. Alle übrigen untersuchten Geldinstitute erreichten beim passiven Kundenerlebnis einen durchschnittlichen Score von 70 und sind dementsprechend ebenfalls recht gut aufgestellt. Allerdings ist bei einigen Banken die Performance rund um die untersuchten passiven CX-Faktoren noch ausbaufähig. Immerhin erreichen zehn von ihnen nicht einmal die Hälfte der möglichen Punkte. Nachholbedarf haben hier insbesondere die französische Bankengruppe Crédit Agricole mit nur 15 Punkten, die US-amerikanische Bank J.P. Morgan mit einem Score von 23 sowie die Stellantis Direktbank mit einem Score von 31 (iBusiness, 2025).

Bezüglich des digitalen POS fällt der durchschnittliche Score der Banken und Sparkassen mit 63 Punkten verhältnismäßig niedrig aus, während andere Branchen wie u. a. „Consumer Elektronics“, „Fashion“ und „Outdoor“ hier in der Regel über 80 liegen (iBusiness, 2025). Exzellent aufgestellt sind in diesem Bereich nur die HypoVereinsbank, die Sparkassen Pforzheim Calw, Köln/Bonn sowie die Stadtsparkassen München, Düsseldorf und die Kreissparkasse Köln. Im E-Commerce engagieren sich überdurchschnittlich die Hamburger Sparkasse, die Deutsche Bank, die Sparda Banken Baden-Württemberg und West sowie die Sparkasse Bremen, die Mittelbrandenburgische Sparkasse, die BBBank und die Targo-Bank. Diese Geldinstitute bilden in einem an ihren Markenauftritt angebundenen Onlineshop mindestens 50 % des gesamten Sortimentes ab und punkten mit ausführlichen Produktbeschreibungen inklusive hochwertiger Produktpräsentation, Personalisierung, Filialsuche/Übersicht, speziellen Onlineangeboten sowie einem exzellenten Service. Alle anderen weisen in Sachen E-Commerce und Services großen Optimierungsbedarf auf. Nur neun der analysierten Unternehmen bieten online sämtliche Finanzprodukte an. Keinerlei digitale Verkaufsangebote oder nur eine kleine Auswahl aus ihrem Produktportfolio stellen zwölf Geldinstitute zur Verfügung. Offensichtlich priorisieren sie beim Verkauf bzw. Abschluss ihre stationären Filialen auf Kosten des Online-Geschäfts (iBusiness, 2025).

4.2.3 Größter Handlungsbedarf beim aktiven Kundenerlebnis

Der größte Handlungsbedarf offenbart sich bei Banken und Sparkassen dort, wo User eine aktive Rolle beim Online-Auftritt übernehmen sollen (CX Aktiv) (iBusiness, 2025). Dabei handelt es sich durchweg um wichtige Online-Angebote, die eine besonders positive Wirkung auf das digitale Kundenerlebnis haben. Denn für die meisten Bankkunden sind die (digitalen) Erfahrungen, die sie mit Unternehmen machen, genauso wichtig wie die angebotenen Produkte. Ein durchweg positives Kundenerlebnis zahlt auf die Kunden- und Markenbindung ein und hat damit enorme Bedeutung. Vor allem das aktive Kundenerlebnis ist eine wichtige Stellschraube für den Online-Erfolg. Auch die Banken dürfen ihr Augenmerk also nicht allein auf den reinen Abverkauf/Abschluss legen, sondern sollten vor allem das digitale Kundenerlebnis ihres Onlineauftritts priorisieren. Deswegen sollten sie den Usern in der digitalen Welt an jedem Touchpoint den bestmöglichen Service bieten. Diesbezüglich erreichen die teilnehmenden Banken allerdings nur einen durchschnittlichen Score von 46 Punkten (statt möglicher 100 Punkte). Nicht eine einzige Bank oder Sparkasse erreicht in dieser Kategorie einen sehr hohen Wert. Lediglich die Sparkasse Pforzheim Calw und die Consorsbank erreichen 75 Punkte, während 31 der untersuchten Finanzinstitute auf maximal 50 Punkte kommen. Deswegen müssen die meisten Banken ihre Angebote vor allem in dieser Teilkategorie verbessern, wenn sie ihren Kundinnen und Kunden ein wirklich exzellentes Erlebnis bieten wollen. Insbesondere bei Feedback-Systemen, Umfragen, Chats, Kundenbewertungen und der Möglichkeit zum Anlegen von Wunschlisten oder Merkzetteln klaffen zum Teil eklatante Lücken gegenüber gängigen Standards (iBusiness, 2025).

Dies gilt auch für strukturierte Bedürfnisdaten, mit denen relevante Kundendaten gesammelt werden können. Lediglich die Triodos Bank bietet als einziges Finanzinstitut das Hochladen eigener Produktbewertungen und Erfahrungsberichte für User an. Bei nur vier Banken, nämlich Sparda-Bank, Sparkasse Baden-Württemberg, ING sowie Comdirect, lassen sich personalisierbare Nutzerprofile anlegen. Vor allem solche Features tragen dazu bei, dass Unternehmen mehr über die Interessen und Bedürfnisse ihrer Kundschaft erfahren. Auch lassen sich damit Zero-Party-Daten generieren, die wiederum für personalisiertes Marketing genutzt werden können (iBusiness, 2025).

4.3 Einsatz von KI bei Banken

Der Einsatz von KI wird bei Banken derzeit verstärkt forciert. Dabei wird erwartet, dass KI vor allem eine bessere Customer Experience im BaaS bewirken und bessere Kreditentscheidungen im Embedded Finance sicherstellen kann. Beschleunigte Robotic Process Automation (RPA) und Fähigkeiten in Machine Learning stehen im Mittelpunkt der KI-Ziele und -Strategien von Banken. Natural Language Processing (NLP) inklusive generativer KI sollen verbessert werden. Barrieren für den Einsatz von KI sind bei Banken vor allem ein Mangel an verfügbaren Daten, Budgetbeschränkungen sowie der Mangel an KI-Fähigkeiten. Zuvor sind allerdings noch die Hindernisse bei der digitalen Transformation zu beseitigen.

4.3.1 Status der Umsetzung von KI bei Banken

Ähnlich wie bei BaaS und Embedded Finance hat der Fokus auf KI-Fähigkeiten zwischen 2022 und 2023 weltweit von 30 % auf 37 % zugenommen. Gegenüber 2022 haben vor allem die Finanzinstitute in den Vereinigten Arabischen Emiraten und in UK bei den KI-Aktivitäten am meisten zugelegt, und zwar von 25 % auf 45 % in den Vereinigten Arabischen Emiraten und von 22 % auf 37 % in UK (vgl. Abb. 4.6). Bemerkenswert ist, dass rund die Hälfte der Banken in Saudi-Arabien (55 %) und in Vietnam (44 %) KI-Aktivitäten an den Tag gelegt haben (Finastra, 2023). Auch wenn von einigen Ländern noch keine derartigen KI-Aktivitäten gemeldet wurden, heißt das nicht, dass sie nicht an KI interessiert sind. Zum Beispiel verfolgen vor allem kleinere Institute in den USA eine Strategie des Abwartens und der Annäherung und versuchen, von den größeren Banken zu lernen. Fortschritte in der KI sollen dabei auch das Thema BaaS und Embedded Finance unterstützen. Dabei wird erwartet, dass KI vor allem eine bessere Customer Experience im BaaS bewirken und bessere Kreditentscheidungen im Embedded Finance sicherstellen kann.

4.3.2 Ziele und Strategien beim Einsatz generativer KI bei Banken

In Hinblick auf spezifische KI-Technologien setzen 23 % der Entscheidungsträger ihren Fokus auf beschleunigte Robotic Process Automation (RPA) und rund 21 % auf die Fähigkeiten von Machine Learning (vgl. Abb. 4.6). Saudi-Arabien erscheint gegenüber anderen Ländern weit voraus, und zwar sowohl bei der Robotic Process Automation (RPA) (33 %) als auch bei Machine Learning (35 %). In Bezug auf Natural Language Processing (NLP) geben 25 % der Entscheidungsträger an, ihre Fähigkeiten in Bezug auf NLP sowie generative KI verbessert zu haben. Sie sehen den Vorteil von generativer KI vor allem in der Darbietung personalisierter Angebote und einem persönlichen Service (32 %) (z. B. mit Chatbots) und individualisiertem Marketing (28 %). Welche spezifischen KI Use Cases relevant sind, ist in Abb. 4.7 und 4.8 dargestellt (Finastra, 2023).

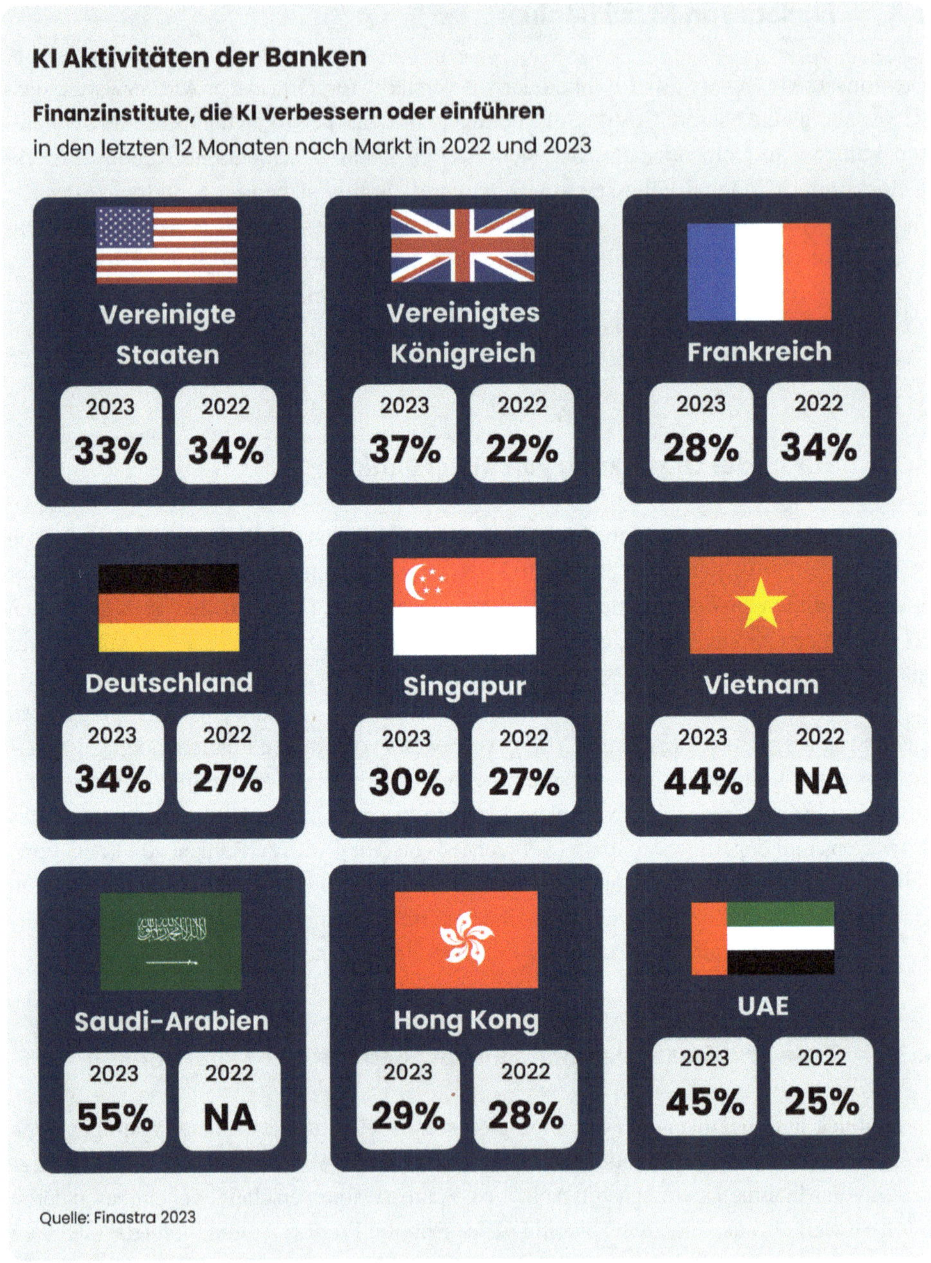

Abb. 4.6 Anwendung von KI bei Banken im internationalen Vergleich. (Finastra, 2023)

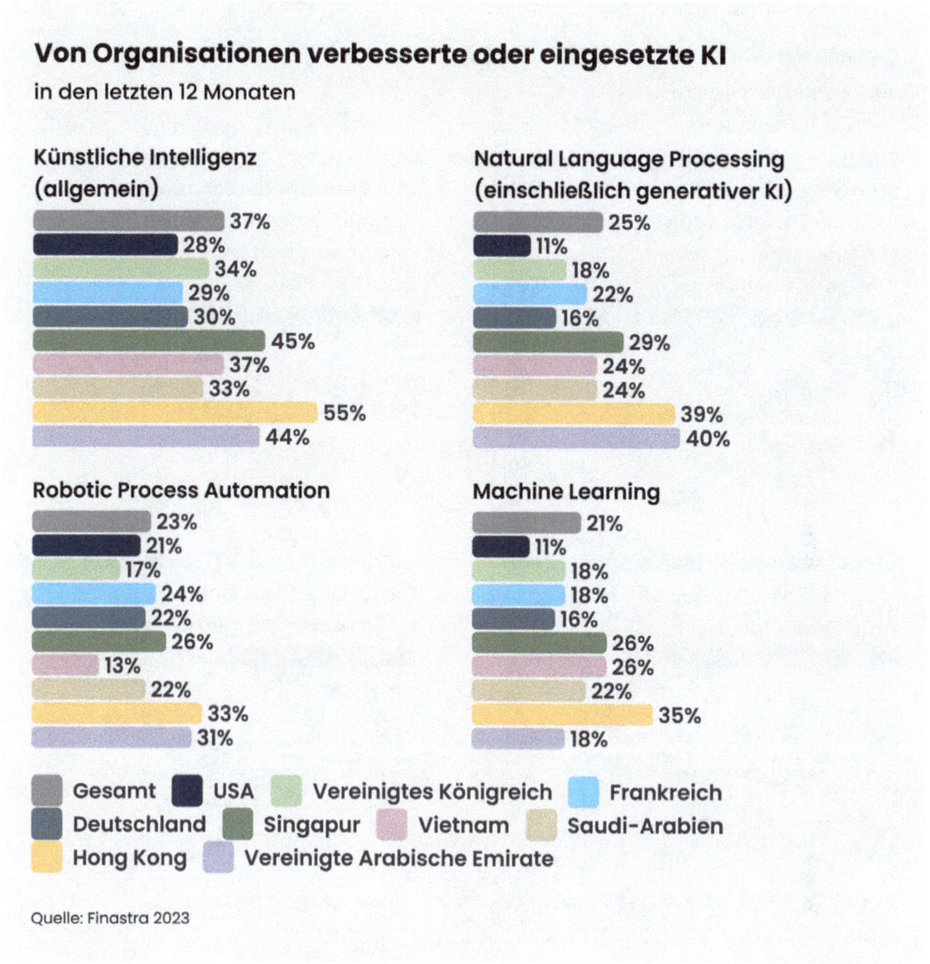

Abb. 4.7 KI-Themen im internationalen Vergleich. (Finastra, 2023)

4.3.3 Barrieren für den Einsatz von KI bei Banken

Bereits beim Open Banking gibt es Herausforderungen, die die volle Ausschöpfung des Potenzials beeinträchtigen (PwC, 2020). Dies betrifft mangelnde Kundenakzeptanz, da viele Kunden noch nicht über die Vorteile von Open Banking informiert sind oder Bedenken hinsichtlich Sicherheit und Datenschutz haben. Die Interoperabilität und Skalierbarkeit von Open-Banking-Lösungen wird zudem von uneinheitlichen regulatorischen Standards und technischen Spezifikationen erschwert. Auch gibt es Widerstand und Anpassungsschwierigkeiten bei traditionellen Banken, die ihre gegenwärtigen Geschäftsmodelle, Organisationsstrukturen und IT-Systeme anpassen müssen, um den neuen Anforderungen

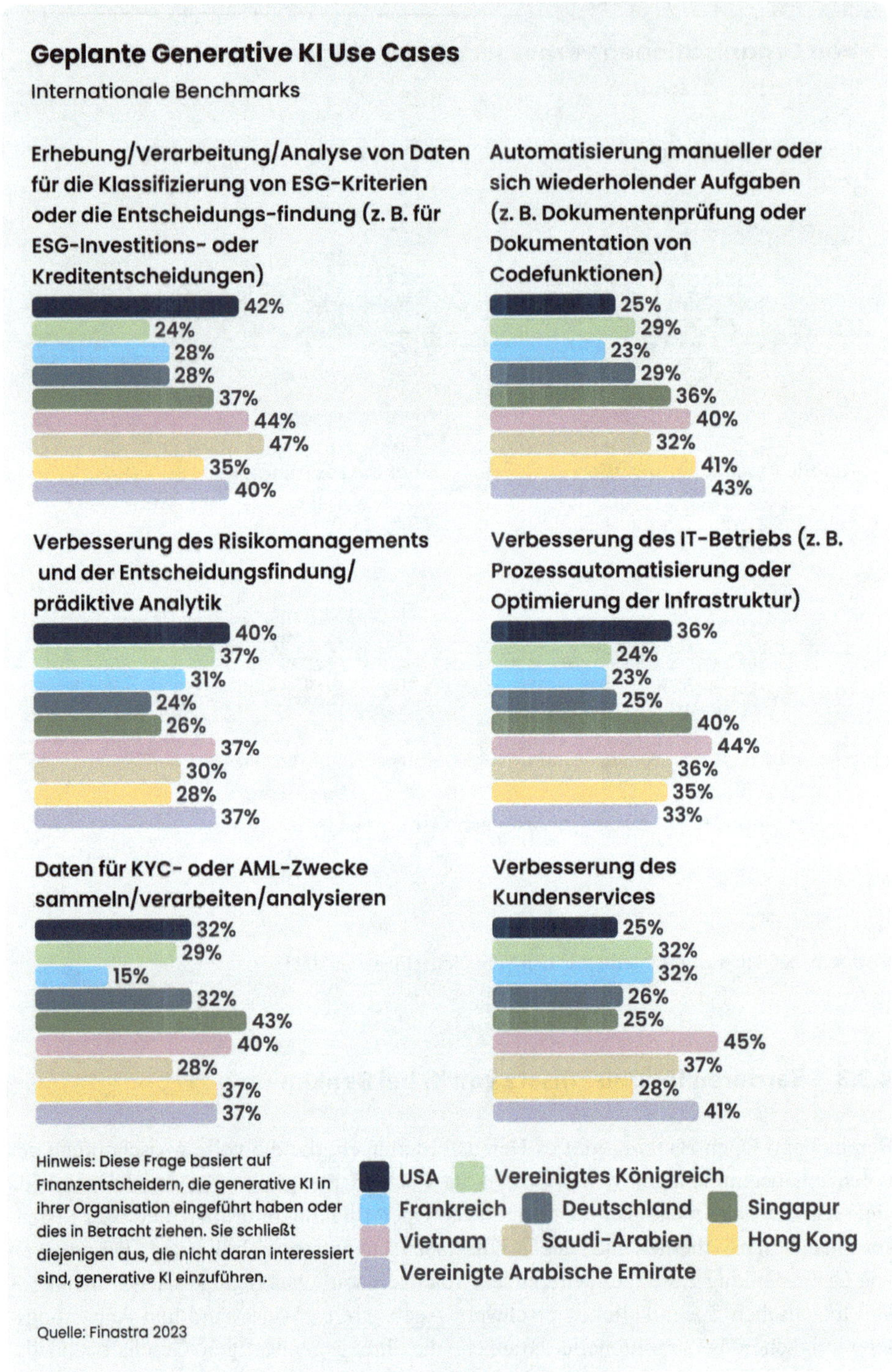

Abb. 4.8 Geplante generative KI Use Cases im internationalen Vergleich. (Finastra, 2023)

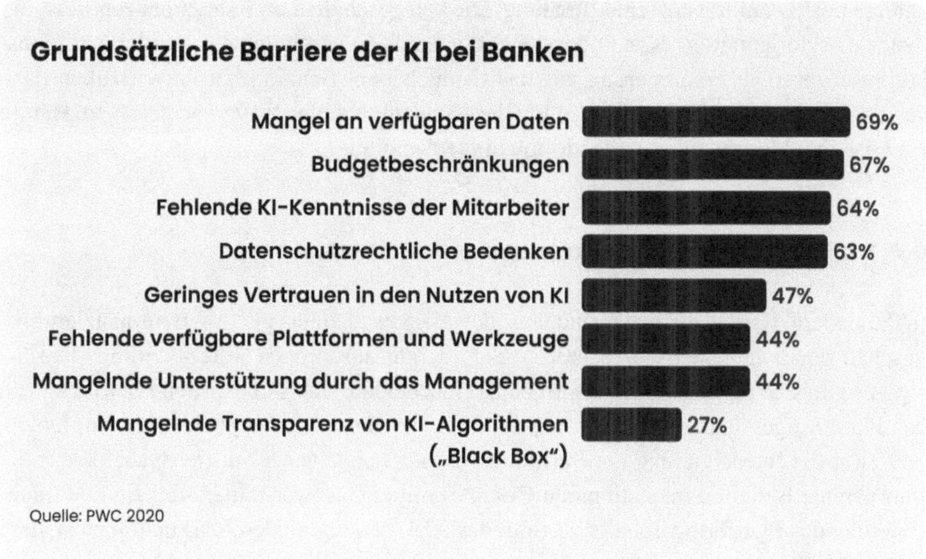

Abb. 4.9 Grundsätzliche Barrieren für den Einsatz von KI bei Banken. (PwC, 2020)

zu entsprechen. In Hinblick auf KI sind neben den Datenschutzthemen vor allem der Mangel an verfügbaren Daten (69 %), Budgetbeschränkungen (67 %) sowie der Mangel an KI-Fähigkeiten als Barrieren relevant (PwC, 2020) (vgl. Abb. 4.9). Bevor diese grundsätzlichen Hindernisse bei der digitalen Transformation nicht aus dem Wege geräumt sind, kann auch KI nicht erfolgreich genutzt werden.

Hindernisse der digitalen Transformation

Die Studie von publicis sapient zeigt die wesentlichen Hindernisse für die digitale Transformation der Banken auf (publicis sapient, 2022). Hierzu zählen regulatorische Hindernisse, Qualifikationsdefizite, überholte Arbeitsweisen, veraltete Technologien und Kernsysteme sowie Schwierigkeiten bei der Extraktion und Analyse von Kundendaten. Diesbezüglich schätzen die Entscheidungsträger die Fortschritte ihrer Bank bei der digitalen Transformation optimistischer ein als ihre Mitarbeiter auf den mittleren und unteren Führungsebenen. So glauben beispielsweise 70 % der Führungskräfte, dass sie bei der Personalisierung von Kundenerlebnissen der Konkurrenz voraus sind, verglichen mit nur 40 % auf der Mitarbeiterebene (publicis sapient, 2022; Leichsenring, 2022a).

4.4 Status der transparenten Beratung und des Omnichanneling

Transparente Beratung befähigt Sparkassen, offene und lösungsorientierte, produktunabhängige Beratung stationär zu integrieren. Die Zeit drängt, denn bei Baufinanzierungen sind Banken und Sparkassen für 37 % der Kunden nicht mehr die erste Wahl. Kunden reagieren positiv auf transparente Beratung. Die Neugeschäftsmarge steigt bei zentraler, aktiver, marktorientierter Konditionssteuerung und eingeschränkten Sonderkonditionskompetenzen. Die Fokussierung auf das Omnichannel-Banking hat viele Banken dazu verleitet, die Filialen als klassische Orte der Kundenbetreuung zu vernachlässigen. Häufig sind das Filialdesign und die Standortqualitäten veraltet.

4.4.1 Funktionsweise der transparenten Beratung

Insbesondere Regionalbanken sind aus der Historie heraus gut im Baufinanzierungsgeschäft positioniert (FINMAS, 2023). Sich darauf auszuruhen wäre allerdings fahrlässig – es gilt, sich bewusst für Plattformen zu entscheiden, statt sich von den Entwicklungen des Plattformgeschäfts treiben zu lassen. Dafür werden zwei Möglichkeiten empfohlen, und zwar die Intensivierung des Vermittlergeschäfts als eigener Vertriebskanal sowie die transparente Beratung im stationären Geschäft mit eigener Vermittlertätigkeit. Die Intensivierung des Plattformgeschäfts verfolgt das Ziel, den regionalen Marktanteil zu sichern und nachhaltig auszubauen.

Transparente Beratung als Teil der Plattformökonomie
Vermittler und Finanzvertriebe beraten Kunden i. d. R. mit voller Markttransparenz und gewinnen zunehmend Marktanteile im Neugeschäft. Die transparente Beratung befähigt Sparkassen dazu, Marktplatzvorteile wie Transparenz und lösungsorientierte, produktunabhängige Beratung in den stationären Vertrieb zu integrieren. Neben Markttransparenz für Beratende eröffnet sich die Möglichkeit, auch Drittprodukte anzubieten, um den Kunden umfassende Lösungen zu bieten. Anhand hausindividuell festzulegender Kriterien werden im Rahmen der transparenten Beratung verbundfremde Produkte angeboten.

Gründe für transparente Beratung als Teil der Plattformökonomie
Wie schon in Kap. 3 dargelegt, liegen die Gründe für transparente Beratung auf der Hand, da ja bereits für 37 % der Interessierten die Banken und Sparkassen nicht mehr die erste Wahl. Sie wenden sich lieber an Online-Plattformen (12 %) oder freie Finanzierungsvermittler (25 %) sind.

4.4.2 Ergebniswirkung transparent beratender Sparkassen

Der Umsatz transparent beratender Sparkassen liegt auf dem Niveau der freien Finanzvertriebe sowie der aktuellen Marktverhältnisse. Dabei ist die durchschnittliche Conversion Rate sogar leicht gestiegen. Bei Häusern mit klassischem Beratungsansatz ist die Conversion Rate dagegen leicht zurückgegangen. Kunden reagieren positiv auf die transparente Beratung. Es werden neue Kundengruppen hinzugewonnen, und die Sparkassen können sich in ihrem Geschäftsgebiet als primäre Ansprechpartner rund um Fragen der Baufinanzierung etablieren. Kunden entscheiden sich schneller für das vorgeschlagene Angebot.

Die durchschnittliche Neugeschäftsmarge steigt – bei zentraler, aktiver, marktorientierter Konditionssteuerung und eingeschränkten Sonderkonditionskompetenzen.

Conversion Rate, Volumen und Entwicklung im Vergleich

Transparent beratende Sparkassen sind im Neugeschäftsvolumen weniger stark eingebrochen als klassisch beratende Sparkassen. Ihre Conversion Rate ist sowohl bei der Stückzahl als auch im Volumen konstant ca. 10 % höher als bei klassisch beratenden Sparkassen (vgl. Abb. 4.10). Auch ohne Differenzierung zwischen Volumen und Stückzahl wird deutlich, dass transparente Beratung eine deutlich höhere Conversion Rate hat. Der Trend wird außerdem durch die veränderte Marktsituation verstärkt (vgl. Abb. 4.11). Im Vorjahresvergleich sind sowohl das beratene Volumen (TAV) als auch das tatsächlich abgeschlossene Volumen (AV) bei klassisch beratenden Sparkassen um etwas mehr als 70 % eingebrochen (vgl. Abb. 4.12). Bei transparent beratenden Sparkassen hingegen ist das beratene Volumen (TAV) nur um etwas mehr als 56 % gefallen, das tatsächlich abgeschlossene Volumen (AV) sogar nur um etwas mehr als 50 % (vgl. Abb. 4.13). Zusammenfassend lässt sich klar feststellen, dass transparent beratende Sparkassen einen niedrigeren Geschäftsrückgang zu verzeichnen hatten (vgl. Abb. 4.14).

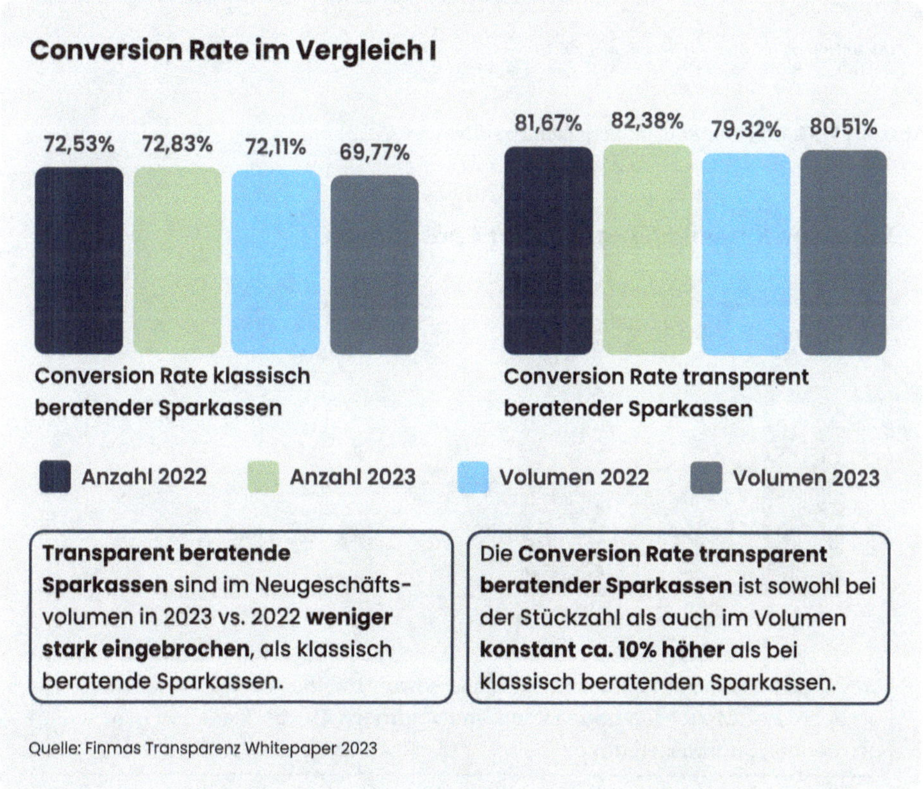

Abb. 4.10 Conversion Rate im Vergleich I. (FINMAS, 2023)

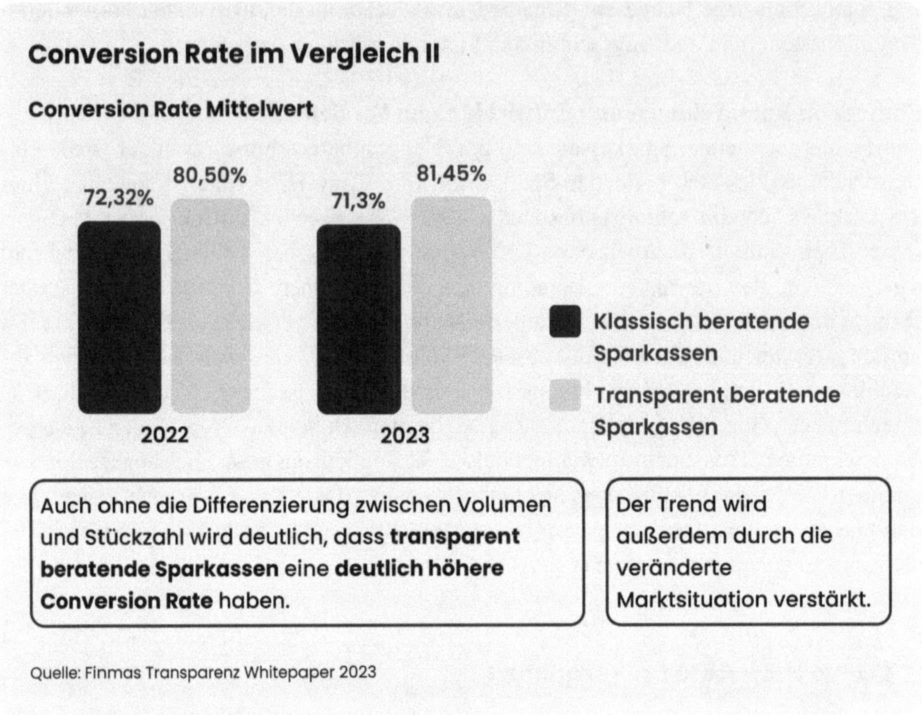

Abb. 4.11 Conversion Rate im Vergleich II. (FINMAS, 2023)

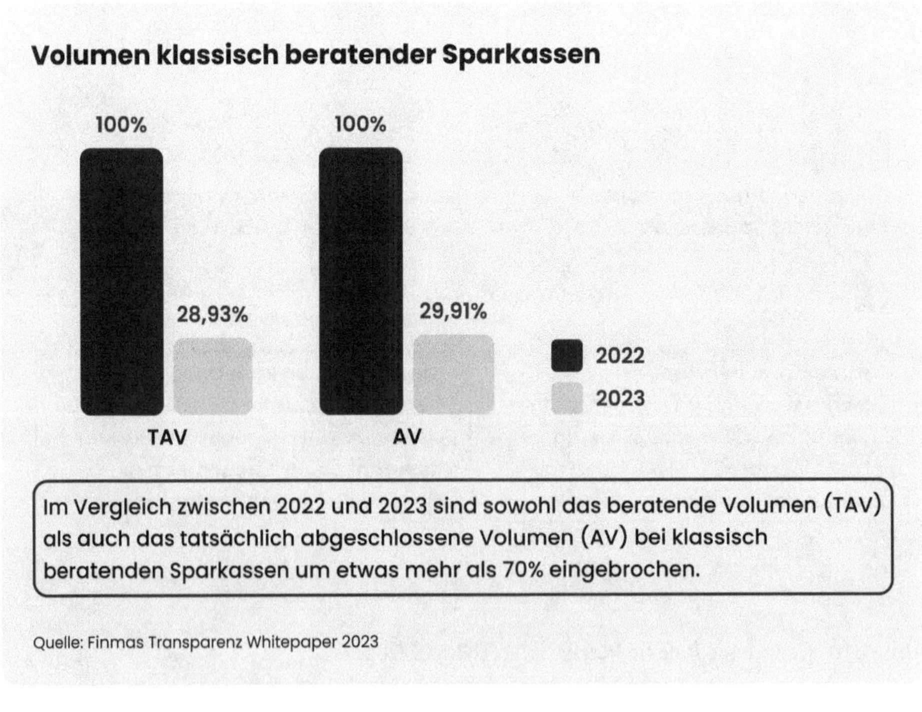

Abb. 4.12 Entwicklung des Volumens bei klassisch beratenden Sparkassen. (FINMAS, 2023)

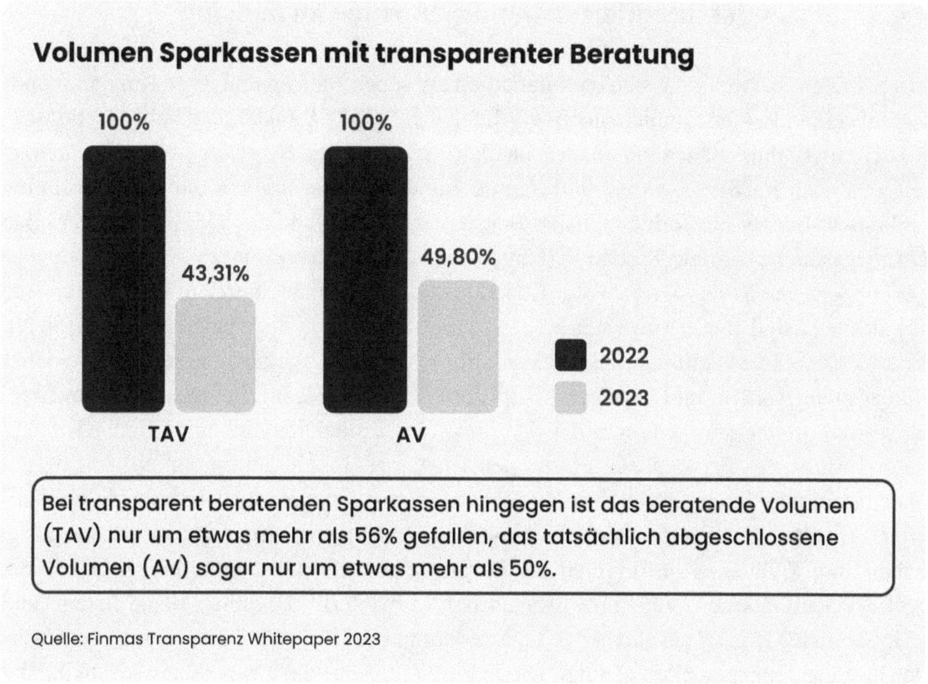

Abb. 4.13 Entwicklung des Volumens bei Sparkassen mit transparenter Beratung. (FINMAS, 2023)

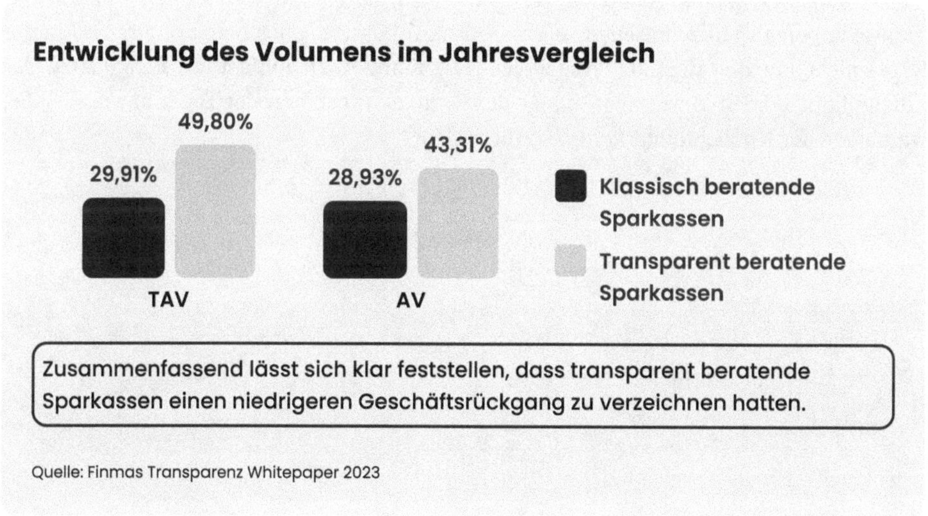

Abb. 4.14 Entwicklung des Volumens (TAV und AV) im Jahresvergleich. (FINMAS, 2023)

4.4.3 Status des integrierten Omnichanneling im Banking

Mit der Digitalisierung hat sich die Interaktion zwischen Banken und ihren Kunden grundlegend verändert (zeb Omnichanneling Whitepaper, 2024). Bankkunden haben sich insbesondere im Online-Handel an einen schnellen, zuverlässigen Service gewöhnt. Sie erwarten jetzt auch im Banking eine umfassende Kundenzentrierung und damit eine komfortable sowie hochgradig individualisierte Customer Journey, und das 24/7 ohne beschränkte Öffnungszeiten. Digitale Kanäle verkürzen die Kundeninteraktionszeit maßgeblich. Zugleich generieren sie permanente Kontakte zwischen Einzelkunden und Bank. Aus Kundensicht sind Banken zu einer Plattform und App geworden. Zugleich transformieren neue Technologien radikal die Finanzdienstleister. Die Automatisierung verschlankt immer mehr Abläufe und Services. Gleichzeitig beschleunigen FinTechs die Innovation. Neue Marktteilnehmer erhöhen den Druck in der Produktentwicklung. Und KI macht neue Formen der Personalisierung an den Customer Touchpoints möglich. Mit diesen neuen Herausforderungen scheinen die Banken relativ gut zurechtzukommen, da sie in digitale Angebote investiert haben, um integrierte Omnichannel-Konzepte umzusetzen. Sie haben ihre Callcenter erfolgreich zu Beratungszentren ausgebaut und zugleich die Self-Service-Optionen für ihre Kundschaft erweitert. Digitale Bankfilialen und „Mobile-first"-Konzepte sind an der Tagesordnung. Und Beyond-Banking-Angebote werden als neue Ertragsquellen genutzt. Die Fokussierung auf das Omnichannel-Banking hat viele Banken jedoch dazu verleitet, die Filialen als klassische Orte der Kundenbetreuung zu vernachlässigen (zeb Omnichanneling Whitepaper, 2024). So sind häufig das Filialdesign und die Standortqualitäten veraltet. Bankfilialen sind überwiegend stärker auf Transaktionen als auf repräsentative Funktionen fokussiert. Angebote vor Ort sind in der Regel nicht mit den digitalen Angeboten verknüpft. Auch hinken die Fähigkeiten der Filialmitarbeitenden zunehmend hinter den Online-Angeboten der Bank sowie den Erwartungen der Kunden hinterher (vgl. Abb. 4.15).

Abb. 4.15 Verlagerung auf Omnichannel führt zu systematischer Vernachlässigung der Filialen. (Zeb Omnichanneling Whitepaper, 2024)

4.5 Sparkassenbefragung zur Plattform- und KI-Readiness

4.5.1 Hintergrund, Untersuchungsziel, Themen und Inhalte

Etliche Studien zeigen zwar auf, dass fünf der größten Banken in Deutschland und Großbritannien ihre digitalen Services auch schon vor der Pandemie deutlich verbessert haben (IT-Finanzmagazin 2019), dies gilt offenbar aber eher für die angelsächsischen Kreditinstitute. Deutsche Finanzdienstleistungsunternehmen weisen demgegenüber ganz offensichtlich erhebliche Defizite in Hinblick auf die Digitalisierung auf. Das Internetgeschäft deutscher Sparkassen, Banken und Versicherungen mit den Privatkunden ist reaktiv. Kunden erhalten Auskünfte, wenn sie auf den Webseiten suchen. Das gilt vor allem für Produkte, Preise und Gebühren, Serviceleistungen, Spezialangebote wie Immobilien oder ähnliches. Bankproduktinteressierte müssen wissen, was sie wollen und wonach sie suchen sollten, um Informationen zu erhalten. Bereits weit entwickelte Anbieter bieten zwar ein reichhaltiges Informations- und Transaktionsangebot, weniger weit entwickelte Finanzdienstleister zeigen jedoch nur das Nötigste auf ihren Seiten. Dafür mag es viele Gründe geben, wie u. a. die folgenden (FINMAS, 2020; Heinemann et al., 2021):

- Finanzdienstleistungsprodukte sind wenig attraktiv („Low Interest"-Produkte).
- Geldgeschäfte sind vertraulich, macht man diskret/im Verborgenen.
- Bankaufsicht und Verbraucherschützer sind streng und beinahe omnipräsent.
- Risikobewusstsein (nicht Chancenorientierung) bestimmt das Anbieterverhalten.
- Die Produkte und Leistungen sind abstrakt, wenig greifbar.

Angesichts der fortschreitenden digitalen Revolution werden vor dem eben skizzierten Hintergrund die folgenden Fragen akut: Was tun Finanzdienstleistungsunternehmen eigentlich, um auf sich aufmerksam zu machen? Wie finden Kunden den Weg zu ihnen? Wie bringen sie Kunden in ihre Filialen? Wie nutzen sie die vorhandenen Informationen, um ihren Kunden gezielte und bessere Angebote machen zu können? Wie heben sie sich vom Wettbewerb ab? Nutzen sie Informationen über Kunden so, dass diese besser beraten und betreut werden? Machen Finanzdienstleistungsunternehmen bei der Art und Weise, wie sie im und mit dem Internet agieren, alles richtig? Was ist Stand der KI bei Banken und Sparkassen?

Das Streben nach Antworten auf diese Fragen war Anlass für eine Sparkassenbefragung, die von der FINMAS in Zusammenarbeit mit dem eWeb Research Center der Hochschule Niederrhein – vergleichend zu einer ersten Befragung in 2019 – durchgeführt wurde (FINMAS, 2020; Heinemann et al., 2021). Dazu wurden 24 Sparkassen-Vorstände und -Manager zu Strategien, Organisation und Steuerung im Online-Geschäft befragt. Die Befragung fand im September 2024 auf der Basis von Google Forms statt und erhebt keinen Anspruch auf Repräsentativität. Dennoch decken die befragten Institute 6,9 % der deutschen Sparkassen ab und repräsentieren rund 1000 Geschäftsstellen. Folgende Kernfragen standen dabei im Fokus: Welche Online-Strategien und -Ziele verfolgen Sie für Ihr Unternehmen? Wie organisieren Sie Ihr Online-Geschäft? Wie steuern und messen Sie Ihren Online-Geschäftserfolg? Wo wird bereits KI eingesetzt? Was sind mögliche Use Cases von KI? Was sind Barrieren beim Einsatz von KI?

Insgesamt wurden die in Abb. 4.16 aufgeführten Fragestellungen untersucht.

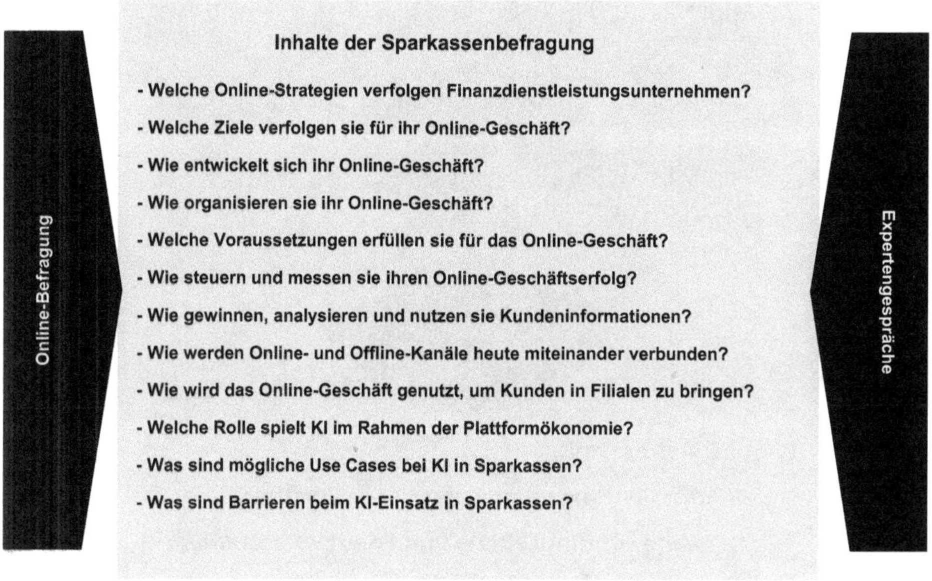

Abb. 4.16 Inhalte der Untersuchung zur Plattform- und KI-Readiness der Sparkassen. (FINMAS, 2024)

4.5.2 Online-Ziele und -Strategien

Die Befragung der Sparkassen-Vorstände zu diesem Themenbereich wurde nach drei Themenblöcken differenziert, und zwar Ziele und Strategien, Organisation und Kultur sowie Steuerung und Systeme. Zwei Drittel der Befragten stammen aus der ersten und zweiten Führungsebene. Das Online-Geschäft ist (trotz enormer Steigerungsraten) aus Sicht der Befragten nicht so wichtig wie das Offline-Geschäft. Die Top-Ziele sind eher konservativ: Kundenbindung, Bereitstellung von Services und Werbung/Marketing. Nur 16 % der Befragten betrachten das Online-Geschäft als zusätzliches und eigenständiges Geschäftsfeld, die übrigen sehen es nur in einer ergänzenden oder integrierten Nebenrolle. Die Top-Ziele sind eher Effizienz und Einsparung. Kundenbindung und Kundengewinnung sind eher zweitrangig. Schwerpunkt des Online-Geschäfts ist heute nicht mehr nur das einfache Transaktionsgeschäft für Privatkunden, sondern es geht auch um das beratungsintensive Kreditgeschäft sowie die Geldanlage. Immer noch rund zwei Drittel aller Unternehmen mit Online-Geschäft können nicht oder kaum ermitteln, wie viel Geschäft online vs. offline gemacht wird.

Die Ergebnisse der Einzelfragen zu Online-Zielsetzungen und -Strategien sind in Abb. 4.17, 4.18, 4.19, 4.20 und 4.21 dargestellt.

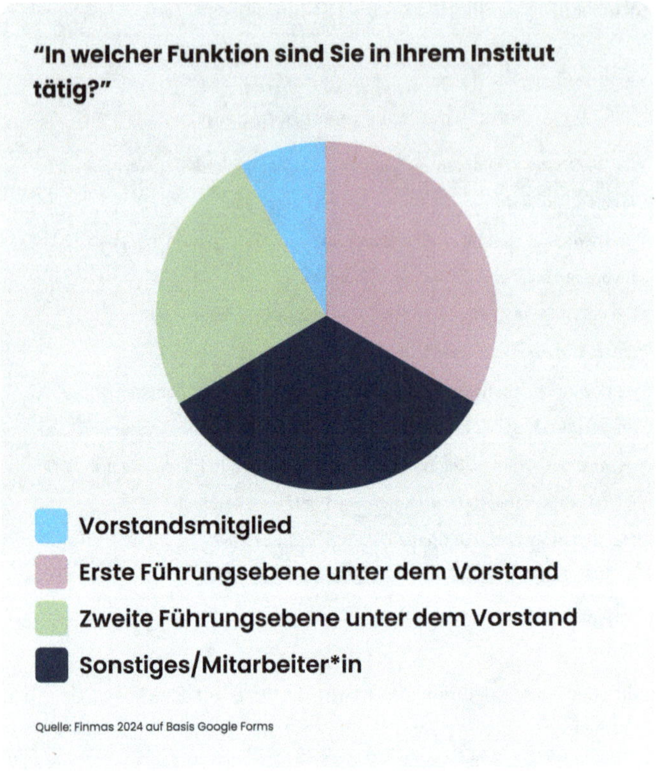

Abb. 4.17 Herkunft der befragten Führungskräfte. (FINMAS, 2024)

Nur 4 der 24 Befragten (16 %) sehen das Online-Geschäft als zusätzliches und eigenständiges Geschäftsfeld, der Rest sieht es nur in einer ergänzenden oder integrierten Nebenrolle

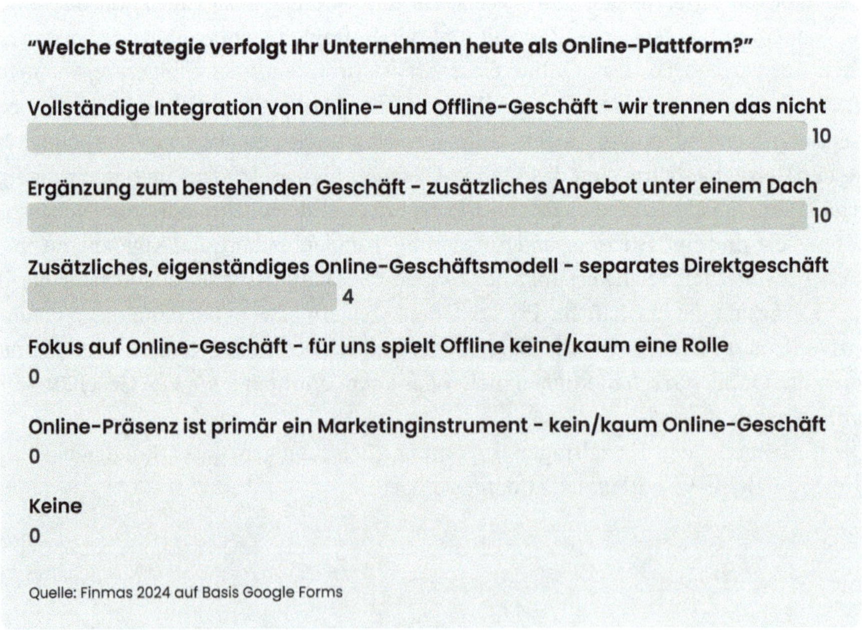

Abb. 4.18 Strategie als Online-Plattform. (FINMAS, 2024)

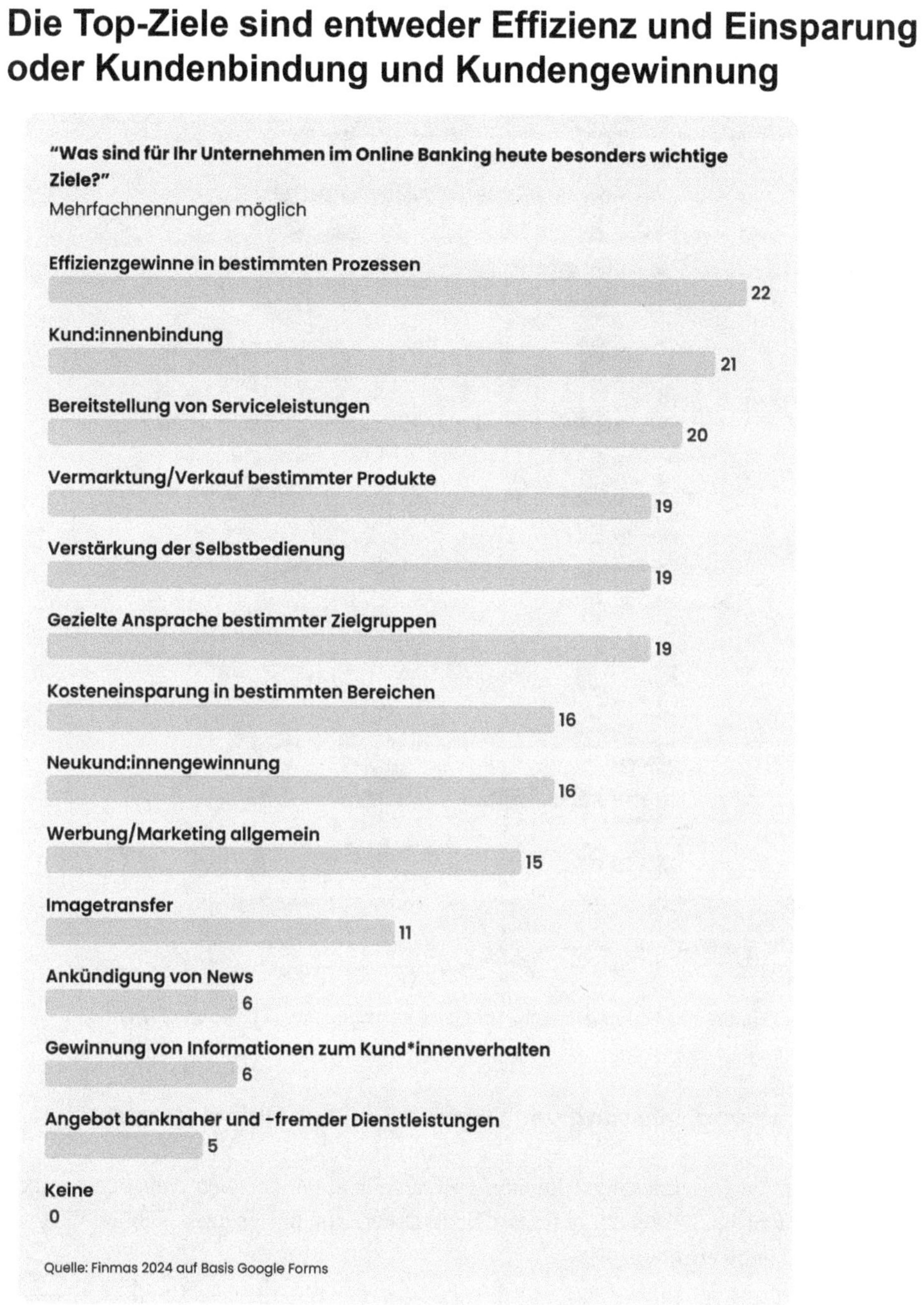

Abb. 4.19 Wichtige Ziele im Online-Banking. (FINMAS, 2024)

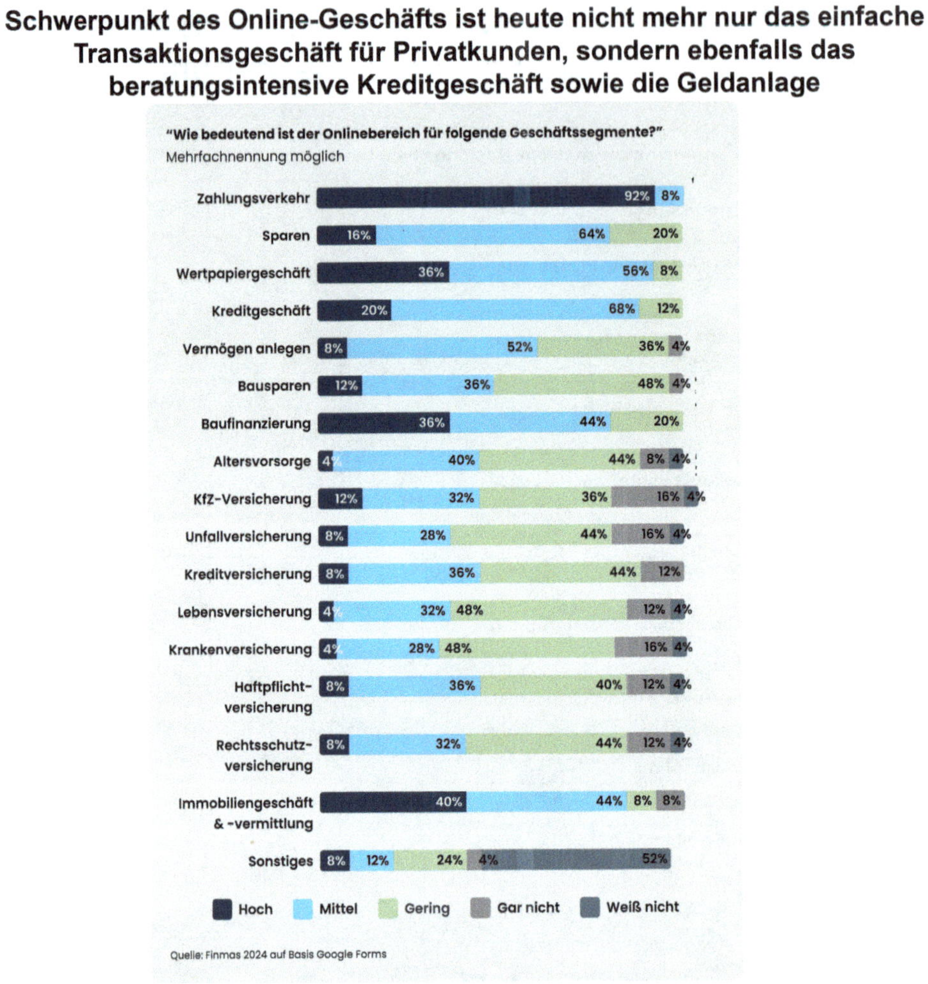

Abb. 4.20 Bedeutung des Online-Bereichs für Geschäftssegmente. (FINMAS, 2024)

4.5.3 Steuerung, Messung und Organisation des Online-Bereichs

Über den Online-Geschäftsanteil können größtenteils keine genauen Angaben gemacht werden, mehr als ein Drittel der befragten Sparkassen kann diesen auch nicht einfach und zeitnah vollständig ermitteln.

Die Ergebnisse der Einzelfragen zur Steuerung des Online-Bereichs sind in Abb. 4.22 und 4.23 dargestellt.

Mehrheitlich (zu 82 %) wird der Vertriebserfolg gemessen. Die Vertriebskanäle werden dementsprechend gesteuert und koordiniert. Während das Online-Geschäft kaum

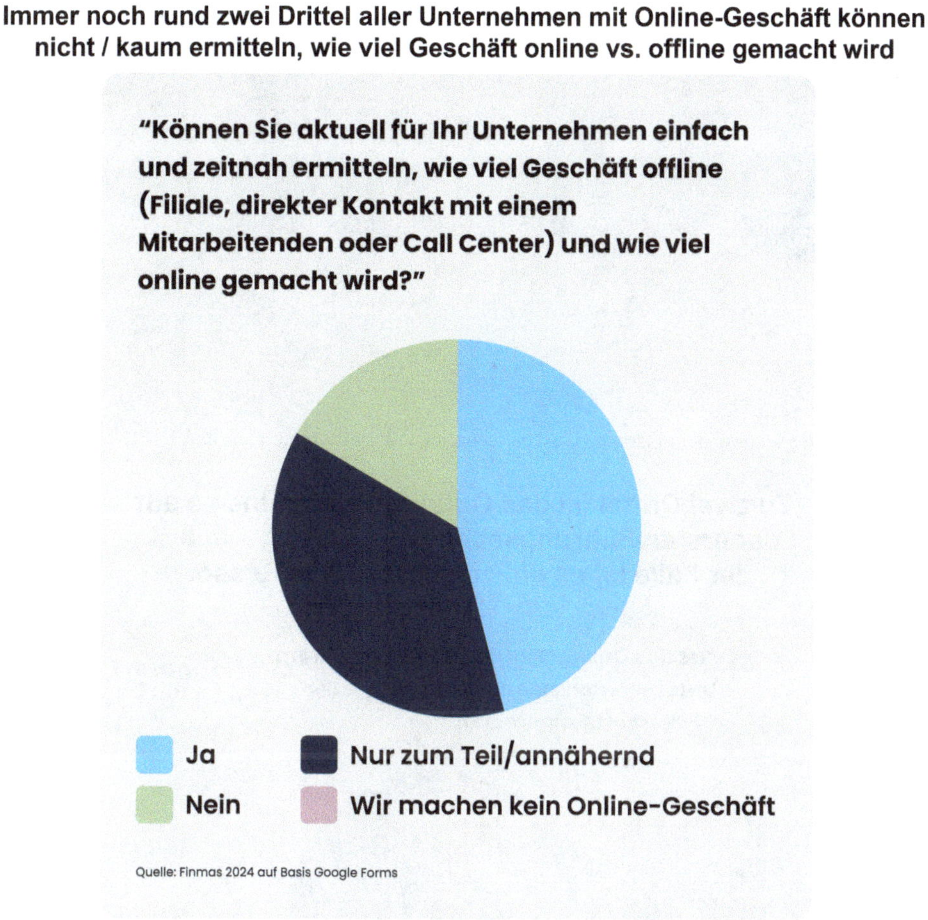

Abb. 4.21 Ermittelbarkeit des Anteils von Online- und Offline-Geschäft. (FINMAS, 2024)

nach spezifischen, sondern eher nach einfachen Kennzahlen gesteuert wird, wird das Online-Kundenverhalten regelmäßig erfasst und ausgewertet. Online-Analysen werden i. d. R. quartalsweise durchgeführt – Kanalverknüpfungen sind noch ausbaubar Das Online-Geschäft wird häufig zur Leadgenerierung genutzt (87 %), denn zwei Drittel der Kunden informieren sich online vor dem Filialbesuch. Die S-App spielt eine herausragende Rolle als Teil des Online-Geschäfts. Zusätzlich sind vor allem Social-Media sowie Vergleichsportale sehr wichtig für die Kunden. Diese erhalten beim Online-Kauf allerdings kaum Prozessunterstützung. Vor allem beim Online-Geschäft sollte aber auf Vertrauen geachtet werden.

Die Ergebnisse der Einzelfragen zur Messung des Online-Bereichs sind in Abb. 4.24, 4.25, 4.26, 4.27, 4.28, 4.29, 4.30, 4.31 und 4.32 dargestellt.

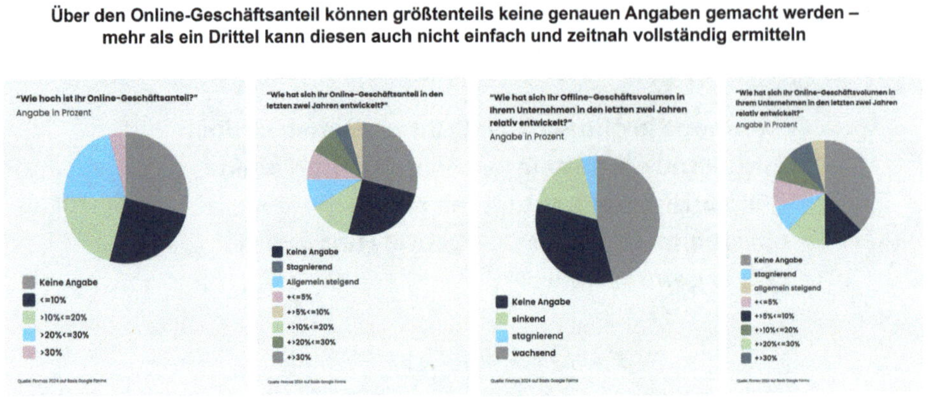

Abb. 4.22 Bedeutung der einzelnen Geschäftsbereiche für das Online-Geschäft I. (FINMAS, 2024)

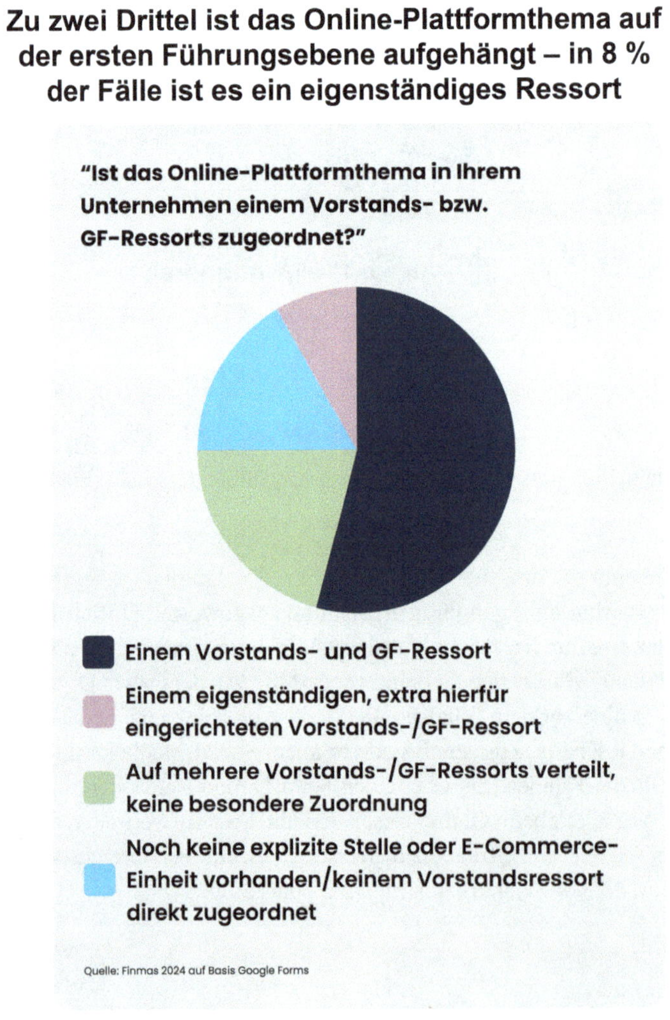

Abb. 4.23 Bedeutung der einzelnen Geschäftsbereiche für das Online-Geschäft II. (FINMAS, 2024)

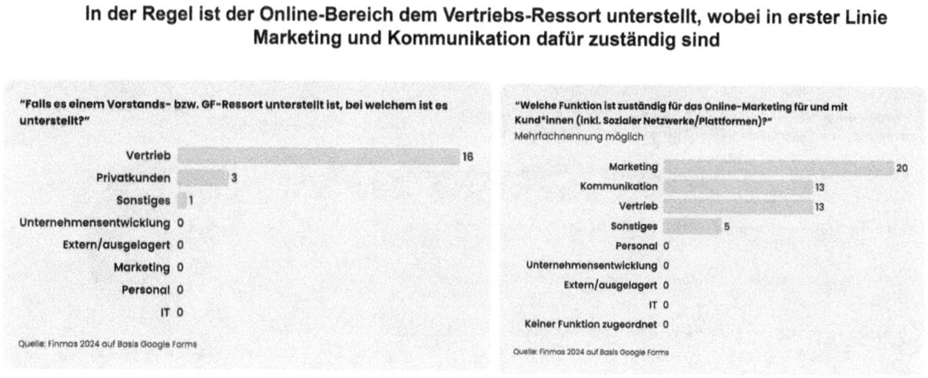

Abb. 4.24 Vertriebserfolg I. (FINMAS, 2024)

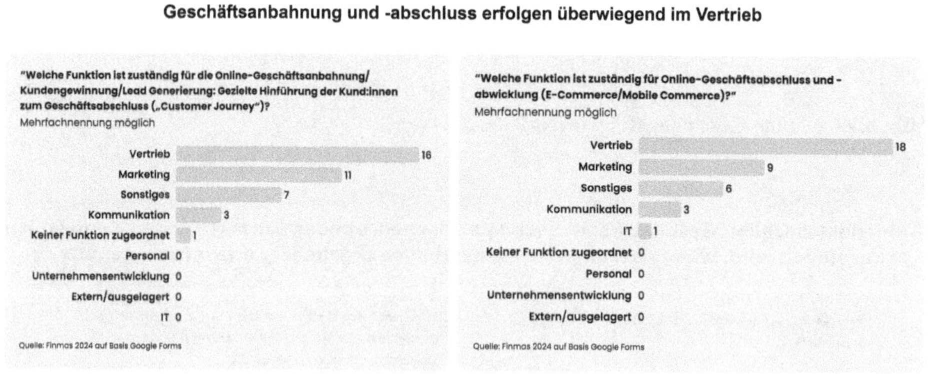

Abb. 4.25 Vertriebserfolg II. (FINMAS, 2024)

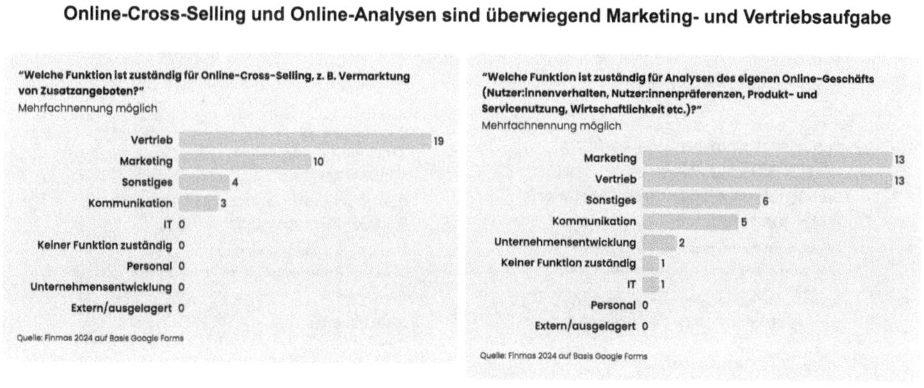

Abb. 4.26 Online-Analysen. (FINMAS, 2024)

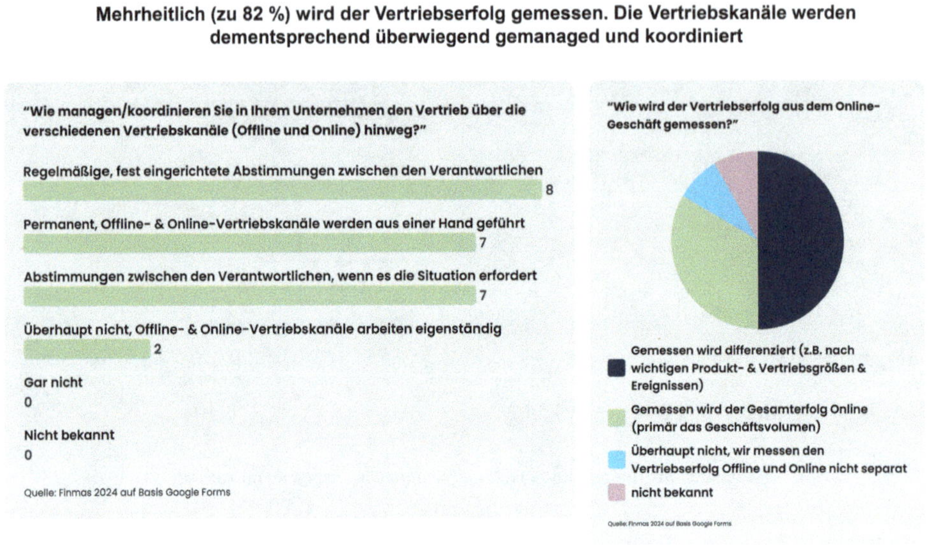

Abb. 4.27 Online-Geschäftserfolg. (FINMAS, 2024)

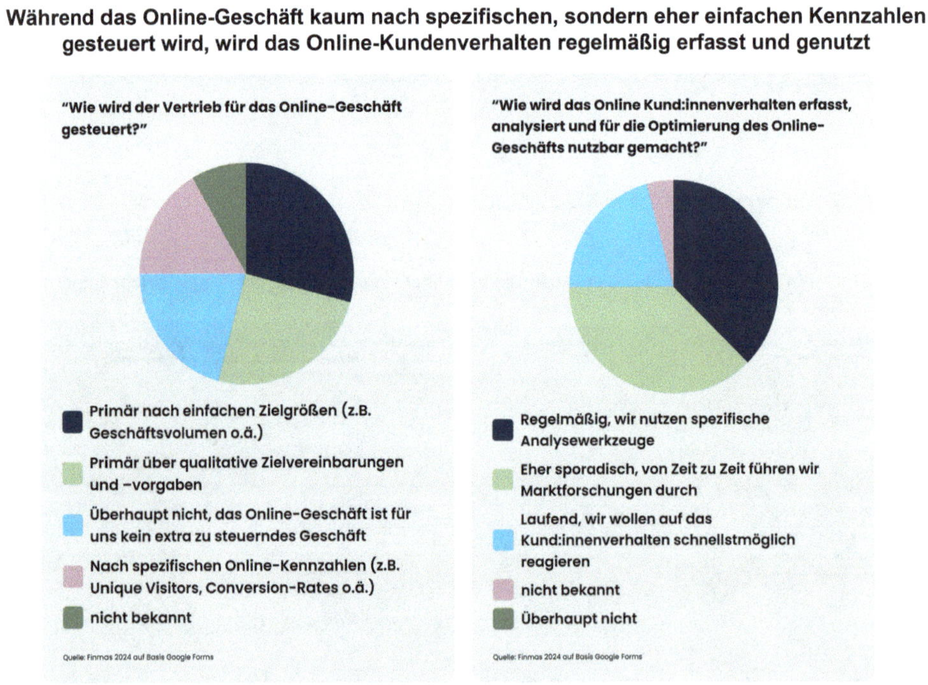

Abb. 4.28 Online-Kennzahlen. (FINMAS, 2024)

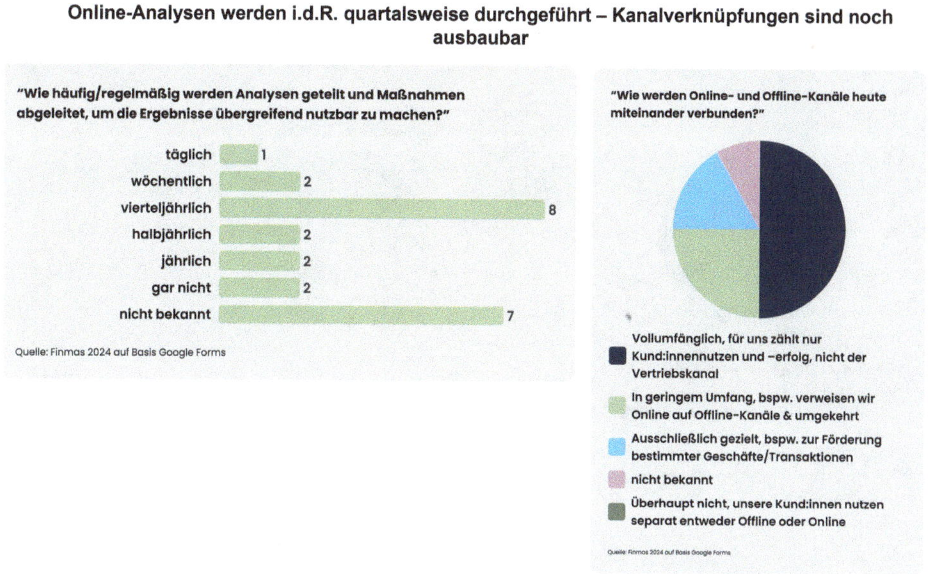

Abb. 4.29 Häufigkeit von Online-Analysen und Kanalverknüpfung. (FINMAS, 2024)

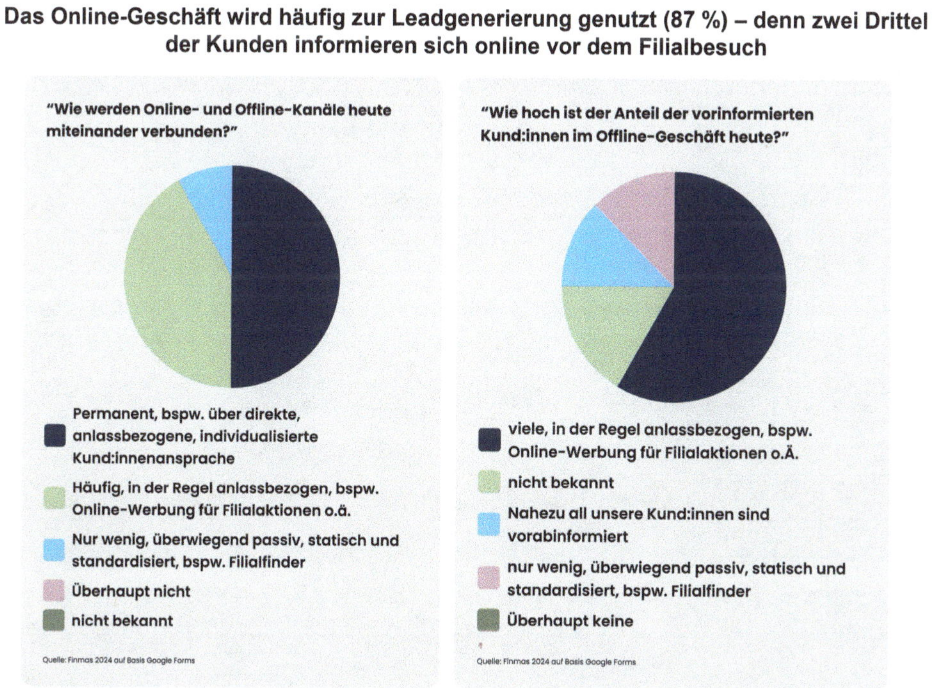

Abb. 4.30 Leadgenerierung und ROPO. (FINMAS, 2024)

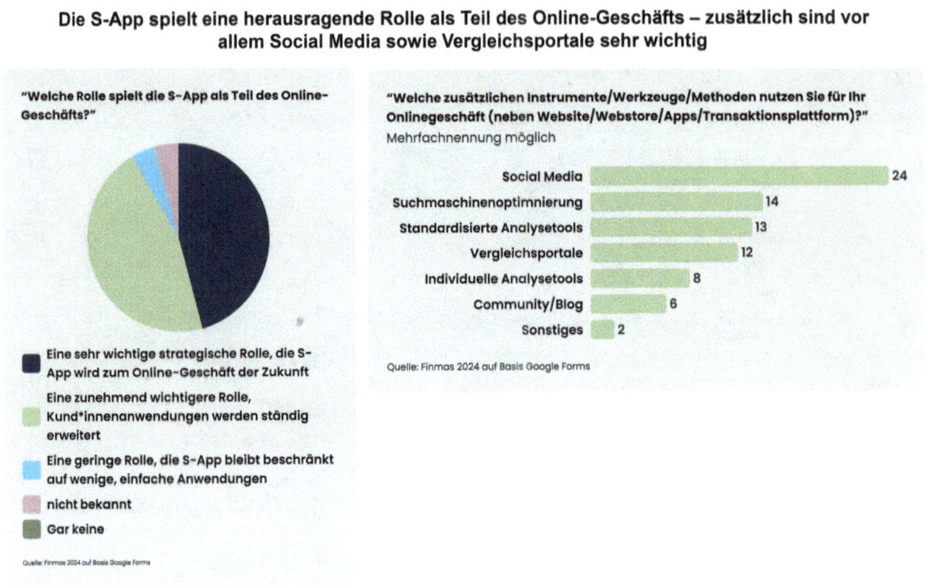

Abb. 4.31 Rolle von Sparkassen-App und Social Media. (FINMAS, 2024)

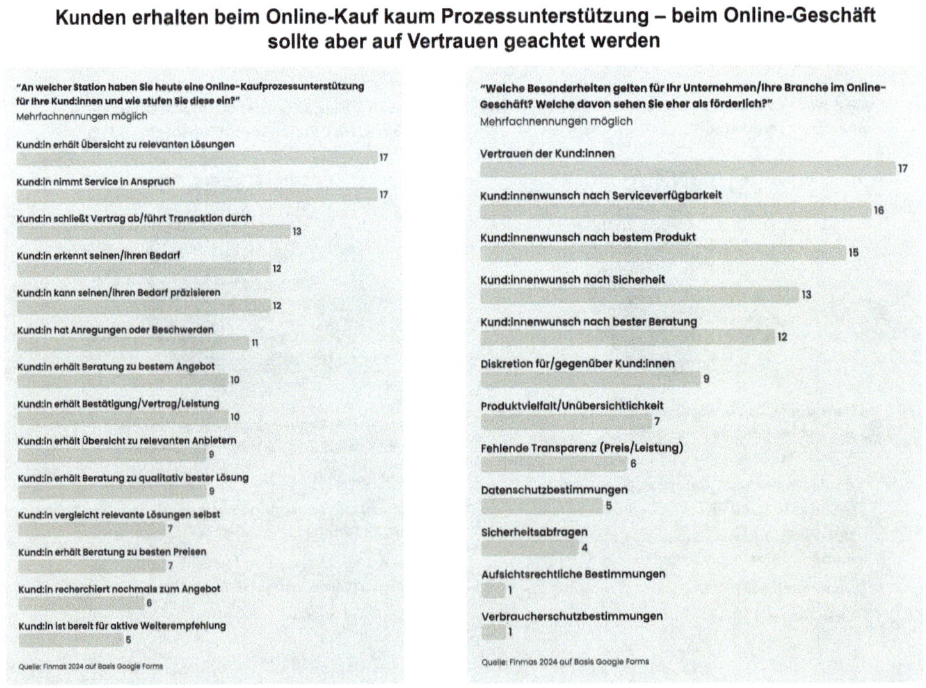

Abb. 4.32 Kundenunterstützung. (FINMAS, 2024)

Organisation des Online-Bereichs und der KI

In zwei Dritteln der Fälle ist das Thema Online-Plattform auf der ersten Führungsebene aufgehängt. In 8 % der Fälle handelt es sich um ein eigenständiges Ressort. In der Regel ist der Online-Bereich dem Vertriebs-Ressort unterstellt, wobei in erster Linie Marketing und Kommunikation dafür zuständig sind. Geschäftsanbahnung und -abschluss erfolgen überwiegend im Vertrieb. Online-Cross-Selling und Online-Analysen sind überwiegend Marketing- und Vertriebsaufgabe. Das Transparenzdilemma und die Regulatorik stellen jedoch sehr große Herausforderungen dar. KI wird von weniger als einem Fünftel der befragten Banken häufig genutzt und – wenn überhaupt – nur für einfache Automatisierungen verwendet. Zweithäufigster Use Case sind Datenanalysen mit Hilfe von KI. Datenschutzbedenken sowie Mangel an qualifiziertem Personal sind häufige Barrieren bei der Umsetzung. Zuständig für KI ist vor allem die IT.

Die Ergebnisse der Einzelfragen zu Organisation und KI sind in Abb. 4.33, 4.34 und 4.35 dargestellt.

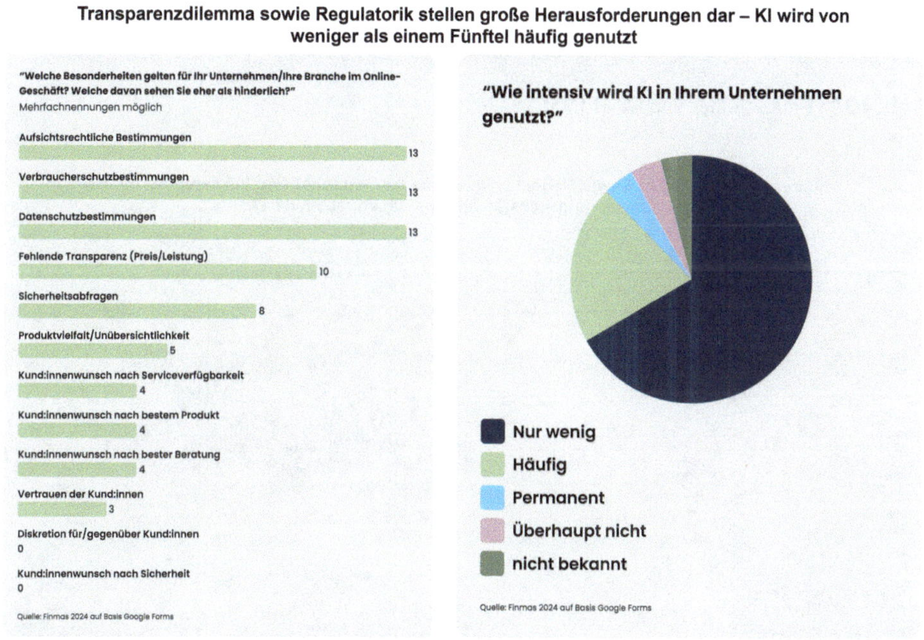

Abb. 4.33 Transparenzdilemma und Regulatorik. (FINMAS, 2024)

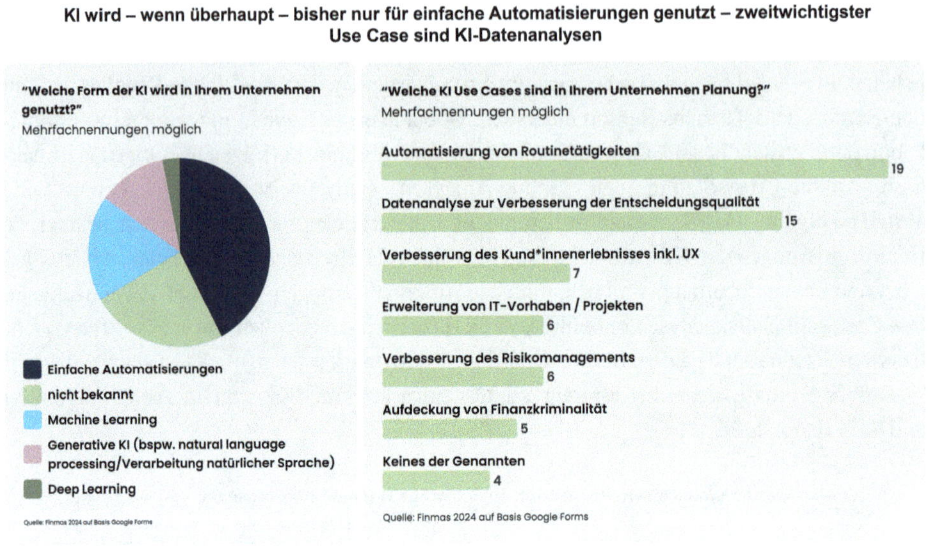

Abb. 4.34 Einsatzfelder von KI. (FINMAS, 2024)

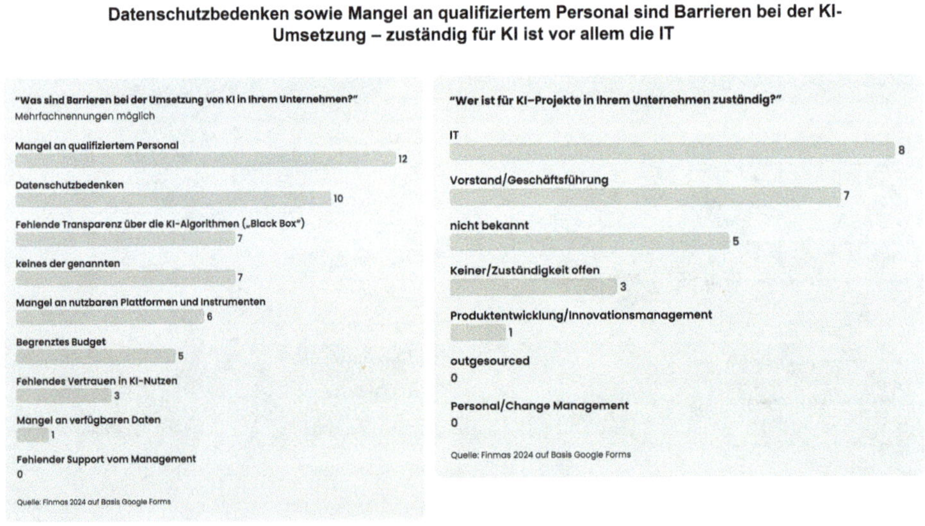

Abb. 4.35 Barrieren für den Einsatz von KI. (FINMAS, 2024)

4.6 Handlungsbedarf und Handlungsempfehlungen für Sparkassen

Aus den Ergebnissen der Online-Befragung lassen sich die Stärken, Schwächen, Chancen und Risiken (SWOTs) für das Backend der Sparkassen ermitteln. Daraus wird der Handlungsbedarf abgeleitet, sodass auch für das Backend Handlungsempfehlungen gegeben werden können.

4.6.1 SWOT-Analyse der Plattform- und KI-Readiness

Die Stärken, Schwächen, Chancen und Risiken bezüglich der Plattform- und KI-Readiness der Sparkassen sind in Abb. 4.36 dargestellt.

Als Stärke zeigt sich, dass mittlerweile alle Zukunftsthemen erkannt sind und kein Erkenntnisproblem mehr vorliegt. Die organisatorischen Zuständigkeiten sind weitgehend geklärt. Darüber hinaus wird die Verzahnung von Online und Offline verfolgt, wobei für die Sparkassenkunden die S-App eine herausragende Rolle spielt.

Schwächen zeigen sich in der Umsetzung und der mangelnden Forcierung von Zukunftsthemen. Das betrifft vor allem die geringe bis fehlende Nutzung von KI. Transparenzdilemma und Regulatorik stehen hier überwiegend im Vordergrund. Vor allem Datenschutzbedenken und der Mangel an qualifiziertem Personal sind wesentliche KI-Barrieren.

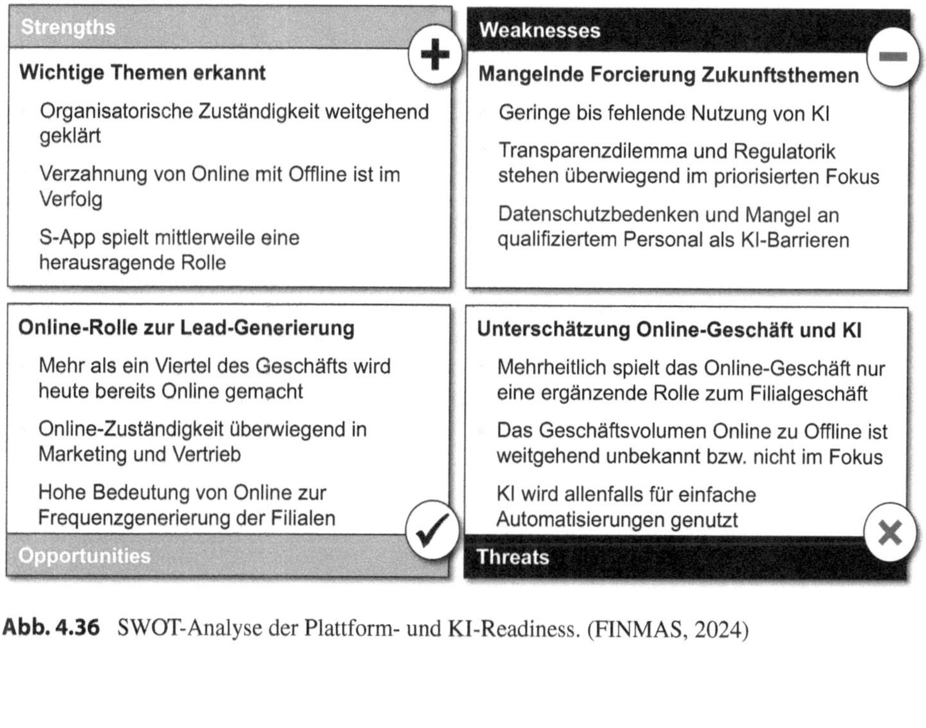

Abb. 4.36 SWOT-Analyse der Plattform- und KI-Readiness. (FINMAS, 2024)

Chancen liegen in der Nutzung des Online-Geschäfts für die Lead-Generierung. Zudem wird mehr als ein Viertel des Geschäfts heute bereits online gemacht. Dabei liegt die Online-Zuständigkeit überwiegend im Marketing und Vertrieb. Zudem hat das Online-Geschäft eine hohe Bedeutung für die Frequenzgenerierung für die Filialen.

Risiken liegen in der Unterschätzung des Online-Geschäftes und der KI. Mehrheitlich spielt das Online-Geschäft nur eine ergänzende Rolle zum Filialgeschäft. Das Geschäftsvolumen Online zu Offline ist weitgehend unbekannt bzw. nicht im priorisierten Fokus.

4.6.2 Handlungsbedarf und Handlungsempfehlungen für Plattformökonomie und KI

Im Backend wird der Anspruch an Kundenzentriertheit bisher nicht umgesetzt (u. a. Kundenprozesse, klare Verantwortlichkeiten etc.). Deswegen fragt sich, ob die Herausforderungen des Online-Geschäfts (u. a. Qualifikationen, Systeme, Ressourcen) überhaupt erkannt sind und in Angriff genommen werden. Auch im Backend ist zu beachten, dass das strategische Fenster aufgrund der Ausgangslage in der Peer-Group (noch) offen ist und die Situation durch Orientierung an den bankenfremden Plattformen angegangen werden muss. In Abb. 4.37 ist der Handlungsbedarf der Sparkassen im Backend im Detail aufgelistet (FINMAS, 2020; Heinemann et al., 2021).

- ▶ **Stärkere Nutzung der Online-Chancen durch Strategie- und Zielpriorisierung**
- ▶ **Genaue Steuerung der Online-Aktivitäten und Implementierung Online-Controlling**
- ▶ **Statt nur „Web-to-Store" auch Self-Service und „Store-to-Web" in den Fokus nehmen**
- ▶ **Online-Geschäft als eigenständige Einheit und nicht nur unterstützend für Filialgeschäft**
- ▶ **Zukunftsfähige Online- du KI-Strategie verabschieden**
- ▶ **Qualifizierung von Mitarbeitern für KI bzw. Einstellung von KI-Experten**
- ▶ **Stärkerer Fokus auf Zukunftsthemen wie Generative KI statt auf KI-Barrieren/-Bedenken**
- ▶ **S-App als Basis für Intelligent Open Finance ausbauen**
- ▶ **Bündelung aller Online- und KI-Ressourcen auf Gruppenebene**

Abb. 4.37 Handlungsbedarf und Handlungsempfehlungen für Plattformökonomie und KI. (FINMAS, 2020; Heinemann et al., 2021)

4.6.3 Handlungsempfehlungen für transparente Beratung

Die Handlungsempfehlungen orientieren sich an den Best-in-Class(BIC)-Unternehmen und können nach folgenden Kernbausteinen differenziert werden (vgl. Abb. 4.38) (FINMAS, 2020; Heinemann et al., 2021):

Für den **digitalen Wandel** ist eine Übersicht über den Wandel im Markt anhand von Beispielen aus der Finanzdienstleistungsbranche zu erstellen. Dies betrifft vor allem organisatorische Änderungen inklusive Neuausrichtung des Stellengefüges. Damit kann ein Überblick über die für das Unternehmen relevanten Kernthemen im Online-Markt gewonnen werden.

Aus **Kundensicht und unter CRM-Aspekten** ist eine Betrachtung der wesentlichen Fragestellungen beim Online-/Multi-Channel-Kauf vorzunehmen. Dabei geht es um eine Betrachtung des gesamten CRM-Kreislaufs aus Sicht des Kunden und die daraus resultierenden System- sowie Steuerungsanforderungen.

Orientierung an den **Best-in-Class-Banken**, um Einblick in BIC-Lösungen für Fragestellungen der Kunden mit Beispielen und Bewertungen zu erhalten. Die BIC-Lösungen sollten für den Online-Kaufprozess für Präsentation, Service, Kundenbindung, Online-Services, Mobile-Services sowie Multi-Channel-Services dargestellt werden.

Daraus müssen im nächsten Schritt klare Verantwortlichkeiten abgeleitet werden. Erst dann können grobe **Maßnahmen** identifiziert werden, die Antworten auf Fragestellungen der Kunden geben und BIC-Lösungsoptionen reproduzieren. Ergebnis sollte eine grobe Übersicht möglicher Maßnahmen über den gesamten operativen Online-Prozess inklusive Steuerung sein.

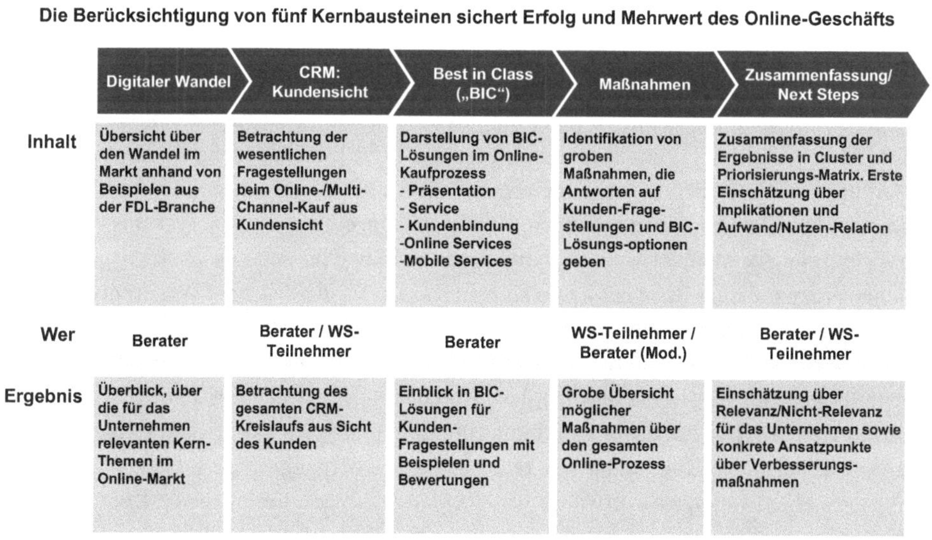

Abb. 4.38 Fünf Kernbausteine für das Online-Geschäft. (FINMAS, 2020; Heinemann et al., 2021)

Der nächste Schritt ist eine **Zusammenfassung der Ergebnisse** in Clustern und das Erstellen einer Priorisierungs-Matrix mit erster Einschätzung der Implikationen und der Aufwand/Nutzen-Relation. Daraus sollten sich eine verlässliche Einschätzung der Relevanz/Nicht-Relevanz für das Unternehmen sowie konkrete Ansatzpunkte für Verbesserungsmaßnahmen ergeben, um im nächsten Schritt einen Businessplan erstellen zu können.

4.7 Weitergehender Handlungsbedarf

Sobald der digitale Handlungsbedarf geklärt ist und die Handlungsempfehlungen aufgezeigt sind, stellen sich unweigerlich Fragen nach der geeigneten Mitarbeiterauswahl, der Auswahl möglicher Projektpartner sowie der Entscheidung über Systemlösungen (Krekeler & Heinemann, 2016; Heinemann, 2024).

Interne Mitarbeiter
Je höher der Outsourcing-Gad und je kleiner damit das Team ist, desto erfahrener muss es im Schnitt sein. Im Kontext „Digital“ ist auch zu empfehlen, sehr konkret die Anforderungsprofile zu definieren, da es in Digitalteams viele unterschiedliche Aufgaben gibt. Des Weiteren sind in der Regel diejenigen Digitalteams am erfolgreichsten, die zum einen aus der Business- und zum anderen aus der IT-Perspektive kommen, im Idealfall also beide Sichtweisen vertreten.

Das richtige Geschäftsmodell mit dem richtigen Projektpartner
Hier sind mehrere Punkte erfolgskritisch, die deswegen gemeinsam und rechtzeitig mit möglichen Projektpartnern geklärt werden müssen. Zuallererst ist zu klären, welche Referenzen der Projektpartner aufzuweisen hat. Dies betrifft sowohl spezifische Projektreferenzen als auch mögliche Vorteile, die das anbietende Team für die konkrete Aufgabenstellung mitbringt. Ferner ist zu hinterfragen, welche Leistungen der Projektpartner im Detail anbietet. Oft hilft es, zur Eingrenzung die Umkehrfrage zu stellen, nämlich, was nicht vom Projektpartner erbracht wird. Ferner sollte ermittelt werden, was diesbezüglich die Mitwirkungsleistungen sind, die vom Kunden bzw. von anderen Projektpartnern erbracht werden müssen. Beispielsweise können bei der Anbindung bzw. Weiterentwicklung der Online-Plattform erweiterte Aufgaben für den Anbieter der ERP-Software anfallen, die entweder inhouse oder durch bestehende oder neue Partner erbracht werden müssen. Ebenfalls relevant ist die Frage nach dem Abrechnungsmodell. Dies betrifft sowohl die Laufzeit des Modells inklusive Kündigungsmöglichkeiten für beide Seiten als auch die Frage, wie bei einer Kündigung ein reibungsloser Übergang sichergestellt wird. Auch muss feststehen, was nach Aufwand, was fix und was nach Performance-Komponenten abgerechnet wird.

Die optimale Zusammenarbeit mit dem Projektpartner

Arbeiten beispielsweise Mitarbeiter des Projektpartners vor Ort beim Kunden? Und welche Systeme werden eingesetzt, um die geplanten Projekte umzusetzen (zum Beispiel JIRA für die technische Entwicklung, Google Analytics für die Auswertung von Traffic und Marketing-KPIs, Systeme für Zeitbuchung wie unter anderem Projektron)? Geklärt sein muss auch, welche Routinen regelmäßig abgehalten werden und ob es ein Steering Board gibt, um Richtungsentscheidungen für die Zusammenarbeit zu treffen. Ebenfalls ist abzustimmen, welche Software-Module zu welchen Bedingungen eingesetzt werden. Wer hat zum Beispiel die Rechte an den Arbeitsergebnissen und wie können diese verwertet werden? Ist das Lizenzmodell zum Beispiel „On Premise" oder „Software as a Service"? Wer schließt bei Plattformen den Vertrag mit dem Partner, der die Applikation hostet, und wie sind die Service Level Agreements in dem Vertrag geregelt? Ebenfalls von Relevanz sind sicherlich die nicht-funktionalen Anforderungen an die Plattform (zum Beispiel Skalierbarkeit, Release-Fähigkeit etc.). Es sollte darauf geachtet werden, dass Mitarbeiter auf Unternehmensseite diese Vereinbarung so strukturieren, dass für beide Vertragsparteien ein Anreizsystem geschaffen wird, um gemeinsam die vereinbarten Ziele zu erreichen.

Internationale Projektpartner

Es ist auch ohne größeren Aufwand möglich, als deutsches Unternehmen mit Entwicklungs-/Designfirmen in Indien oder Südafrika zusammenzuarbeiten. Südafrika bietet dabei den Vorteil, dass es sich in der nahezu gleichen Zeitzone befindet. Auch hier gibt es wieder Fragen, die vor einer Zusammenarbeit gestellt und beantwortet werden sollten. So ist zu klären, ob es nachweisbare Erfahrung inklusive konkreter Referenzen für die ausgesuchte Technologie gibt. Außerdem muss transparent sein, wie komplex und wie individuell das Projekt ist (zum Beispiel: eingesetzte Standard-Shop-Software wird zu mehr als 50 % angepasst, es gibt bereits Referenzapplikationen). Auch sollte feststehen, ob das Unternehmen in der Lage ist, regelmäßig zu kontrollieren (zum Beispiel Codereview, Durchgehen vereinbarter Testcases, Sicherheitschecks), und ob der ausgewählte Outsourcing-Partner die gewünschte Dienstleistung bereits in der vereinbarten Qualität erbracht hat. Diesbezüglich ist auch relevant, ob der Outsourcing-Partner damit einverstanden ist, dass die Leistungen erst nach Projektfortschritt bezahlt werden. Hilfreich könnte sein, wenn es bereits Erfahrungen mit internationalen Projekten im Unternehmen gibt. Der Erfahrung nach arbeiten nur wenige Firmen wirklich erfolgreich mit internationalen Outsourcing-Partnern zusammen. Sofern das Set-up und der zeitliche Rahmen es erlauben, sollte zunächst mit „kleineren" und weniger komplexen Projekten mit ausreichend Zeit gestartet werden, damit Standards etabliert werden können und ein regelmäßiger (auch persönlicher) Austausch stattfindet. So lernt man sich und die Arbeitsweisen kennen und kann im Folgenden auch größere Projekte gemeinsam angehen (Krekeler & Heinemann, 2016; Heinemann et al., 2021).

Systemlösungen

Für die Auswahl der richtigen Systemlösungen ist zunächst zu klären, welchen Anforderungen sie genügen sollten. Diesbezüglich ist in einem ersten Schritt die Zielgruppe zu analysieren. Es geht darum, die Erwartungen der Kunden in Hinblick auf Bedienbarkeit und Funktionen zu klären. Darüber hinaus ist festzulegen, in welchem Kontext das Plattformsystem eingesetzt werden soll. Dieser ändert sich durch die Mobilisierung des Internets und die enorme Verbreitung der Smartphones permanent. Auch ist im Rahmen der Kontextfaktoren zu prüfen, welche Anforderungen von den Produkten ausgehen. Mit zunehmender Komplexität steigt in der Regel der Flexibilitätsbedarf. Ein Produkt mit vielen Varianten und verschachtelten Preisfindungsregeln lässt Standardsysteme schnell an ihre Grenzen kommen. Die folgenden Kriterien können zur Auswahl einer Systemlösung herangezogen werden (Heinemann, 2020; Heinemann et al., 2021):

- **Skalierbarkeit:** Die mögliche Besuchsfrequenz ergibt sich vor allem aus der Geschwindigkeit und Funktionsfähigkeit eines Plattformsystems. Deswegen sollte die Anzahl der Besucher und auch der Transaktionen frühzeitig geplant werden. Darüber hinaus ist die Anzahl der gespeicherten Kategorien und Produkte festzulegen, um die Angebotstechnik dimensionieren zu können.
- **Internationalisierung:** Diesbezüglich sollte der erforderliche Internationalisierungsgrad rechtzeitig definiert und geklärt werden, welche Sprachen und landesspezifischen Regelungen zu berücksichtigen sind. Auch ist die Frage der Differenzierung zwischen den Ländern festzulegen.
- **Merchandising:** Das System muss auch in der Lage sein, die geplanten Marketing-Aktionen zu unterstützen. Dies betrifft Sonderkonditionen, Newsletter und auch die Anbindung an soziale Netzwerke.
- **Agilität:** Die Umsetzungsgeschwindigkeit von Plattformsystemen, auch als „Time to Market“ bezeichnet, wird zunehmend wichtiger. Kleine und schnelle Anbieter können mittlerweile innerhalb weniger Wochen Angebote im Web platzieren. Dabei haben SaaS-Lösungen den Vorteil, dass Roll-outs in verschiedenen Ländern schnell durchgeführt werden können, weil eine integrierte Plattformlösung schon existiert.
- **Schnittstellen:** In der Regel wird ein Plattformsystem nicht als Insellösung betrieben, sondern integriert Schnittstellen zu anderen Systemen wie zum Buchhaltungssystem und/oder Produktinformationssystem. So ist es erforderlich, Informationen aus den verschiedenen Verkaufskanälen zu synchronisieren. Tendenziell sollten bei der Systemauswahl Standardlösungen bevorzugt werden.
- **Know-how:** Ideal ist es, wenn bereits eine Online-Abteilung existiert, die dann für die Gestaltung und die Server-Administration die Verantwortung übernehmen kann. Häufig werden aber auch der technische Aufbau und die Pflege einer kompetenten Agentur überlassen. Mietmodelle sind ebenfalls denkbar.
- **Budget**: Die Kosten für den Aufbau und technischen Betrieb des Systems sind nur ein Teil der Gesamtkosten, in die auch Prozesskosten sowie Logistik- und Marketingaufwendungen einfließen. Darüber hinaus ist zu klären, ob das System aus bereitstehendem Kapital (KapEx) oder aus dem operativen Geschäft heraus (OpEx) finanziert werden soll.

Alles in allem beeinflussen viele Fragestellungen und Kriterien die Auswahl von Plattformsystemen. Deswegen sind detaillierte Analysen und Investitionsrechnungen im Vorfeld entscheidend. Unabhängig davon geben aber die Betriebsgröße des Kreditinstituts sowie das Transaktionsvolumen und die Internationalität des FDL-Unternehmens bereits entscheidende Hinweise für die System-Auswahl.

Literatur

Agentur Handel. (2016). *Mittelstand 4.0-Agentur Handel. Informationsblatt des Bundesministeriums für Wirtschaft und Energie*. Bundesministeriums für Wirtschaft und Energie (Stand 07/2016).

Deloitte. (2024). Digital Banking Maturity Studie 2024. https://www.deloitte.com/de/de/Industries/financial-services/research/digital-banking-maturity-studie.html. Zugegriffen am 25.02.2024.

Finastra. (2023). State of the nation survey 2023. https://www.finastra.com/financial-services-state-nation-survey-2023. Zugegriffen am 25.03.2024.

FINMAS. (2020). *Unveröffentlichte Studie zum Thema. „Plattformökonomie im Banking"*. FINMAS GmbH.

FINMAS. (2023). *Transparente Beratung in der privaten Baufinanzierung* (Whitepaper). FINMAS GmbH.

FINMAS. (2024). *Unveröffentlichte Studie zum Thema. „Intelligente und integrierte Plattformlösungen im Banking"*. FINMAS GmbH.

HDE. (2019). Der neue Ausbildungsberuf: Kaufmann/Kauffrau im E-Commerce. https://einzelhandel.de/ecommercekaufmann. Zugegriffen am 04.07.2019.

Heinemann, G. (2019). *Der neue Online-Handel: Geschäftsmodelle, Geschäftssysteme und Benchmarks im E-Commerce* (10. Aufl.). Springer-Gabler.

Heinemann, G. (2020). *B2B eCommerce: Grundlagen, Geschäftsmodelle und Best Practices im Business-to-Business Online-Handel*. Springer-Gabler.

Heinemann, G. (2024). *Der neue Online-Handel: Geschäftsmodelle, Geschäftssysteme und Benchmarks im E-Commerce* (15. Aufl.). Springer-Gabler.

Heinemann, G., Kannen, K., & Bleil, S. (2021). *Plattformökonomie und eCommerce im Banking: Grundlagen, Plattform-Geschäftsmodelle, Optionen und Lösungsansätze*. Springer-Gabler.

iBusiness. (2025). Customer Experience (CX)-Score 2025/Banken. iBusiness vom 15. Jan. 2025. https://www.ibusiness.de/cx-score/cx_score_2024_banken. Zugegriffen am 04.02.2025.

Krekeler, M., & Heinemann, G. (2016). Outsourcing versus Insourcing – welches Betreibermodell im Online-Handel ist angeraten? In G. Heinemann, M. Gehrckens, U. Wolters, & dgroup (Hrsg.), *Digitale Transformation oder digitale Disruption? Vom Point-of-Sale zum Point-of-Decision im Digital Commerce*. Springer-Gabler.

Leichsenring, H. (2022a). Banken tun sich schwer mit der digitalen Transformation. Der Bank Blog vom 06. Dez. 2022. https://www.der-bank-blog.de/banken-tun-sich-schwer-mit-der-digitalen-transformation/studien/37692571/. Zugegriffen am 25.03.2024.

Leichsenring, H. (2022b). Digitales Banking: Deutsche Institute drohen den Anschluss zu verlieren. Deutsche Banken international nur Mittelmaß. Der Bank Blog vom 13. Dez. 2022. https://www.der-bank-blog.de/reifegrad-digitales-banking/studien/37692829/#google_vignette. Zugegriffen am 25.03.2024.

publicis sapient. (2022). Global banking benchmark study 2022. https://www.publicissapient.com/industries/financial-services/global-banking-benchmark-study-2022. Zugegriffen am 25.03.2024.

PwC. (2020). How mature is AI adoption in financial services? PwC Studie 2020. https://www.pwc.de/de/future-of-finance/how-mature-is-ai-adoption-in-financial-services.pdf. Zugegriffen am 25.03.2024.

Yousofzai, Y., Stylianou, G., & Bezler, S. (2024). Open Banking und Open Finance: Innovationstreiber auch für den Kapitelmarkt? BankingHub vom 21. Feb. 2024. https://bankinghub.de/blog/open-banking-open-finance. Zugegriffen am 25.03.2024.

zeb Omnichanneling Whitepaper. (2024). Die Bankfiliale der Zukunft. https://zeb-consulting.com/de-DE/publikationen/die-bankfiliale-der-zukunft. Zugegriffen am 25.03.2024.

Mögliche Geschäftsmodell-Innovationen im Rahmen von Intelligent Open Finance

5

Zusammenfassung

In Anlehnung an bankenfremde Plattformmodelle sowie bereits existierende Banking-Lösungen ist eine Vielzahl unterschiedlicher Optionen für Sparkassen denkbar. Diese müssen hinsichtlich der Trends und Anforderungen bewertet werden, wofür mehrere Sichtweisen relevant sind. Neben der Kundensicht sollten auch die Sicht der Banken als Anbieter sowie die Wettbewerbssicht Berücksichtigung finden.

5.1 Anforderungen an Geschäftsmodell-Innovationen aus Bankkundensicht

Kundenanforderungen betreffen Kundenzentriertheit als Basis für Intelligent Open Finance, vollständige Markttransparenz sowie einen umfassenden Wettbewerbsvergleich durch Preisportale. Darüber hinaus erwarten Kunden heute eine lückenlose Produktvielfalt sowie Verlinkungen zu den Anbietern, was eine Mindestanforderung an Preisvergleichsportale darstellt. Vor allem aber geht es den Kunden um die App- und Smartphone-Tauglichkeit: Mobile Only gilt als Standard. Dies ist wichtigster Bestandteil einer „Seamless Customer Journey" als Voraussetzung für Omnichannel-Fähigkeit. Dabei gelten Self-Service sowie Self-Checkout als Hygienefaktoren.

5.1.1 Kundenzentriertheit als Basis

Die Anwendung von PSD3 zwingt Finanzinstitute, sich auf digitale und kundenzentrierte Lösungen zu fokussieren (Deloitte Whitepaper, 2023). Basis für das Geschäftsmodell von

G. Heinemann et al., *Intelligent Open Finance*,
https://doi.org/10.1007/978-3-658-47925-1_5

Intelligent Open Finance sollte deswegen die Kundenzentriertheit sein. Zwar ist Kundenorientierung nicht neu, doch kundenzentrierte Ansätze versuchen, die Welt konsequent aus der Sicht des Kunden zu sehen (Fedler, 2022; Heinemann, 2023). Kundenzentriertheit löst sich von der funktional orientierten Marketinglehre und stellt die Leidenschaft und Glaubwürdigkeit der gesamten Unternehmensführung und ein bedingungslos am Kundenwunsch ausgerichtetes Unternehmen in das Zentrum der geschäftlichen Aktivitäten. Es geht vor allem um die von Jeff Bezos aufgeworfene und visionär verfolgte Schlüsselfrage: „Wie kann ich meinen Kunden das Leben erleichtern?" (Link, 2014). Was aber bedeutet das für die Marketing- und Handelspraxis? Zunächst geht es um eine neue Dimension der Professionalität, deren Umsetzung – entgegen weitverbreiteter Meinung – weitaus höhere Investitionen in Marketing, Kundenansprache, Organisation und Systeme erfordert, als das in den traditionellen Absatzkanälen der Fall ist. Diese Investitionen dürften sich auf lange Sicht aber lohnen, denn die Kunden schätzen und honorieren es, im Zentrum der Geschäftsaktivitäten zu stehen. Kundenzentrierte Unternehmen, die in Dimensionen der maximalen Kundenbegeisterung denken, sind dabei nachweislich erfolgreicher als „nur" kundenorientierte Unternehmen. Jeff Bezos, Chairman und Gründer von Amazon, ist der festen Überzeugung, dass nur überragender Service am Kunden und genaues Verstehen der Kundenwünsche langfristig Erfolg gewährleisten können. Da Kunden Angebote verschiedener Händler zu einem Produkt vergleichen wollen, hat er anderen Händlern erlaubt, ebenfalls bei Amazon anzubieten, selbst auf die Gefahr hin, dass Amazon von anderen Händlern unterboten wird. „Tut ihr es nicht, so wird es der Kunde tun", ist dabei sein Motto.

Kundenzentriertheit als Orientierungsrahmen

Kundenzentriertheit durchdringt das komplette Geschäftssystem des Unternehmens und gibt Mitarbeitern einen Orientierungsrahmen für ihre täglichen Entscheidungen vor. So weiß ein Mitarbeiter bei Walmart, dass er zuerst den Kunden bedienen muss, bevor er einem internen Problem nachgeht. Ein Aldi-Einkäufer weiß, dass er die Preise bei preisunelastischen Artikeln nicht erhöhen sollte, auch wenn es die Wettbewerbssituation hergeben würde. Ein Amazon-Mitarbeiter weiß, dass er Platzierungen der Industrie als solche kenntlich machen muss, um nicht den Eindruck zu erwecken, diese wären objektiv generiert. Und einem Zappos-Mitarbeiter ist bewusst, dass seine Hauptaufgabe darin besteht, Probleme offen und ehrlich mit seinen Kunden im Community-Bereich zu diskutieren (Rotax, 2010; Link, 2014).

Die Kunst der Kundenzentriertheit liegt in der überragenden Individualisierung oder Personalisierung des Unternehmens und in der Implementierung dieses Themas an der richtigen Stelle, die „Chefsache" sein muss. Nur wenn die oberste Führung von der Kundenzentriertheit überzeugt ist, ist sie auch bereit, dies glaubwürdig vorzuleben und das Unternehmen systematisch kundenzentriert auszurichten (Rotax, 2010; Link, 2014). Die Umsetzung einer kundenzentrierten Organisation kann nur im Rahmen eines gesteuerten Change-Management-Prozesses erfolgen, der auf Basis von KPIs bzw. Messwerten konkrete Maßnahmen ableitet (Baars, 2017). Die Messwerte bilden dabei den Ausgangspunkt für einen mehrstufigen Prozess, der zur gezielten Implementierung der Kundenzentrierung führen sollte. Durch eine sich permanent wiederholende Abfolge aus Messung und Bestandsaufnahme, Reflexion und Maßnahmenentwicklung sowie anschließender Umsetzung in der Organisation lassen sich Ursache und Wirkung von Verbesserungsmaßnahmen operational managen.

Umsetzung der Kundenzentriertheit
Zur Umsetzung der Kundenzentriertheit hat sich folgende dreistufige Vorgehensweise bewährt (Baars, 2017; Heinemann, 2024):

Stufe 1: Reifegrad der Kundenzentrierung erheben. Der Reifegrad der Kundenzentrierung wird durch ein Online-Assessment erhoben. Den Assessment-Fragen werden zusätzlich optionale Fragen zur Erfassung weiterer Metadaten zugeordnet (z. B. Fehlerquoten), sodass eine umfassende Analyse möglich wird. Das ermöglicht eine differenzierte Sicht auf die einzelnen Treiber des Reifegrades (z. B. digitale Investitionsintensität). Dadurch ist schnell erkennbar, wo im Unternehmen Potenzial für Verbesserung vorhanden ist (Baars, 2017).

Stufe 2: Konkrete Handlungsoptionen ableiten (Reflexion-to-Action-Prozess). Die Messergebnisse werden in Hinblick auf Ursachen und Treiber analysiert und in Handlungsoptionen für eine Umsetzung der Kundenzentrierung transformiert. Anhand vorher festgelegter KPIs lassen sich die Handlungsoptionen priorisieren und als konkrete Maßnahmen in Strategie- und Zielvorgaben für eine KPI-Verbesserung in der nächsten Messperiode überführen (z. B. Kundenzufriedenheitsindex). Damit werden sowohl die Quellen als auch die Ziele zukünftiger Verbesserungen bezüglich der Kundenzentrierung bestimmt. Idealerweise werden diese nach Produkten und Kundensegmenten differenziert (Baars, 2017).

Stufe 3: Aktionsplan definieren und implementieren. Die abgeleiteten und KPI-basierten Maßnahmen werden in bestehende Prozesse integriert und damit implementiert (z. B. Automatisierung). Danach erfolgen regelmäßige Kontrollen und KPI-Messungen. Dabei werden konkrete Maßnahmen, die zu einer erhöhten Weiterempfehlung bei Kunden und damit Kundengewinnung führen, erarbeitet und nach der 80/20-Regel umgesetzt. Darauf aufbauend werden eine Meilensteinplanung und ein Controlling eingerichtet (Baars, 2017).

5.1.2 Transparenz und umfassender Wettbewerbsvergleich

Im Grunde zielt PSD3 auf eine totale Markttransparenz ab, also das, was in der Volkswirtschaftslehre immer schon als „vollkommener Markt“ diskutiert wurde. In der Wirtschaftstheorie bezeichnet der vollkommene Markt auch den idealen Markt (BPB, 2024). Für diesen wird angenommen, dass alle Anbieter und Nachfrager nur nach ökonomischen Grundsätzen handeln. Darüber hinaus müssen die gehandelten Güter bzw. Dienstleistungen gleichartig sein und dürfen sich in ihrem Preis-Leistungs-Verhältnis nicht unterscheiden. Dies schließt Präferenzen der Käufer für bestimmte Produkte oder Dienstleistungen z. B. wegen besonders ansprechender Werbung oder anderer emotionaler Aspekte aus (BPB, 2024). Auf derartigen idealen Märkten haben die Kunden eigentlich keine persönlichen, räumlichen und zeitlichen Präferenzen mehr. Das Fehlen räumlicher Präferenzen verschafft keinem Anbieter oder Nachfrager Standortvorteile durch einen besonders günstigen Standort seines Geschäfts. Angebot und Nachfrage treffen vielmehr auf einem Marktplatz zum gleichen Zeitpunkt und am gleichen Ort zusammen (BPB, 2024). Der Ausschluss zeitlicher Präferenzen setzt voraus, dass sämtliche Anbieter in der Lage sind, sofort zu liefern. Sämtliche Kunden müssen bereit sein, die Leistungen sofort abzunehmen. Dadurch wird vermieden, dass ein Kunde nur aus dem einen Grund bei einem Anbieter kauft, weil dieser schneller liefern kann als seine Konkurrenten. Eine weitere wesentliche Bedingung für den vollkommenen Markt ist, dass vollständige Markttransparenz herrscht. Alle Marktteilnehmer haben also eine totale Marktübersicht: Alle Unternehmen wissen, bei welchen Preisen und Mengen die Nachfrager die angebotenen Produkte bzw. Leistungen kaufen möchten. Sämtliche Nachfrager sind darüber informiert, zu welchen Preisen und Mengen die Anbieter ihre Güter und Leistungen verkaufen möchten (BPB, 2024). Zweifelsohne ist der ideale Markt Utopie, allerdings ermöglicht die Plattformökonomie in weiten Teilen eine weitgehende Markttransparenz, was Kunden begrüßen. Das gilt seit Einführung der PSD2 und PSD3 auch für das Transparent Banking.

Umfassender Wettbewerbsvergleich durch Preisportale

Mit der Gründung von Preisportalen ist ein weitgehender Wettbewerbsvergleich möglich geworden. Ein Preisvergleichsportal ist eine Website, auf der Verbraucher zu einem gesuchten Produkt oder einer Dienstleistung mehrere Angebote von verschiedenen Anbietern auf einer Seite finden, um einen Angebotsvergleich vornehmen zu können (Wikipedia Preisportale 2024). Diese Portale sind für den Online-Nutzer in der Regel kostenlos und finanzieren sich i. d. R. durch Weiterleitungsentgelte wie Pay per Click, Pay per Sale und Pay per Lead (Wikipeda Preisportale 2024). Demgegenüber arbeiten Vergleichsportale, die Tarife für Vertragsstrukturen des alltäglichen Lebens wie z. B. für Strom, Gas, Telefon, Internet oder Versicherungen vergleichen, in der Regel auf Provisfionsbasis. Abgesehen von Portalen, die Produkte aus einer Vielzahl unterschiedlicher Produktkategorien vergleichen, gibt es auch spezialisierte Preisvergleichsportale, die jeweils nur Anbieter eines Marktsegments präsentieren und dafür oft weitergehende spezielle Kriterien zum Vergleich heranziehen. Dabei helfen einfach und schnell zu bedienende Apps den Kunden, da diese wenig gewillt sind, viele Informationen einzutippen. Deswegen verwenden die jüngeren Preisvergleichsportale das Mobile Tagging, bei dem mittels Kamera Bildinformationen eingelesen und verarbeitet werden (Wikipedia Preisportale 2024). Allerdings ist auch bei ihnen nicht immer transparent, wie gut sie in der Lage sind, den besten Preis zu finden. Von einem guten Vergleichsportal können Kunden erwarten, dass es die wichtigsten Anbieter zu einem Produkt bzw. einer Dienstleistung übersichtlich auflistet und nach dem Endpreis sortiert. Darüber hinaus sollten Kunden nach entscheidenden Kriterien filtern können (Finanztip, 2023). Am Ende sollten alle Angaben und Preise natürlich auch korrekt sein (Finanztip, 2023).

Mindestanforderungen an Preisvergleichsportale

Mittlerweile gibt es über 1000 Preisvergleichsportale im Internet, die auf den ersten Blick alle sehr ähnlich aussehen (Wikipeda Preisportale 2024). Etliche von ihnen ermöglichen allerdings keine brauchbaren Vergleiche, sondern umfassen lediglich ein begrenztes Angebot, teilweise sogar nur einen einzigen Händler. Vereinzelte Portale zeigen auch Ebay-Auktionen an oder sortieren sogar das Startgebot von „1 €" als Endpreis ein und setzen das Angebot dementsprechend nach oben. Grundsätzlich sind Preissuchmaschinen, die nicht nach dem Endpreis (inklusive Versandkosten) sortieren können, nicht zu empfehlen. Gemäß einem Preisportal-Vergleich von Finanztip sind nur fünf Portale ernst zu nehmen, und zwar Idealo, billiger.de, Geizhals, Check24 und Google (Finanztip, 2023). Aber auch Verbraucher, die nicht bewusst nach einem Preisvergleich suchen, werden bei Google vermutlich automatisch einen finden. Üblicherweise werden dort als „Anzeige" gekennzeichnete Angebote eingeblendet, die fließend in „Google Shopping" übergehen. Dazu reichen bereits generische Produkteingaben aus. Dabei mischt Google gewöhnlich zahleiche andere Produkte unter die Ergebnisse, z. B. Angebote anderer Marken oder sogar gebrauchte Artikel. Zudem sind die Ergebnisse oft nicht nach dem besten Preis sortiert. Dies gilt auch für Angebote, die nicht als „Anzeige" markiert sind. Google gibt dazu keine Erklärung und insgesamt sind die Ergebnisse bei Google oft irreführend (Finanztip, 2023). Demgegenüber überzeugten im Vergleichstest die Preisportale Idealo und billiger.de. Beide lieferten fast alle gesuchten Produkte und günstige Preise, die dann in der Regel auch tatsächlich beim Anbieter so zu haben waren. Dabei war Idealo der einzige Anbieter, bei dem alle gesuchten Produkte gefunden wurden. Bei billiger.de wurde nur ein Produkt nicht gefunden. Sowohl Idealo als auch billiger.de stellen die Produkte sehr übersichtlich dar und verlinken zum Händler. Die Abweichungen vom besten Preis hielten sich mit durchschnittlich 3 % (Idealo) beziehungsweise 5 % (billiger.de) sehr im Rahmen (Finanztip, 2023).

Usability-Probleme von Preisportalen

Im Test von Finanztip fiel auf, dass bei Check24 die wenigsten der gesuchten Angebote gefunden wurden, und zwar lediglich in knapp zwei von drei Fällen. Zudem hatte beim Endpreis Check24 den mit Abstand größten Preisausreißer nach oben und erlaubte im Test nur selten eine Weiterleitung zum Anbieter. Mittlerweile hat Check24 sogar Weiterleitungen grundsätzlich eingestellt, obwohl solche eigentlich von einer Preissuchmaschine zu erwarten sind. Zwar machte Google Shopping diesbezüglich einen besseren Eindruck. Auch fanden sich dort im Test sogar in der Regel leicht bessere Preise als auf den Empfehlungen. Dieser Vorteil ist aber offensichtlich nicht so groß, dass er die Nachteile aufwiegen konnte. So lieferte Google im Konkurrenzvergleich besonders viele Ergebnisse, die grundsätzlich nicht der Suche entsprachen. Zum Teil tauchten sogar Produkte von anderen Herstellern auf als von den gesuchten. Darüber hinaus wurden die Suchergebnisse unsortiert angezeigt. Zwar liefert Google oft den besten Preis für ein gesuchtes Produkt, allerdings ist dieser nur schwer zu finden. Häufig wird der User in die Irre geführt. Außerdem zeigt Google extrem prominent Anzeigen, die schnell mit den eigentlichen Suchergebnissen verwechselt werden können. Besonders kritisch anzumerken ist, dass Google als einziges Portal im Test auch Fakeshops unter den Ergebnissen anzeigt (Finanztip, 2023).

5.1.3 App- und Smartphone-Tauglichkeit – Mobile Only

Die Zahl von mehr als 5,4 Mrd. mobiler Internetnutzer zeigt mehr als deutlich, dass das mobile Internet weltweit auf der Überholspur ist (Global Digital Report, 2023; Heinemann, 2024). Vor allem die zunehmende Nutzung von Smartphones bzw. mobilen Endgeräten wirkt wie ein Gamechanger oder sogar „Brandbeschleuniger" für den Handel. So entstehen bei den Kunden völlig neue Erwartungen und Bedürfnisse, die aus deren Sicht von allen Einzelhändlern – vor allem den stationären und lokalen Händlern – erfüllt werden sollten (Heinemann, 2018). Die kaufbezogene App- und Smartphone-Nutzung definiert auch eine neue Art der Kundenorientierung, die vor allem die Nutzungsmöglichkeiten des mobilen Internets während des stationären Einkaufs betrifft. Die Optimierung von Websites im Hinblick auf mobilgerechte Inhalte muss weit über eine reine Formatoptimierung hinausgehen. Darüber hinaus ist das Angebot um mobile Dienste und Anwendungen bzw. Killerapplikationen zu erweitern, allerdings immer verkaufsbezogen (Heinemann, 2018). Die Umstellung von Google auf den „Mobile-Only-Index" im März 2021 stellte eine Zäsur für alle Online-Händler dar, zumal damit alle Desktopinhalte aus dem Google-Index gelöscht wurden (OpenPR, 2021). Im Zuge der vorher beschriebenen Entwicklung wachsen derzeit die direkt über Smartphones realisierten Mobile-Commerce-Umsätze sowie der über mobile Endgeräte generierte Traffic weiter stark an. So betrug per Dezember 2022 der globale Mobile-Anteil am Internettraffic bereits 56,9 % (Global Digital Report, 2023). Dabei liegt Deutschland mit 71 % deutlich darüber (ARD/ZDF-Forschungskommission, 2023). Der Reiz in der Verwendung eines Smartphones ist die ständige Verfügbarkeit von Informationen im Netz. An diese gewöhnt sich der Nutzer schnell, da sie den Alltag erleichtern kann und einen Mehrwert bietet (Heinemann & Gaiser, 2016; Heinemann, 2018, 2024).

Mobile Only

Galt jahrelang die Devise, dass Mobile-Commerce der verlängerte Arm des E-Commerce ist, haben sich mittlerweile die Rollen vertauscht: „Online ist Mobile" oder gar „Mobile Only" macht deutlich, dass E-Commerce der verlängerte Arm des Mobile-Commerce geworden ist (Heinemann, 2018, 2024). Das hat zur Folge, dass der Anteil mobiler E-Commerce-Transaktionen permanent weiter ansteigt. Wie Abb. 5.1 zeigt, liegt der Online-Umsatzanteil über mobile Endgeräte inkl. Tablets in Deutschland per Ende 2023 schon bei 64 %. Auf Tablets entfallen davon 9 % und auf Smartphones 55 %. Während der Smartphone-Anteil in 2021 noch 54 % betrug und in 2022 auf 50 % gefallen ist, konnte sich der Tablet-Anteil von 7 auf 14 % verdoppeln. Auf Desktops bzw. Laptops entfallen nur noch 36 % aller E-Commerce-Umsätze, von denen noch dazu rund 5 % auf mobilen Geräten ihren Ursprung hatten und lediglich auf Desk- und Laptops vollzogen wurden (ARD/ZDF-Forschungskommission, 2023; HDE, 2023). Seit Jahren gehen Umsatzprognosen davon aus, dass dieser Anteil auch in den nächsten Jahren kontinuierlich weiter ansteigen wird und vor allem die App-Sales überproportional zunehmen werden (Bitkom, 2021; HDE, 2023). Parallel dazu nimmt auch das Angebot an Apps kontinuierlich zu. Allein im Jahr 2022 wurden in Deutschland rund 3,2 Mrd. Apps heruntergeladen, womit insgesamt rund 3,4 Mrd. € Umsatz „mit Smartphone-Programmen" erzielt wurde (Bitkom,

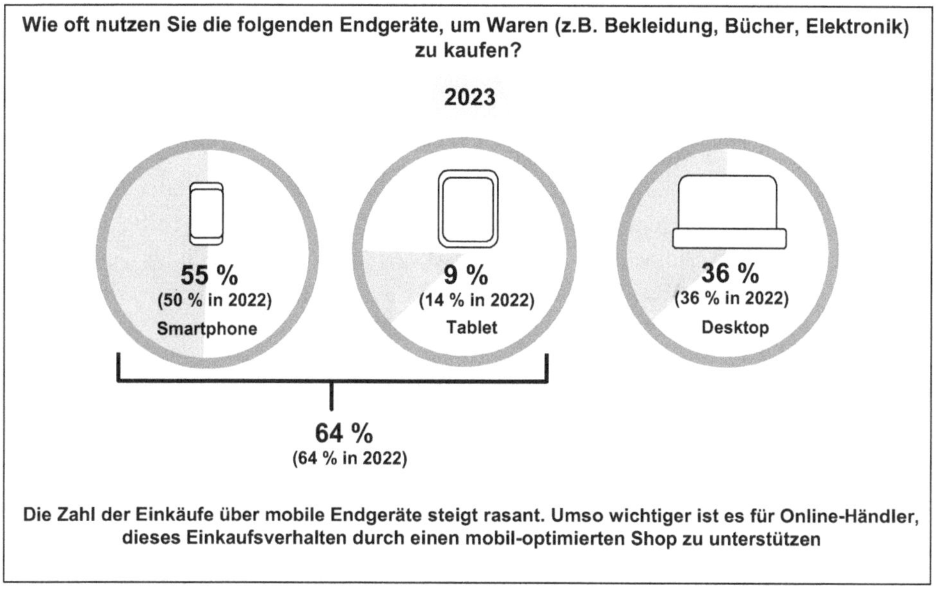

Abb. 5.1 Mobile-Anteil von E-Commerce-Transaktionen. (HDE, 2023; Heinemann, 2024)

2022). Der Großteil der Umsätze (rund 75 %) entfällt auf In-App-Käufe. Zusätzlich werden Umsätze über Werbeanzeigen in Smartphone-Anwendungen generiert. Mittlerweile steht „Mobile Only" im Mittelpunkt sämtlicher Online-Aktivitäten (vgl. Abb. 5.1).

5.1.4 Seamless Customer Journey und Omnichanneling

Die parallele Nutzung der Kanäle, die sogenannte Omnichannel-Nutzung, nimmt immer mehr zu und wird durch die Smartphone-Nutzung im Kaufprozess befeuert. Im Rahmen der Omnichannel-Nutzung kaufen immer mehr Konsumenten nicht mehr nur online *oder* offline, sondern in beiden Kanälen simultan ein, was der neuen Smartphone-Technologie und dem mobilen Internet geschuldet ist.

Hybrid Commerce und Connected Retail

Experten gehen davon aus, dass bereits heute schon viele Kunden sogenannte Omnichannel-Nutzer sind, also beim Einkaufen mehrere Kanäle gleichzeitig in Anspruch nehmen, ob nun bewusst oder unbewusst (Heinemann, 2021, 2024). Es unterstreicht aber auch die Notwendigkeit für Multi-Channel-Anbieter, nicht nur ihren Onlineshop dementsprechend (neu) auszurichten, sondern diesen auch enger mit ihrem stationären Geschäft zu verknüpfen, um eine Optimierung zu erreichen. Eine zunehmende Offline-Präsenz von Online-Anbietern kann auch als „Service" bezeichnet werden, so wie stationäre Geschäfte oder „Flagship-Stores" von Herstellern. Eigentlich handelt es sich hier um Omnichannel-Konzepte, weil sie den Kunden dort abholen, wo er sich bewegt, sei es online oder offline (Treiß, 2017). Immer mehr Händler setzen zunehmend auf den Trend des Hybrid Commerce (Weidemann, 2019). Während die reinen Online-Händler zunehmend Präsenz vor Ort zeigen und immer mehr stationäre Läden eröffnen, verstärken die Filialisten wie Mediamarkt, Ikea oder Douglas ihre Online-Präsenz. Die Aussage von CEO Tina Müller, dass Douglas ein Onlinehändler sein möchte, der auch ein erfolgreiches stationäres Geschäft betreibt, spricht Bände (Heinemann, 2023). Egal, ob Click & Collect oder umgekehrt Showrooming – aktuelle Studien zeigen, dass die Verzahnung digitaler Touchpoints stetig zunimmt. Damit wird das Ziel verfolgt, den Kunden stärker in den Mittelpunkt aller Aktivitäten zu stellen (Hofacker & Langer, 2020). Zunehmend setzt sich für diese Art der „kundenzentrierten Kanalverzahnung" der Begriff des Connected Retail durch, der vorrangig für die Omnichannel-Aktivitäten der Online-Händler steht.

Seamless Customer Journey

In Hinblick auf das Omnichanneling wird es immer weniger möglich, von reinen Online- und Offline-Welten zu sprechen. Insbesondere die parallele Mediennutzung erfordert aus Kundensicht die Integration von Online- und Offline-Kanälen zu einem nahtlosen Gesamtsystem aus einem Guss („seamless"), in dem der Kunde gar keine Trennung der Verkaufsformen mehr wahrnimmt. Dies ermöglicht den Kunden die Nutzung sogenannter Multi-Channel-Leistungen. Hinzu kommen innovative Leistungen wie zum Beispiel der Einkauf über QR-Code („QR Scan Retail") oder Augmented-Reality-Funktionen in Verbindung mit Produktabbildungen („AR App Retail"). Dadurch wird zugleich der Aufbau von Empfehlungsmarketing möglich. Eine neue Dimension der „No-Line Experience" besteht darin, dass Kunden die digitale Realität und ihre damit einhergehende digitale Anspruchshaltung zu jeder Zeit leben wollen, egal wo sie sich gerade aufhalten. Das gilt auch für das Einholen zusätzlicher Produktinformationen am „Point of Sale" (POS). Customer-Journey-Ansätze müssen insofern nahtlos die Online- und Offline-Welt zusammenbringen. Das setzt qualifizierte Datenerhebungen voraus. Dabei sollte die Customer Journey kein Selbstzweck sein, sondern dem Online-Händler gezielte Möglichkeiten zur Kundenakquisition aufzeigen. Zweifelsohne bringen aber die Online-Händler aufgrund ihrer Datenbasis die besten Voraussetzungen für ein „Seamless Shopping" bzw. Connected Retail mit. Das Erfolgsmotto lautet hier, alle Kanäle zusammenzuführen – auch beim Kundenkonto und Payment. Es geht dabei um eine neue Art der „No-Line Experience", mit der die Verteilung zwischen Online- und Offline-Kauf immer mehr verschwimmt. Denn die Konsumenten möchten verschiedene Einkaufs- und Informationskanäle parallel nutzen. Sie informieren sich beispielsweise in webbasierten Produktdatenbanken zuerst über die Spezifikationen eines Laptops oder PCs und nutzen dann E-Commerce- und M-Commerce-Angebote für einen Preisvergleich, bevor sie im stationären Handel das reale Produkt testen. Diese Erwartung fördert die Verschmelzung von E-Commerce und klassischem Handel (Heinemann, 2019).

5.1.5 Self-Service-Fähigkeit

Die emanzipierten Kunden möchten auf Basis der neuen Technologien und Tools die Möglichkeiten der modernen Kommunikation in den Läden nutzen können: Social-Media-

Liken, Bewerten, Bookmarken, Kommentieren sowie Diskutieren und Kaufempfehlungen aussprechen. Hinzu kommt das Hochladen eigener Inhalte oder Status-Updates sowie das Teilen von Informationen oder Formulieren von Fragen. Die User wollen von dem erzählen, was sie gerade machen oder was sie interessiert. Vor allem bei Produkten, die stark auf Erlebnisse setzen, spielt der Store als Zentrum des Erlebens und die nahtlose Social-Media-Anbindung für das Teilen eine wichtige Rolle. Vor Ort können Kunden nicht nur Produkte erleben und emotionale Momente „instagrammen", sondern sich auch mit Freunden austauschen. Vor allem das Smartphone treibt diese Entwicklung voran.

Self-Checkout

Die Kunden-Emanzipation treibt auch das Self-Checkout voran. Dabei scannt der Kunde am Ende des Einkaufs selbst jedes einzelne Produkt und verpackt es dann. Self-Checkouts werden bisher vor allem für das Bezahlen kleinerer Einkäufe genutzt (EHI Retail Institute, 2024). Eine Variante ist das mobile Self-Scanning, bei dem der Kunde die Ware während des Einkaufs mittels eines mobilen Erfassungsgeräts selbst einscannt. Dabei wird das Lesegerät am Eingang des Marktes ausgegeben, beispielsweise nach Identifikation durch eine Kundenkarte. Beim Bezahlen werden alle Daten in das Kassensystem übernommen. Während des Einkaufs können Kunden die einzelnen Artikel scannen und behalten jederzeit den Überblick über die aufgelaufene Kaufsumme. Der Bezahlvorgang lässt sich damit schneller abschließen, da die Artikel im Normalfall nicht mehr aus dem Einkaufswagen bewegt werden müssen (EHI Retail Institute, 2024).

Alle Kundenanforderungen in Bezug auf Self-Service sind in Abb. 5.2 zusammenfassend dargestellt.

Kunden-zentriertheit	• Kundenzentrierte Service-Exzellenz • Digitalisierte und automatisierte Prozesse • Ausrichtung an Kundenzufriedenheit und Kundenbegeisterung • Regelmäßige Kontrolle und KPI-Messung
Transparenz und umfassender Wettbewerbs-vergleich	• Ultimative Markttransparenz – Auflistung aller Marktteilnehmer/-angebote • Ausschluss von räumlichen und zeitlichen Präferenzen • Kostenlose Nutzungsmöglichkeit und fehlerfreie Darstellung • Verlinkung zu Best-Practice-Anbietern
App- und Smartphone-Tauglichkeit – Mobile Only	• Mobile Nutzungsmöglichkeit anytime und everywhere • App-basierte Funktionalitäten, möglichst als Progressive Web App (PWA) • Smartphone-gerechte UX und barrierefreie Usability • Situative und kuratierte Angebote
Seamless Customer Journey und Omnichannel-Möglichkeit	• Seamless Banking ohne Online-Pönalisierung • Widerspruchsfreie No-Line-Experience ohne Konditionsunterschiede • Verzahnung digitaler Customer Touchpoints • Simultane Nutzungsmöglichkeit von Online- und Offline-Kanälen
Optionale Self-Service-Möglichkeit	• Nutzung moderner Kommunikation am PoS parallel zum Einkauf • Social-Media-Anbindung und Hochladen eigener Inhalte • Self-Checkout, Self-Scanning, Mobile-Payment • SB-Möglichkeit – Kunden kann Bankprodukte ohne Bankberater selbst kaufen

Abb. 5.2 Anforderungen an Geschäftsmodell-Innovationen aus Kundensicht

5.2 Anforderungen an Geschäftsmodell-Innovationen aus Bankensicht

Banken sollten beim digitalen Reifegrad und damit bei der digitalen Transformation eine Führungsposition anstreben, um Intelligent Open Banking umsetzen zu können. Dies scheitert jedoch häufig an einem Mangel an verfügbaren Daten und Fähigkeiten sowie an Budgetrestriktionen. Transparente Beratung und Omnichanneling erfordern jedoch einen datenbasierten Kundenzugang. Andererseits ist eine Hyperpersonalisierung zu vermeiden. Darüber hinaus ist das Omnichanneling mittlerweile zur Leadgenerierung bei Finanzgeschäften unabdingbar und sollte Teil der Bankfiliale der Zukunft sein, denn Kundengewinnung und Kundenbindung sind nicht mehr ohne digitale Plattform möglich. Die Anforderungen sind hoch. Andererseits erfordert der Ausbau von Core, Near und Beyond Banking einen kapitalmarktunabhängigen Geschäftszweig.

5.2.1 Banking Leadership bei digitaler Transformation

Publicis Sapient untersucht als Beratungshaus regelmäßig den Reifegrad der digitalen Transformation in der Bankenbranche (Publicis Sapient, 2022). Im Jahr 2022 wurde dazu eine Umfrage unter mehr als 1000 Privat- und Geschäftsbanken in 13 Ländern durchgeführt, darunter USA, Kanada, Großbritannien, Frankreich, Deutschland, Schweden, Saudi-Arabien, Hongkong, Singapur und Australien. Dabei wurden auch qualitative Tiefeninterviews mit Entscheidern aus ausgewählten Instituten geführt.

Vier Gruppen beim digitalen Reifegrad

Die Studie von Publicis Sapient teilt Banken beim digitalen Reifegrad in vier Gruppen ein, je nach ihrem Entwicklungsstand in den Bereichen Customer Experience und Operational Leadership (vgl. Abb. 5.3). Demnach werden Transformation Leader, Customer Champions, Operational Evangelists sowie Slow Starter unterschieden. Gegenüber 2021 wurden in 2022 deutlich mehr Banken als „Transformation Leader" eingestuft, und zwar 22 % gegenüber nur 14 % in 2021. Die Gruppe der Operational Evangelists wuchs von 8 auf 11 %, die der Customer Champions von 8 auf 10 %. Die meisten Banken, nämlich 57 % (2021 zum Vergleich: 70 %), zählen allerdings noch zur Gruppe der „Slow Starter".

Nächste Phase der digitalen Transformation

Zweifelsohne rüstet sich die Mehrheit der Banken intensiv für die nächste Phase der digitalen Transformation. Dabei konzentrieren sie sich verstärkt auf die operative Agilität, indem sie in Technologien investieren, ihre Datennutzung verbessern sowie interne Strukturen verändern. Im Fokus stehen personalisierte Kundenerlebnisse und die Nutzung verfügbarer Daten zum besseren Verständnis der Kundenbedürfnisse. Ziel ist es, sich von produkt- hin zu kundenzentrierten Organisationen zu wandeln. Dazu müssen sie die Bedürfnisse der Kunden holistisch verstehen und darauf basierend im Kontext relevante Lösungen liefern.

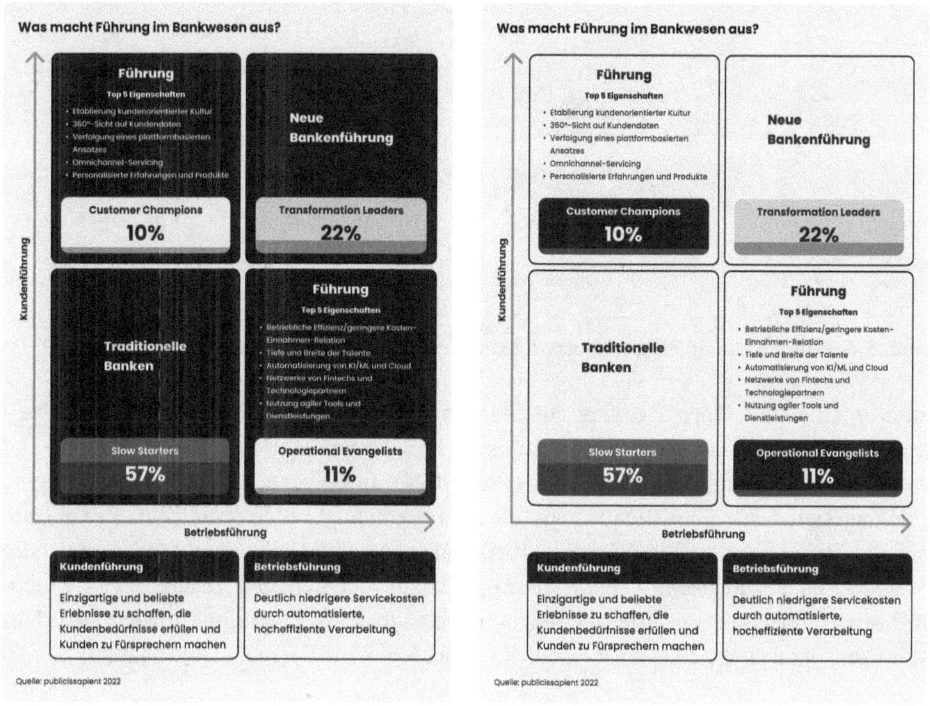

Abb. 5.3 Leadership im Banking. (publicis sapient, 2022)

5.2.2 Intelligent Open Banking ohne Barrieren

Intelligent Open Banking gilt als einer der potenziell größten Innovationstreiber im Bankensektor und ist ein datenbasiertes Konzept, das es Bankkunden ermöglicht, ihre Finanzdaten und -dienstleistungen mit Drittanbietern zu teilen, wenn sie dem zustimmen. Banken wiederum können dann die Kundendaten intelligent für maßgeschneiderte Angebote nutzen. Wie Microsofts CEO Satya Nadella als Empfehlung für Retailer ausführt, sind dafür zunächst (1.) die Basisvoraussetzungen zu schaffen, nämlich eine datenbasierte Transparenz der Kunden. Dies wiederum ermöglicht (2.) den Einsatz künstlicher Intelligenz (KI) und damit kundendatenbasiertes One-to-One-Marketing. Um damit anschließend arbeiten zu können, bedarf es (3.) einer intelligenten Mitarbeiter-Qualifizierung und -Rekrutierung. Qualifizierte Mitarbeiter werden auch für (4.) digitale Prozesse sowie (5.) eine zukunftsfähige Geschäftsmodellierung benötigt (Heinemann, 2021) (Abb. 5.4). Diese erfordert ein offenes, kundenzentriertes und vernetztes Ökosystem in Form von App-basierten Plattformen auf „All-in-One"-Basis. Kunden wiederum sollten damit einen umfassenden Überblick über ihre finanzielle Situation gewinnen und individuelle Vorschläge für die besten Lösungen für ihre spezifischen Anforderungen erhalten. Mit dem App-basierten Angebot von maßgeschneiderten Produkten und Dienstleistungen

Abb. 5.4 Schritte zum Intelligent Open Banking gemäß Erfahrung im Retail. (Heinemann, 2021)

kann intelligentes Open Banking zur Stärkung der Kundenbindung und -loyalität beitragen. Es ermöglicht zudem eine dynamische Preisgestaltung, individuelle Beratung und automatisierte Ausführung (Yousofzai et al., 2024). Intelligente Open-Banking-Systeme zeichnen sich durch eine Offenheit aus, die es ermöglicht, APIs zu erstellen und zu nutzen, um die verschiedenen Bereiche wie Risikomanagement, Collateral Management oder Meldewesen abzudecken. Zudem basieren sie auf sicheren und zuverlässigen Cloud-Infrastrukturen. Das gewährleistet eine hohe Verfügbarkeit, Flexibilität sowie Skalierbarkeit (Yousofzai et al., 2024) und erschließt außerdem neue Segmente und Märkte.

Mangel an verfügbaren Daten
Wie jedes technologische Thema kann auch KI nur so weit genutzt werden, wie entsprechende Daten vorliegen. Das gilt sowohl für die Art der Daten (Daten-Effektivität) als auch für die Qualität der Daten (Daten-Effizienz). Hier hat der Bankensektor großen Nachholbedarf, denn nur 51 % der Finanzinstitute verwalten ihre Daten zentral, davon die meisten in der Schweiz. Lediglich 31 % der Banken sowie 39 % der Versicherer in der DACH-Region verarbeiten und analysieren die Daten differenziert nach Geschäftsart. Der Schritt vom Verwalten hin zum Teilen der Daten ist eine der größten Herausforderungen. Hier ging es bisher vor allem um regulatorische Aspekte, weswegen die Daten in der Regel auch unstrukturiert vorliegen. Zudem erschweren Datenschutzauflagen eine tiefer gehende Datenanalyse (PwC, 2020).

Budgetrestriktionen
Im internationalen Vergleich sind die Investitionen der Banken in KI-Themen innerhalb der DACH-Region vergleichsweise gering. Der größte Teil der Budgets ist in Aktivitäten gebunden, die die frühe Phase der digitalen Transformation betreffen. Zudem ist in der Regel nicht geklärt, welches Ressort die Verantwortung für das KI-Projekt haben sollte. Dabei ist häufig unklar, ob KI als IT-, Change-Management- oder Innovations-Projekt gelten soll (PwC, 2020). In nur 7 % der Fälle gelten die Budgets explizit als AI-Projekte, zu 21 % als Change-Management- oder Innovations-Projekte und zu 72 % als IT-Projekte.

Mangel an Fähigkeiten

Der Mangel an Fähigkeiten und an KI-Talenten ist zweifelsohne das größte Hindernis bei der Umsetzung von KI, zumal der Bedarf bei den Banken jährlich um rund 60 % wächst. Deswegen werden KI-Projekte hier größtenteils outgesourct. Nur 29 % werden in-house entwickelt (Versicherungen 43 %). Während KI-Experten bei FinTechs rund 7,75 Jahre Joberfahrung aufweisen, kommen sie bei den Banken auf nur 5 Jahre (PwC, 2020).

5.2.3 State-of-the-Art bei transparenter Beratung und Omnichanneling

Open-Banking-Produkte basieren auf Algorithmen, die Daten aggregieren und personalisierte Finanzangebote für Endkunden ermöglichen. Damit können Banken ihre Marketingbemühungen über eine Reihe von Metriken hinweg verbessern und effektivere Erlebnisse erzielen. Im Open-Banking werden die Transaktionsdaten vor allem auch dazu genutzt, ein tieferes Kundenverständnis auf Basis der persönlichen Finanzlage zu schaffen und individuell zugeschnittene Angebote zu offerieren. Einige Banken kooperieren bereits mit Versicherungen und bieten entsprechende Produkte auf Basis bestimmter Lebensereignisse an. Versicherungsunternehmen können demgegenüber ihr Beratungsangebot durch die Verknüpfung mit dem Bankkonto und einer Analyse der finanziellen Situation optimieren. Damit können Fälle von Unterversicherung aufgedeckt oder kostengünstigere Versicherungsprodukte empfohlen werden. Bankberater erkennen darüber hinaus Einsparpotenziale oder erstellen individuelle Investitionspläne unter Berücksichtigung der regelmäßigen Einnahmen und Ausgaben von Kunden. PSD3 ermöglicht den Zugang zu neuen Datenfeldern und einer umfangreicheren Kundenanalyse (Deloitte Whitepaper, 2023).

Personalisierte Finanzangebote und Hyperpersonalisierung

Hyperpersonalisierung ist eine Marketingstrategie, die künstliche Intelligenz und maschinelles Lernen nutzt, um personalisierte Kundenerlebnisse zu schaffen, die für jeden Empfänger einzigartig sind. Dies deckt sich mit „hyperpersonalisierten Kundenerwartungen", denn die Mehrzahl der Verbraucher sind an personalisierten Kaufempfehlungen interessiert. Immerhin gut ein Drittel (36 %) der Online-Käufer gibt an, dass sie personalisierte Produktempfehlungen beim Einkauf im Internet erwarten (Getbyrd, 2021). Neben individuellen Recommendations kann die Personalisierung auf unterschiedliche Weise erfolgen, sei es durch personalisierte E-Mails oder Produktangebote, die auf dem bisherigen Verhalten eines Interessenten, demografischen Daten oder anderen Daten basieren. In jedem Fall aber steht Customization bei Online-Shoppern hoch im Kurs (Sermon, 2019).

Persönliches Finanzmanagement und transparente Beratung

Während bisherige Apps für das Personal Finance Management (PFM) auf PSD2-Basis keinen umfassenden Überblick über die finanzielle Situation der Kunden bieten konnten, strebt das neue Framework for Financial Data Access (FIDA) nun den umfassenden

API-Zugriff auf Kreditkarten-, Spar- und Investitionskonten an. Dadurch sind Banken verpflichtet, die entsprechenden Schnittstellen bereitzustellen. User erhalten so einen transparenten, genauen und kontenübergreifenden Einblick, während Banken und PFM-Betreiber von besserer Datenqualität und geringerem Implementierungsaufwand profitieren (Deloitte Whitepaper, 2023). Das befähigt Sparkassen dazu, Marktplatzvorteile wie Transparenz und lösungsorientierte, produktunabhängige Beratung in den stationären Vertrieb zu integrieren. Neben Markttransparenz für Beratende eröffnet sich die Möglichkeit, gleichzeitig auch Drittprodukte anzubieten, um dem Kunden umfassende Lösungen zu bieten. Anhand hausindividuell festzulegender Kriterien werden im Rahmen der transparenten Beratung auch verbundfremde Produkte angeboten (FINMAS Whitepaper, 2023).

Bonitätsbewertung und Kreditgenehmigung

Im Zuge von Open Finance können Kreditantragsteller Banken und Kreditgebern den Zugriff auf ihre Konten ermöglichen, um ihr individuelles Risiko und ihre finanzielle Situation besser darzustellen. Dies erleichtert die Einschätzung der aktuellen Bonität. Die Prüfung kann dabei zu günstigeren Konditionen erfolgen als über Auskunfteien. Während unter PSD2 bisher primär der Zugriff auf Zahlungskonten gewährt wurde, ermöglichen der Zugriff und die Aggregation weiterer Kontotypen unter PSD3 ein umfassenderes Bild der Finanzlage des Kreditantragsstellers (Deloitte Whitepaper, 2023).

Omnichannel-Banking

Das Omnichannel-Banking bezieht sich in Anlehnung an den Multi-Channel-Handel auf die nahtlose und widerspruchsfreie Integration der Verkaufskanäle. Dies trägt auch der Tatsache Rechnung, dass der Online-Auftritt von Banken eine herausragende Bedeutung für die Leadgenerierung bei Finanzgeschäften hat, auch wenn der Abschluss anschließend in der Filiale erfolgt. So nutzt der Bankkunde von heute mehrheitlich das Online-Banking, besucht aber zugleich auch regelmäßig persönlich seine Bankfiliale. Mobile Apps werden zu 23 % täglich bzw. zu 29 % wöchentlich und damit am häufigsten für Bankgeschäfte genutzt, und zwar in erster Linie für die Abwicklung von Zahlungen (53 %), an zweiter Stelle, um sich einen Überblick über die eigenen Finanzen zu verschaffen, etwa durch Überprüfung des Kontostands (49 %) (Leichsenring, 2023). 42 % der Deutschen verwalten zumindest einen Teil ihrer Konten zentral über eine App, während weitere 22 % darüber nachdenken, das in Zukunft zu tun. Trotz Online-Banking waren 83 % der Bankkunden in 2023 persönlich bei ihrer Bank, 42 % sogar monatlich oder häufiger. Immerhin 14 % der Kunden würden am liebsten nie mehr eine Bankfiliale besuchen, sind aber noch dazu gezwungen.

In Anlehnung an die Erfahrungen im Retail-Sektor ist es wichtig, den Kunden beim „Channel Hopping“ keine widersprüchlichen Informationen oder Angebote zukommen zu lassen. Zugleich sollten den Kunden sämtliche Varianten der Kanalnutzung möglich gemacht werden, wie es der Smart Store oder die self-checkout-fähige Shopping-App im Handel ermöglichen. Und zwar ohne bestimmte Dinge wie den Besuch einer Filiale für Kontoeröffnungen, Unterschriften, Vorlage von Dokumenten oder Freistellungsanträgen vorzuschreiben. Das Argument, dass die Systeme nicht multichannelfähig sind und das nicht ermöglichen würden, ist aus Kundensicht hinfällig. Denn die Kunden haben mittlerweile gelernt, dass sämtliche Transaktionen auch unterschriftsfrei möglich sind.

Bankfiliale der Zukunft
Schon die digitale Revolution hat die Interaktion zwischen Banken und Kunden grundlegend verändert. Bankkunden haben sich bereits in anderen Konsumgüterbranchen an schnelle und zuverlässige Services gewöhnt. Sie erwarten jetzt auch im Banking eine bequeme und extrem personalisierte Customer Journey rund um die Uhr. Dabei hat die Umstellung auf digitale Kanäle die Kundeninteraktionszeiten erheblich verkürzt (zeb, 2023). Zugleich werden jederzeit unzählige Kontakte zwischen Einzelkunden und Bank generiert. Immer mehr Abläufe und Services werden automatisiert und/oder verschlankt. Dabei treiben neue Marktteilnehmer wie die FinTechs die Innovation an und erhöhen damit den Druck in der Produktentwicklung. Die KI macht es möglich, in großer Bandbreite neue Formen der Individualisierung einzusetzen. Offensichtlich kommen die Banken mit diesen neuen Gegebenheiten sehr gut zurecht (zeb, 2023). Banken und Sparkassen haben enorm in digitale und unterschriftsfreie Produkte investiert. Sie sind damit in der Lage, integrierte Omnichannel-Formate umzusetzen. „Mobile-only" oder „App-first"-Konzepte sowie digitale Finanzplattformen sind inzwischen gang und gäbe. Dabei nehmen Beyond-Banking-Angebote als neue Ertragsquellen Gestalt an. Die Transformation zum Omnichannel-Banking hat viele Geldinstitute allerdings dazu verleitet, die stationären Niederlassungen als klassische Orte der Kundenbetreuung zu vernachlässigen. So können diese meist nicht alle digitalen Angebote abbilden. Auch sind die Service-Angebote vor Ort in der Regel nicht mit den digitalen Angeboten verzahnt. Außerdem hinkt die Fachkompetenz der Bankberater immer mehr der digitalen Angebotspalette der Bank sowie den Erwartungen der Kunden hinterher. Die Bewertungen werden schlechter und die Kluft zwischen den Kundenerwartungen und den stationären Angeboten der Filialen wird größer (zeb, 2023).

5.2.4 Ausbau von Core, Near und Beyond Banking

Mittlerweile hat das Konzept von Beyond-Banking-Ökosystemen Eingang in die Strategieagenda von Banken und auch Regionalbanken gefunden. Dabei handelt es sich um Geschäftsmodelle, die das traditionelle Leistungsportfolio (Banking) um banknahe und bankfremde Leistungen (Beyond Banking) erweitern (Sancar, 2023). Während das Banking das klassische Kernbankgeschäft (Core Banking) umfasst, das aus dem Zahlungsverkehr, Einlagen-, Kredit- und Geldmarktgeschäft besteht und eine Banklizenz erfordert, sind banknahe Leistungen Geschäfte mit Finanzbezug, wie zum Beispiel Versicherungs- und Immobiliengeschäfte (Near Banking). Beyond Banking bezeichnet dagegen Geschäfte, die darüber hinausgehen, mit bankenfremden Produkten und Dienstleistungen wie u. a. lokalen Handwerkerleistungen. Bei Regionalbanken und Sparkassen könnte das Beyond Banking also regionale Unternehmen, Kunden, Produkte und Services zu einem

Ökosystem aggregieren und verknüpfen. Über dieses Ökosystem könnte dann die gesamte Interaktion von Informationen, Anfragen, Kauf- und Zahlungsprozessen abgewickelt werden. Alle Akteure brauchen dabei die Plattform nicht zu verlassen, sodass Transaktionen, Daten und Erträge im Ökosystem verbleiben. Dadurch können Kunden in der Region durch einen einfachen Zugang zum Netzwerk der Bank mit örtlichen Anbietern verknüpft werden und erhalten damit für alle Lebenssituationen und Bedürfnisse die besten regionalen Lösungen. Aufgrund ihrer starken regionalen Verwurzelung und intensiven Kundenbeziehungen sind Regionalbanken für ein derartiges Ökosystem prädestiniert. Sie können dadurch zusätzliche Kundenkontakte knüpfen und Kunden in allen Lebensbereichen begleiten. Zugleich wird das Core Banking kontextualisiert und in die Lebensbereiche der Kunden integriert. Damit erreicht die Bank den Kunden frühzeitig in seinen Vorhaben und bindet ihn langfristig an die Bank.

Breit aufgestellte Beyond-Banking-Ökosysteme, die möglichst viele Lebensbereiche abdecken, schaffen Alltagsrelevanz durch die Weiterentwicklung vom finanziellen zum generellen Alltagsversorger und fördern die emotionale Bindung zur Bank (Sancar, 2023).

Beyond Banking als kapitalmarktunabhängiger Geschäftszweig

Beyond Banking kann Banken helfen, einen kapitalmarktunabhängigen Geschäftszweig aufzubauen, der stabile zusätzliche Provisionserträge generiert und nicht das Eigenkapital der Bank belastet. Zugleich verbessern diese Erträge das Ergebnis und erhöhen die Eigenkapitalausstattung, wodurch Banken wiederum weitere Kredite verleihen und mehr Zinserträge mit Core Banking generieren können (Der Bank Blog Beyond Banking 2023). Dies erfolgt unabhängig von der Zinslage oder anderen Marktrisiken und hat somit einen positiven Effekt auf die Ertragsstrategie.

Zugangswege und Kontextualisierung von Core Banking

Im Zuge fortschreitender Digitalisierung haben Online-Banken begonnen, bereits frühzeitig im Kontext von Kundenbedürfnissen maßgeschneiderte Finanzlösungen anzubieten. Deswegen sollten Banken ihre Online-Präsenz intensivieren und ihre Aktivitäten auf solche Plattformen fokussieren, auf denen sich die Kunden bevorzugt aufhalten. Erstklassige Kundenbetreuung setzt dabei eine umfassende Begleitung durch das Bankinstitut über die gesamte Customer Journey hinweg voraus, und zwar von der Vorabinformation über das Bankgeschäft bis hin zur Nachbetreuung. Die Zeit dafür ist günstig, denn Kunden suchen vermehrt regionale und nachhaltige Lösungen, die ihnen zugleich bei Preisersparnis, Zeitersparnis und Komfort entgegenkommen (Sancar, 2023).

Beispiel Lebenswelt Bauen und Wohnen

Am Beispiel des Lebensbereichs Bauen und Wohnen wird in Abb. 5.5 die klassische Core Banking Customer Journey im Vergleich zu einer Beyond Banking Kundenreise dargestellt. Dies veranschaulicht, wie Banken ihr regionales Netzwerk nutzen können, um ihre Touchpoints bei Kunden auszubauen (Sancar, 2023).

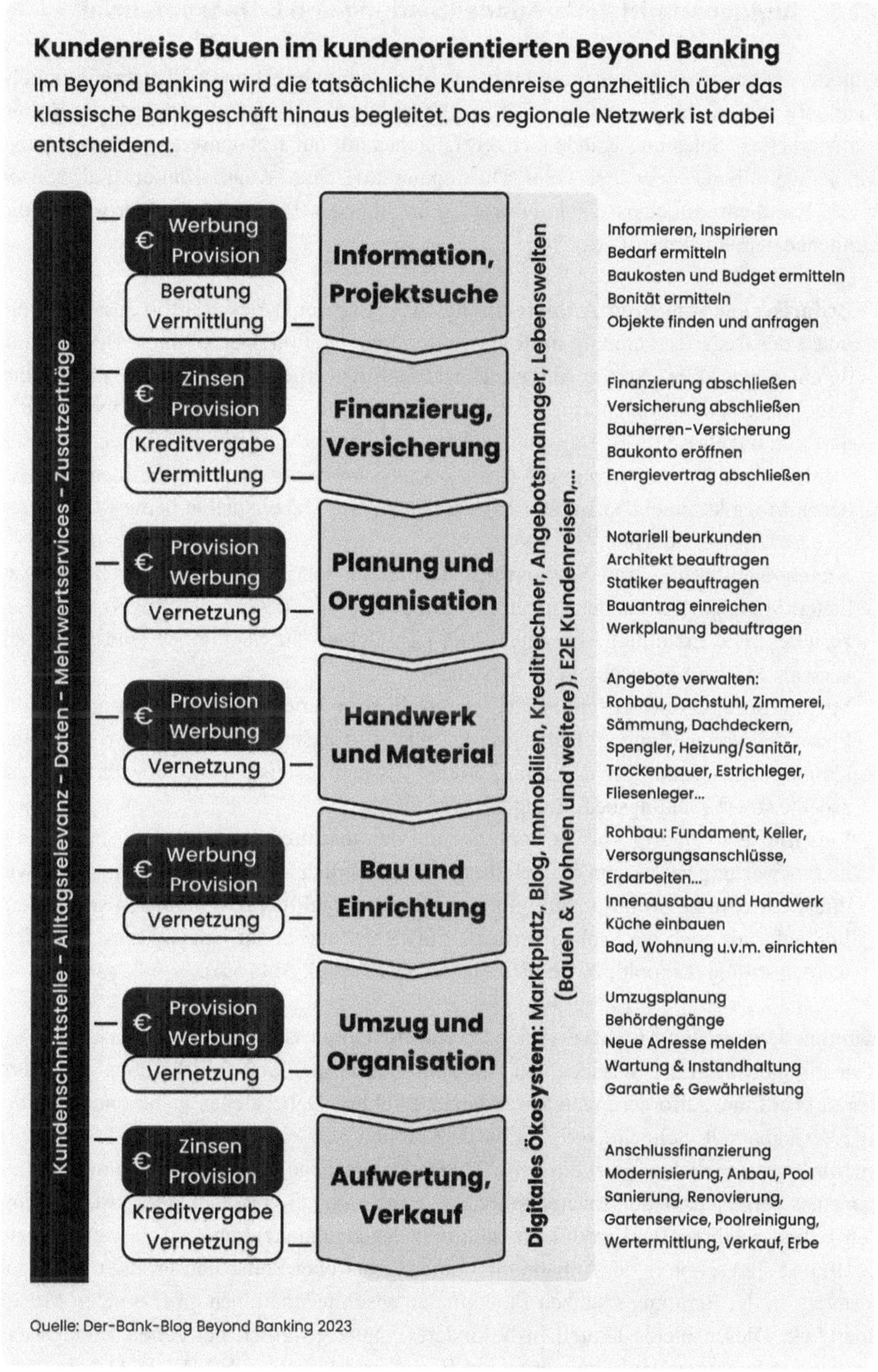

Abb. 5.5 Beyond Banking am Beispiel Bauen. (Sancar, 2023)

5.2.5 Kundenschnittstelle, Kundenbindung und Ertragspotenzial

Kundengewinnung und Kundenbindung sind nicht mehr ohne digitale Plattform möglich. So ändern sich im Akquisitionsprozess in Abhängigkeit von der Prozessphase die Rollen von Marketing, Sales und Kundenberater. Gleiches gilt auf Kundenseite bezüglich möglicher Beeinflusser oder bei einer Diskrepanz zwischen Kunde/Käufer und Nutzer (z. B. Familienmitglieder). Ziel muss es sein, in jeder Phase des Kaufprozesses die Kundenbeziehung aktiv zu gestalten:

- **Bedarfserkennung und Anbietersuche**: Ausgangspunkt des Kaufprozesses ist die Phase der Bedarfserkennung im Rahmen der Spezifikation. Der konkrete Bedarf kann durch interne oder externe Anregungen ausgelöst werden. Intern erfolgt dies in der Regel durch einen Angehörigen des Kunden (User, Initiator), während extern ein Bedarf durch Anlässe (z. B. Hauskauf), Hinweise, Direkt-Marketing-Aktionen ausgelöst werden kann. Danach erfolgt die Anbietersuche, wobei es dann um die Identifikation der in Frage kommenden Berater bzw. Banken geht. Dabei spielen heute Plattformen eine herausragende Rolle.
- **Angebotseinholung und Vorauswahl**: In diesem Schritt geht es aus Sicht des Anbieters vor allem darum, die Nutzenkriterien und Vorteile des eigenen Angebots herauszustellen. Die Erstellung von Angeboten ist durchaus aufwändig, sie sind allerdings auch als Marketinginstrument zu verstehen.
- **Verhandlungen und Abschluss**: Mit den Anbietern der engeren Wahl beginnt nun die Phase der Verhandlungen. Dabei werden alle Auftragsmodalitäten wie Art, Qualität, Umfang und Dauer der Leistung, Preis, Ergänzungsleistungen, Gewährleistungsaspekte sowie Zahlungsbedingungen verhandelt.
- **Leistungserbringung und Bewertung**: Bei der abschließenden Leistungserbringung und -bewertung geht es um die Erfüllung der vertraglich festgelegten Leistungen sowie ihre Beurteilung. Grundsätzlich gilt, dass in der Regel mehrere Personen sowohl am Verkaufs- als auch am Einkaufsprozess mitwirken und in der Vermarktung adressiert werden sollten (Lippold, 2018; Heinemann, 2019) (vgl. Abb. 5.6).

Kunden fordern den Marktvergleich im Rahmen einer transparenten Beratung
Kunden übertragen die Services von Amazon, Netflix und weiteren digitalen Anbietern verstärkt auf ihre Anforderungen an modernes Banking. Dabei stehen insbesondere sofortige Verfügbarkeit, Schnelligkeit, Verlässlichkeit und Vergleichbarkeit sowie Transparenz im Vordergrund. Nicht zuletzt das seit 2022 stark angestiegene Zinsniveau treibt den Nutzen eines Vergleichs in der privaten Wohnbaufinanzierung. So recherchieren fast alle Kunden online zu ihren Bankprodukten inklusive der Baufinanzierung (IT Finanzmagazin 2019) und sind schon in der Anbahnung immer besser über Preise und Produktinhalte informiert. In der Beratung schätzen Bankkunden anschließend einen umfassenden Marktüberblick. Diesen bieten aktuell insbesondere Finanzvermittler, bei denen Kunden das beste Preis-Leistungs-Verhältnis erwarten (Investors Marketing AG 2019). Dabei stehen

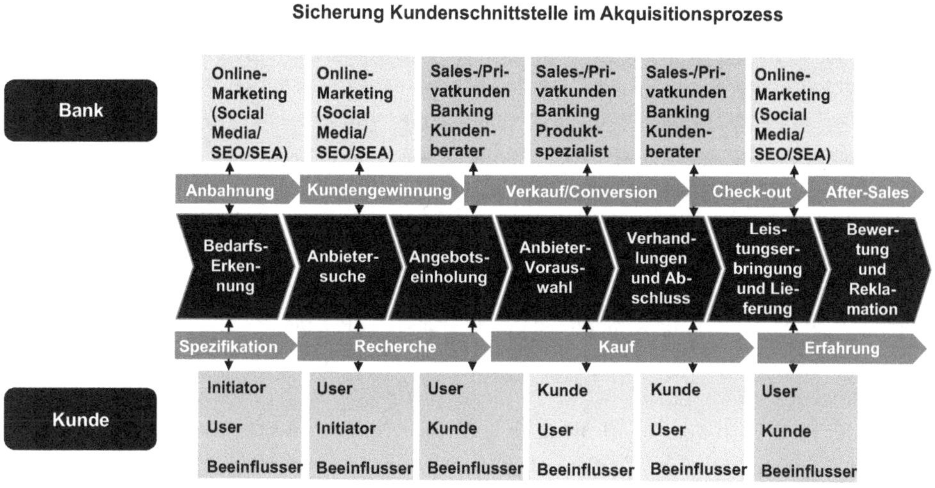

Abb. 5.6 Verkaufs- und Kaufseite im Akquisitionsprozess. (Eigene Darstellung in Anlehnung an Lippold, 2018)

die individuellen Bedürfnisse des Kunden im Mittelpunkt eines lösungsorientierten Marktvergleichs, der den passenden Bankpartner für das Kundenvorhaben anhand seiner Ziele und Wünsche findet.

Sparkassen adaptieren transparente Beratung

Um auf den verstärkten Wettbewerb um Beratungsmarktanteile in der privaten Baufinanzierung zu reagieren, haben FINMAS GmbH und Finanz Informatik gemeinsam eine Integration des Finanzmarktplatzes FINMAS in das Kernbankensystem OSPlus vorgenommen. Über die Vertriebsprozesse unter OSPlus_neo können Sparkassen so in der Anbahnung sowie in der Beratung Vergleichskonditionen anbieten und einen umfangreichen Marktvergleich für den Kunden vornehmen. Im Jahr 2024 nutzten bereits rund 80 Sparkassen zumindest situativ die Möglichkeit, im Rahmen eines Beratungsgesprächs Drittanbieterkonditionen einzubinden. Immer mehr Sparkassen entscheiden sich für eine transparente Beratung, bei der jeder Kunde einen umfassenden Marktvergleich erhält.

Transparente Beratung steigert betriebswirtschaftliche Attraktivität der privaten Wohnbaufinanzierung

Für ein durchgängiges Erlebnis entlang der Customer Journey ist es wichtig, die transparente Beratung über ein entsprechendes Leistungsversprechen in der Außenkommunikation zu nutzen und über einen besseren Kundenzugang die Anzahl an Baufinanzierungsinteressenten zu steigern. Mehr Kundenkontakte, die durch professionelles Leadmanagement schnell in eine Beratungssituation –stationär, per Video oder Telefon – überführt werden, erhöhen die Anzahl an beratenen Kunden signifikant. Messbar ist auch, dass eine transparente Beratung mehr beratene Kunden zum Abschluss führen kann und eine Reduzierung der Leerberatungsquote (Kunde lässt sich beraten und schließt nicht ab) erreicht werden kann.

Bei entsprechend wettbewerbsfähiger Positionierung des Eigenprodukts führt die transparente Beratung zu einer Steigerung des bilanziellen Neugeschäfts. Aufgrund einer objektiv hergeleiteten Kaufentscheidung des Kunden und untermauert mit einer steuernden Einschränkung von Sonderkonditionskompetenzen reduziert sich die Anzahl an Preisverhandlungen mit Sonderkonditionszugeständnissen, was zusätzliche wirtschaftliche Effekte im Eigenbuch realisiert. Ergebnis ist eine häufig höhere Eigenbuchmarge, welche den Zinskonditionenbeitrag relevant steigert. Zusätzlich steigen die Provisionserlöse für Beratungen, mit denen heute überwiegend Aufwand, aber kaum Ertrag verbunden ist, bei einer Drittvermittlung an alternative Bankpartner. Insgesamt wird auch das Cross-Selling-Potential gestärkt, da mehr Kunden bei der Sparkasse eine Finanzierung erhalten und auch bei eventueller Drittvermittlung das volle Cross-Selling-Geschäft in der beratenden Sparkasse akquiriert werden kann.

Mit der Perspektive auf die strategischen Anforderungen im Rahmen des Managements risikogewichteter Aktiva eröffnet die Möglichkeit einer aktiven Ausplatzierung bestimmter Finanzierungskonstellationen wichtige Steuerungsmöglichkeiten. Wie Abb. 5.7 zeigt, können Sparkassen mit der transparenten Beratung aber insbesondere ihre Positionierung als Beratungsanbieter mit einem modernen Leistungsversprechen verbessern und den Kundenzugang optimieren. Im Zuge der transparenten Beratung lässt sich der Absatz in der privaten Wohnbaufinanzierung steigern – sowohl im Eigenbuch als auch über die Drittvermittlung (Bleil, 2023).

Alle Anforderungen an Banken sind zusammenfassend in Abb. 5.8 dargestellt.

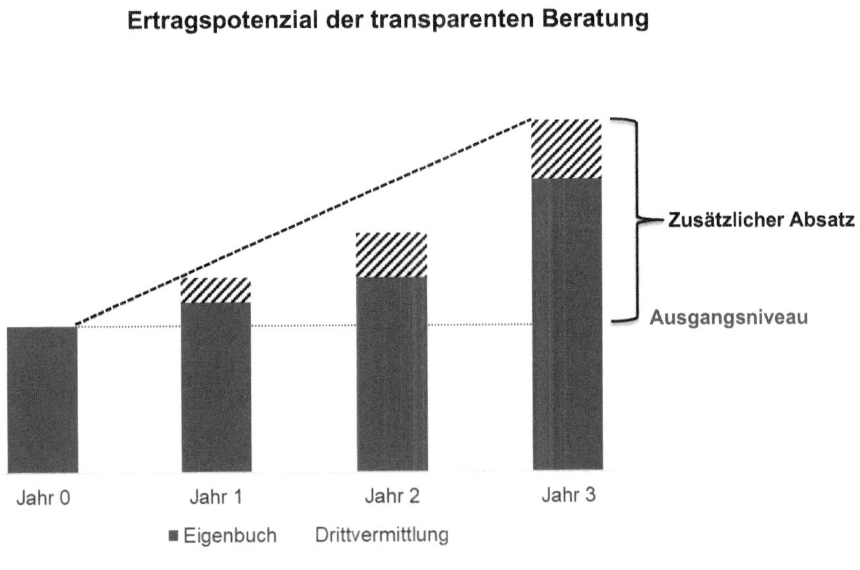

Abb. 5.7 Chancen der transparenten Beratung. (FINMAS Transparenz Whitepaper 2023)

Banking Leadership bei digitaler Transformation	• Höchstmöglicher digitaler Reifegrad • Auf Augenhöhe zu Challenger Banken – u.a. bei mobiler Kontoeröffnung • Gekonnte Reaktion auf digitale Kundenerwartungen • Globaler Umsetzungsstand bei digitalen Themen (u.a. BaaS und Open Finance)
Intelligent Open Banking	• Know your customer – datenbasierte Transparenz der Kunden • Empower your employers – Qualifizierung der Mitarbeiter • Deliver intelligent supply chain – Digitalisierung und Automatisierung aller Prozesse • Reinvent Retail – Neuerfindung des stationären Geschäfts
State-of-the-Art Transparente Beratung und Omnichanneling	• Verbesserter Kundenzugang und Personalisierung • Steigerung des bilanziellen Neugeschäftes • Reduzierung der Leerberatung, Erhöhung Provisionserlösen und Eigenbuch-Marge • Integriertes Omnichanneling
Ausbau von Core-, Near- und Beyond-Banking	• Finanz-Marktplatz als All-Finanzanbieter – Kontextualisierung von Core Banking • Near-Banking Angebote aus allen Finanzdiensteistungen inkl. Versicherungen • Beyond-Banking rund um die Immobilie – Lebenswelt „Immobilie & Finanzierung“ • Lokale Beyond-Banking-Ökosysteme
Sicherung Kundenschnittstelle, Kundenbindung u. Ertragspotenzial	• Berücksichtigung der neuen Kriterien für Bankenauswahl und -wechsel • App-basierte Loyalitätsprogramme • Honorierung von Kundentreue • Wettbewerbsvorteil und klares Zielbild

Abb. 5.8 Anforderungen an Geschäftsmodell-Innovationen aus Kundensicht

5.3 Mögliche Geschäftsmodell-Innovationen im Rahmen von Open Finance

Baufinanzierung (Baufi) gilt als attraktives Ertragsfeld mit hohem Marktpotenzial. Daher sollen nachfolgend mögliche Open-Finance-Innovationen in diesem Feld vorgestellt und erläutert werden. Als Baufinanzierung „von morgen“ ist ein zentralisiertes Angebot für Kunden mit „einer Anlaufstelle“ angedacht. Dieses ist als App-basiertes Kundenportal konzipiert, um mehr Kontakte, mehr Kunden und mehr Erträge für das Vermittlungsgeschäft zu generieren. Es sieht eine maximale Kundenzentriertheit, optimierte Datennutzung sowie integrierte Produktlösungen vor. Dabei stehen die Erfüllung aller technischen und vertrieblichen Voraussetzungen sowie die optimale organisatorischen Umsetzung im Fokus. Die Chancen sind hoch, denn eine positive Ertragswirkung nach der Implementierung auf Basis der Neu-/Bestandskunden und der Kundenreise erscheint möglich.

5.3.1 Positionierung im Markt und Wettbewerbsumfeld für Intelligent Open Finance

Das Konsumverhalten in der privaten Baufinanzierung wurde mit dem starken Zinsanstieg im Jahr 2022 stark eingetrübt. Wie Abb. 5.9 zeigt, verlor die Sparkassen-Finanzgruppe Marktanteile in der privaten Wohnbaufinanzierung. Kunden entscheiden sich verstärkt für

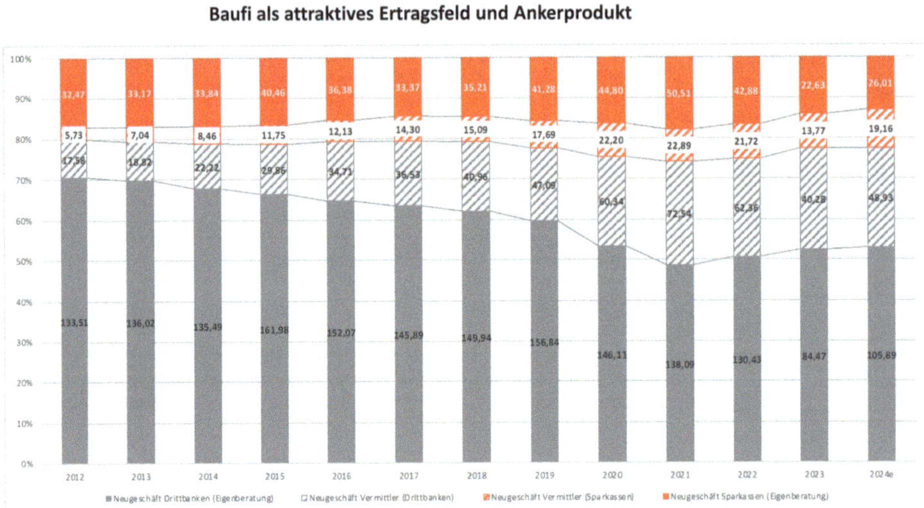

Abb. 5.9 Entwicklung des Baufinanzierungsvolumens in Deutschland. (Eigene Darstellung auf Basis Deutsche Bundesbank, 2024)

Beratungsanbieter, die einen Marktvergleich anbieten. Dies führt zu einem wachsenden Marktanteil von Vermittlern am Gesamtmarkt. Im Jahr 2024 haben fallende Bauzinsen und eine aufgehellte Kreditnehmerstimmung zu einem wachsenden Gesamtmarkt geführt (+20 % gegenüber 2023; Deutsche Bundesbank, 2024). Für die Jahre ab 2025 ist ein weiter wachsender Gesamtmarkt zu erwarten, gestützt durch ein entsprechendes Zinsniveau und wachsende Teilmärkte in den Segmenten Modernisierung und energetische Sanierung. Insofern liegt es nahe, Angebote für Sanierung und Modernisierung bzw. energetische Sanierung (Wechsel auf erneuerbare Energien) zu forcieren. Darüber hinaus sollte das Bestandsgeschäft mit Priorität auf die klassische Prolongation sowie Anschlussfinanzierung inklusive Fremdbankablösung gesichert werden. Dabei haben Sparkassen das Potenzial, mit ihrer Finanzplattform und App digital und effizient Ansprechpartner Nr. 1 für ihre Kunden zu sein. Das Marktpotenzial bleibt hoch, da 41 % der Immobilien noch nicht energetisch saniert sind (FINMAS, 2023, 2024; Deutsche Bundesbank, 2024). Insofern gilt die Baufinanzierung als attraktives Ertragsfeld und Ankerprodukt mit hohem Marktpotenzial.

Beratungskompetenz und Vertrauensvorsprung der Sparkassen

Sparkassen genießen weiterhin ein immenses Vertrauen. Immerhin 43 % der Kunden bestätigen dies, gegenüber 38 % bei Volks- und Raiffeisenbanken, 25 % bei der Commerzbank, 22 % bei der Deutschen Bank und Postbank, 20 % bei der DKB sowie 11 % bei N26. Darüber hinaus bleiben regionale Marktkenntnis sowie die Möglichkeit eines persönlichen Kontakts von Kunden und Beratenden wichtig (FINMAS, 2023, 2024; Deutsche Bundesbank, 2024). Gleichwohl leidet das Kundenerlebnis im aktuellen Zinsumfeld.

Unter anderem im Punkt „Fairness“ haben aus Endkundensicht insbesondere Sparkassen verloren, u. a. aufgrund einer verzögerten Weitergabe der Zinserhöhungen im Anlagebereich (Investors Marketing 2024).

Kundenwunsch nach Transparenz und ganzheitlichen Lösungen

Immer mehr Kunden fordern eine transparente Beratung bei der Baufinanzierung, inklusive Marktvergleich. Rund 40 % der Kunden, die über einen Vermittler eine Baufinanzierung bei den Sparkassen anfragen, sind Bestandskunden. Diese wünschen sich Transparenz in Bezug auf die Preise und Produkte der verschiedenen Anbieter sowie ganzheitliche Lösungen aus einer Hand statt Einzelprodukte. Dabei steht die Begleitung eines möglichst großen Teils der Kundenreise im Vordergrund. Vermittler punkten aus Kundensicht nicht ausschließlich mit dem Preisvergleich, sondern auch aus der Leistungsperspektive, indem sie Kunden relevante Aufgaben entlang der Kundenreise abnehmen. Darüber hinaus erwarten Kunden sowie Beratende im Gesamtprozess Unterstützung durch schnelle, automatisierte Prozesse mit hoher Verlässlichkeit. In diesem Kontext nimmt die Bereitschaft von Kunden für einen Sofortabschluss in der Baufinanzierung zu (Europace AG 2022).

Fokus auf Nutzungsphase und Vermietung

Zweifelsohne bieten die Sparkassen in allen Phasen der Baufinanzierung attraktive Angebote und Services (vgl. Abb. 5.10). In der Impulsphase liefert z. B. DasHaus wertvolle Ideen zu umfassenden Themengebieten wie Immobilie, Bauen, Garten oder Leben. In der Auswahlphase unterstützen bspw. das S-Immobilienportal und der S-Immopreisfinder bei der Suche und Bewertung von Immobilien. In der Transaktionsphase unterstützen Self Service und transparente Beratung über den ins Kernbanksystem OSPlus_neo integrierten Finanzmarktplatz der FINMAS das Kundenerlebnis. Weiter bietet der S-Versicherungs-

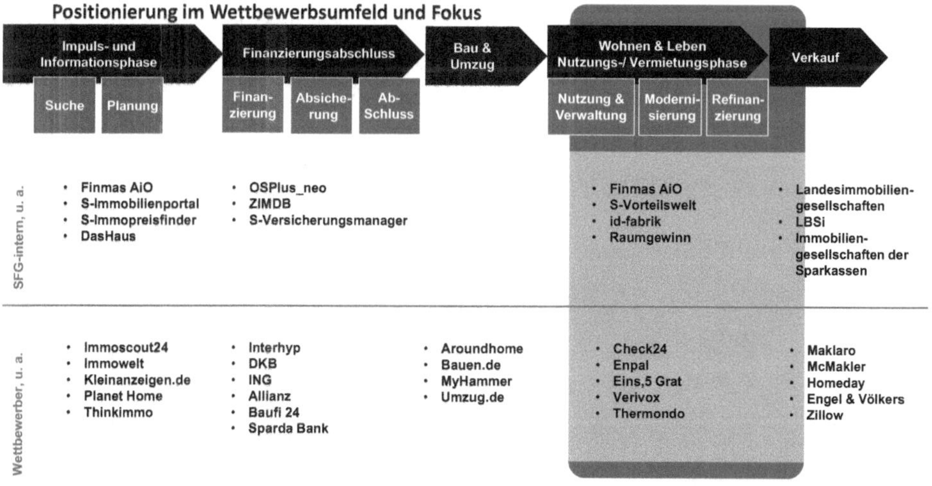

Abb. 5.10 Wettbewerbsumfeld und Fokus von Baufinanzierungen. (FINMAS, 2023)

manager umfassende Lösungen rund um die Absicherung. Die Bau- und Umzugsphase sowie die Nutzungs-/Vermietungsphase werden im Zuge aktueller strategischer Initiativen schrittweise zu neuen Geschäftsfeldern der Sparkassen-Finanzgruppe. Künftig können über die jeweilige Sparkasse unter anderem auch Handwerkerservices gebucht und Verbraucherverträge für die Immobilie abgeschlossen werden. Mit dem Programm „Rund um die Immobilie" (RUDI) begleiten Institute der Sparkassen-Finanzgruppe (SFG) ihre (zukünftigen) Kundinnen und Kunden ein Leben lang bei allen Fragestellungen rund um die Immobilie und die Finanzierung. Die Maklerorganisation der SFG spielt in der abschließenden Verkaufsphase eine zentrale Rolle und wird in ihrer Marktführerschaft u. a. durch Verkäuferleads aus RUDI gestützt. Über die gesamte Customer Journey hinweg können Sparkassen ihre regionalen Stärken im digitalen Raum vernetzen und ihre Dienstleistungen und Produkte in einem hybriden Ansatz per Self Service sowie inklusive persönlicher Beratung anbieten (FINMAS, 2023).

5.3.2 Geschäftsidee für Intelligent Open Finance

Eine relevante Geschäftsidee im Bereich Intelligent Open Finance ist die „Immobilien- und Baufinanzierung von morgen". Ziel ist es, Kunden ganzheitlich rund um das Asset Immobilie zu begleiten, den gesamten Lebenszyklus einer Immobilie abzubilden und die Wertschöpfungskette „Immobilie & Finanzierung" im Sinne der Plattformökonomie zu erweitern und zu vertiefen. Hierfür wird ein Ausschnitt bestehender Lösungen und Systeme im Umfeld der Sparkassen-Finanzgruppe zu einer kundenorientierten und modernen Begleitung für Kunden und Sparkassen-Mitarbeitende weiterentwickelt (vgl. Abb. 5.10). Dabei werden die Anforderungen von Kunden an modernes, digitales Banking sowie an Transparenz und Marktvergleiche umfassend berücksichtigt (vgl. Abb. 5.11).

Zentralisiertes Angebot für Kunden „mit einer Anlaufstelle"

Über das Cockpit Immobilie wird im Online-Banking die zentrale Anlaufstelle für das Management von Immobilie und Finanzierung durch SFG-Kunden geschaffen. Die Im-

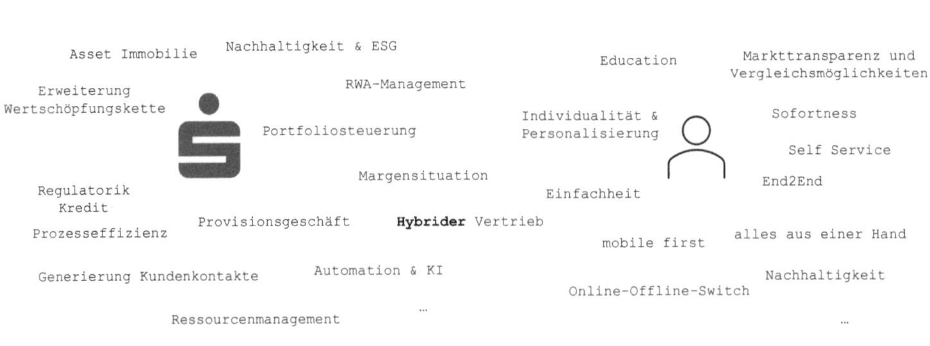

Abb. 5.11 Zukünftige Vernetzung von Immobilie und Baufinanzierung

mobilie wird als Assetklasse in der Finanzübersicht angezeigt und gelangt so analog zu einem Wertpapierdepot in den Fokus des Kunden. Über breit gestreute Services soll eine Vielzahl an Kontaktpunkten in allen Kanälen generiert werden, um in den Alltag des Kunden eingebunden zu werden und den Customer-Lifetime-Value des einzelnen Kunden zu steigern. Hierzu werden Kunden bedürfnisorientiert, datenbasiert und mit personalisiertem Content angesprochen. So soll beispielsweise ein Verkaufswunsch erkannt und der Kunde zu einem Verkauf auf den Plattformen der Sparkassen-Finanzgruppe animiert werden. Dies stärkt den Immobilienvertrieb in der Sparkassen-Finanzgruppe und sorgt für einen stetigen Zufluss von Objekten und damit verbundenem Cross-Selling, wie beispielsweise dem Finanzierungsgeschäft. Bestands- und Neukunden mit Immobilie werden von ihrer Sparkasse über die gesamte Lebensdauer begleitet und gleichzeitig durch weitere Produkte und Leistungen noch stärker an die Sparkassen-Finanzgruppe gebunden.

Transparenz und Wettbewerbsvergleich mit Netzwerkeffekt

Neben dem kostenfreien Inserat für Privatverkäufe wird auch für Partnermakler der jeweiligen Institute die Möglichkeit geschaffen, Objekte kostenfrei auf den Plattformen der Sparkassen-Finanzgruppe zu inserieren. Dadurch wird die Masse an angebotenen Immobilien im Kontext der Sparkassen-Finanzgruppe signifikant erhöht, was im Rahmen der Immobiliensuche ihre Relevanz und Attraktivität für Kunden steigert. Analog zur transparenten Beratung in der Baufinanzierung entsteht eine größtmögliche Transparenz im Hinblick auf die in der jeweiligen Region verfügbaren Immobilien bei der Sparkasse. Je mehr Inserate auf der Plattform gelistet sind, umso mehr Leads können gewonnen werden.

Exzellente CX/UI und Mobile-Usability

Der Aufsatz erfolgt sowohl in der browserbasierten Internet-Filiale als auch in der S-App. Neu- und Bestandskunden werden außerhalb und innerhalb der Sparkassen-Welt inspiriert und zugeführt. Zielgruppenspezifischer Content und integrierte Leadstrecken leiten Kunden weiter zur nächsten Aktion, wie z. B. in das Cockpit Immobilie, in die Beratungssituation oder zum Self-Service-Produktabschluss (FINMAS, 2023, 2024), und zwar mit einem exzellenten Kundenerlebnis, hervorragender Benutzeroberfläche und Mobile-Usability.

Seamless Customer Journey und Omnichannel-Möglichkeit

RUDI steht für einen nahtlosen Übergang zwischen digitalem Self Service und persönlicher Beratung, welche je nach Kundenwunsch sowohl digital als auch stationär stattfinden kann. Ein umfassendes Berater-Dashboard bringt dabei einen 360-Grad-Blick auf den jeweiligen Kundendatensatz und die Kundenvorhaben. Mit einem professionellen Lead-Management werden Kundenkontakte automatisiert qualifiziert, angereichert, dem passenden Beraterplatz zugespielt und bei Nicht-Aktivität der Beratenden weitergeleitet. Bei Leadüberschüssen in den Instituten der Sparkassen-Finanzgruppe können Leads über einen Lead-Marktplatz weiterverkauft werden. Zur Realisierung einer Seamless Customer Journey wird über eine Vielzahl von Datenpunkten eine umfangreiche Auswertbarkeit und Steuerbarkeit der Kundenreise ermöglicht. Die Analysefähigkeit in den einzelnen SFG-Instituten wird durch zentral bereitgestellte Business Intelligence und Dashboards unterstützt.

Optionale Self-Service-Möglichkeit

Bereits heute ist bei Kunden eine hohe Affinität für selbsterklärende Self-Service-Lösungen feststellbar. Aktuell würden rund 50 % der Kunden ihre Baufinanzierung gern online abschließen (FINMAS, 2023, 2024), und dieser Prozentsatz wird weiter steigen. Die Self-Service-Affinität deutscher Bankkunden lässt sich auf weitere Dienstleistungen und Produkte rund um die Immobilie wie die Absicherung, Verbraucherverträge oder die Buchung von Handwerkerservices übertragen.

5.3.3 Geschäftsmodell für Intelligent Open Finance

Mit RUDI sollen Wahrnehmung, Reichweite und Traffic stark ausgebaut werden, um deutlich mehr qualifizierte Leads und Abschlüsse zu generieren (FINMAS, 2023, 2024). Dabei werden die Anforderungen aus Bankensicht berücksichtigt. Diese bilden die Struktur des Geschäftsmodells.

Leadership bei digitaler Transformation

RUDI ermöglicht der Sparkassen-Finanzgruppe eine Vorreiterrolle bei Regionalbankvertrieben im Kontext digitaler Plattformen und Ökosysteme rund um Immobilien und Finanzierungen. Im Wettbewerbsvergleich mit (digitalen) Finanzvertrieben wie der Interhyp AG sowie Direktbanken wie der ING DiBa wird deutlich, dass die Einführung von RUDI zeitnah, flächendeckend und möglichst bundesweit einheitlich erfolgen muss, um (Neu-)Kunden anzusprechen. So hat die ING DiBa im Frühsommer 2024 mit ihrer Instant-Baufinanzierung einen neuen Marktstandard ab spätestens 2027 angekündigt. Kunden sollen im Self Service innerhalb von zehn Minuten eine Sofortzusage in der privaten Wohnbaufinanzierung erhalten. Gleichzeitig hat der zur niederländischen ING-Group gehörende Finanzvertrieb Interhyp mit Interhyp Home einen Ansatz zur digitalen Begleitung von Kunden ins Eigenheim geschaffen, der auch für Finanzierungsmakler nutzbar ist, die z. B. über Prohyp gepoolt sind.

RUDI liefert ein digitalbasiertes, innovatives, marktgerechtes und kundenzentriertes Angebot bestehend aus zwei Säulen, der Content-Welt sowie dem Cockpit Immobilie (Abb. 5.12). Die Content-Welt verfolgt eine Zwei-Marken-Strategie. Dabei bilden eine neutrale Welt sowie die Sparkassen-Welt die ersten Anlaufpunkte für den Informationsbedarf. Auf der Sparkassenseite bieten die Sparkassen-Marken-Ankerpunkte einen klaren Informationscharakter für Bestandskunden, mit stringenter Aufbereitung und direktem Zugriff auf Rechner, Tools und Terminvereinbarung. Dies wird ergänzt durch das neutrale Portal Haus.de für Bestands- sowie Neukunden. Eine magazinähnliche Aufbereitung bietet Vielfalt und Abwechslung mit zahlreichen Themengebieten, Formaten sowie Präsenz und Traffic. Daraus ergeben sich hervorragende Ansatzpunkte für eine Kontaktaufnahme und Lead-Generierung. Content und integrierte Leadstrecken leiten Kundinnen und Kunden weiter zur nächsten Aktion und verfolgen das klare Ziel einer Registrierung oder Anmeldung des Kunden im Cockpit Immobilie.

Abb. 5.12 Geschäftsmodell von Intelligent Open Finance

Intelligent Open Banking

Das Sparkassen-Immobilienportal wird repositioniert und als Querschnittsfunktion auf allen drei Plattformen (Sparkasse.de, Haus.de und Finanzplattform) bereitgestellt. Dabei unterstützen u. a. die Öffnung für Privatinserate (C2C) sowie die Einbindung von Drittmaklern eine maximale Reichweite und sind damit für die Positionierung der Sparkassen-Finanzgruppe im Kontext der Immobiliensuche essenziell. Die Finanzplattform bietet den Kunden alle Informationen und dazugehörigen Mehrwerte zu ihrem (Wunsch-)Objekt und nutzt Kunden- und Objektdaten zur intelligenten Ansprache. Eine enge Verzahnung mit Data Analytics und Datengenerierung an einer Vielzahl von Datenpunkten entlang der gesamten Customer Journey ermöglichen die Erkennung und Bespielung von Kundenbedürfnissen im digitalen und hybriden Raum inklusive Interaktion mit Beratern. Eine Integration weiterer Drittanwendungen (u. a. auch Absicherungsvorschlag) ist möglich (FINMAS, 2023, 2024).

Transparente Beratung und Omnichanneling

Die neue Finanzplattform ermöglicht umfassende Transparenz in Anbahnung und Beratung sowie Omnichannel-Ansätze. Sie bietet Vorteile sowohl für Kunden als auch für Sparkassen. Kundenwünsche und qualitative Aspekte der Sparkasse werden gleichermaßen bedient. Kunden erhalten eine vollständige Transparenz über Produkte, Konditionen und Prozessschritte inklusive Marktinformationen. Baufinanzierungsabschlüsse sind künftig im medialen Self-Service möglich. Digitale Lösungen z. B. für Dokumenteneinreichung oder Vertragsunterzeichnung sind integriert. Den Kunden wird ein durchgängiges Self-Service- und Beratungserlebnis bis zum Produktabschluss inklusive Verwaltung geboten. Aus Sparkassensicht werden die Prozesslaufzeiten optimiert, Systembrüche vermieden und die Datenqualität am jeweiligen Kundendatensatz optimiert (Abb. 5.13) (FINMAS, 2023, 2024).

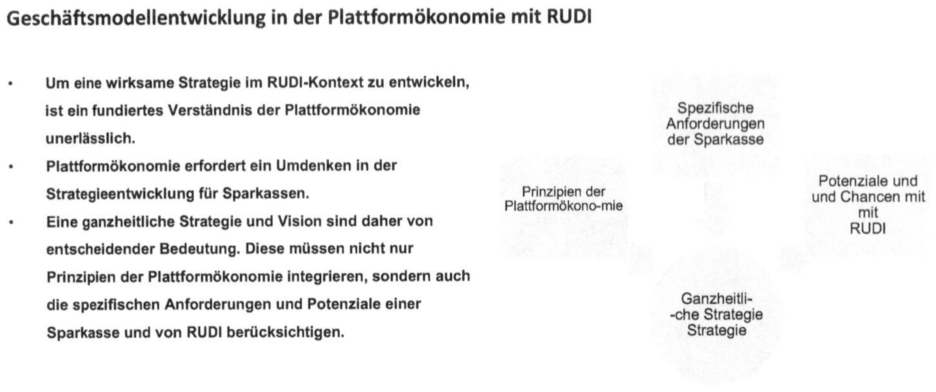

Abb. 5.13 Ganzheitliche Strategie in der Plattformökonomie mit RUDI

Ausbau von Core, Near und Beyond Banking sichert die Kundenschnittstelle und stärkt das Ertragspotenzial

Das Geschäftsmodell adressiert vor allem Bestandskunden mit der Assetklasse „Immobilie" im Finanzstatus und bietet sukzessive ein komplettes Leistungsspektrum aus Banking, Near Banking und Beyond Banking an. Dabei ist die Finanzplattform der Dreh- und Angelpunkt. Hier beginnt das Up- und Cross-Selling-Potenzial. Bestands- und Neukunden mit Immobilie bzw. Immobilienwunsch werden von ihrer Sparkasse über die gesamte Lebensdauer begleitet und gleichzeitig durch weitere Produkte und Leistungen noch stärker an die Sparkasse gebunden. Mit RUDI entsteht ein zentrales Serviceangebot rund um die Immobilie, das die Leistungsangebote und die damit einhergehenden Wertschöpfungschancen für Sparkassen deutlich erweitert.

Kundenbindung, Kundenschnittstelle und Ertragspotenzial

Das neue Geschäftsmodell ermöglicht mehr Vertriebskraft mit weniger Betriebsaufwand sowie eine Unterstützung der Prozesse durch Standardisierung und Automatisierung. Durch mediale Zuführung, Performance Marketing und Leadmanagement werden mehr Leads zu Immobilien, Finanzierung und weiteren Cross-Selling-Leistungen generiert. Kundenkontaktpunkte mit Datenerfassung ermöglichen eine verbesserte, stärker am Kundenbedürfnis ausgerichtete Interaktion. Ein professionelles Lead-Management sichert ein überdurchschnittliches Service-Level und bringt eine höhere Transparenz in Hinblick auf den Erfolg der Leadquellen sowie einzelner Leads. Eine automatisierte Vorqualifikation von Leads und die Übergabe von Daten wird ohne Systemwechsel effizient möglich. Weiterhin werden eine Forcierung der Lead-Veredlung (Bestands- und Neukunden) und der Lead-Handel möglich. Dies erhöht das Ertragspotenzial unter Effizienz- und Ausschöpfungsgesichtspunkten beträchtlich (FINMAS, 2023, 2024).

5.3.4 Geschäftssystem für Intelligent Open Finance

Die maximale Kundenzentriertheit revolutioniert das Kundenerlebnis durch intuitive und schlanke Prozesse sowie eine hyperpersonalisierte Ansprache. Kunden haben einen minimalen Zeitaufwand, um aussagekräftige Informationen zu verfügbaren Immobilien und realistischen Baufinanzierungsoptionen zu erhalten. Sie erhalten Vergleichsinformationen transparent, ohne auf andere Plattformen oder Vertriebswege ausweichen zu müssen. Dies reduziert Absprünge und Abbruchquoten, schafft Vertrauen und erhöht die Chance, dass Kunden Produkte bei ihrer Sparkasse abschließen. Zudem haben Bankkunden zu jedem Zeitpunkt die Möglichkeit, aus dem digitalen Prozess reibungslos zum Beratenden und zurück zu wechseln. Dabei werden alle im Online- sowie Offline-Prozess erfassten Daten kongruent verwendbar (FINMAS, 2023, 2024). Insbesondere die integrierten banknahen und bankfremden Services stiften Mehrwert in diversen Alltagssituationen, in denen die Sparkasse Kunden nach heutigem Stand nicht begleitet und erreicht – die Sparkasse wird zum Alltagsbegleiter rund um die Immobilie. Über ein kundenzentriertes Kauferlebnis, welches sich vom Wettbewerb abgrenzt, werden Kunden schrittweise stärker an die Sparkasse als Lösungsfinderin gebunden – die Wertschöpfung entlang des Customer Lifecycles wird stark ausgebaut.

Structure Follows Strategy: Klare Strategie gibt den Rahmen für künftige Vertriebsansätze vor

Intelligent Open Finance erfordert eine neue Vertriebsphilosophie sowie ein klares Rollenverständnis im Vertrieb. Dabei ist das Selbstverständnis als Lösungsanbieter bzw. Wunscherfüller zentral, das unabhängig vom Produkt- bzw. Leistungsangebot der eigenen Marke gedacht werden und aus den Prinzipien der Plattformökonomie abgeleitet werden muss. Intelligent Open Finance erfordert ein Abrücken von der Rolle des Produktverkäufers. Dabei ist das Zusammenspiel der Rollen im Vertrieb ebenso wichtig wie das der Kanäle im Rahmen einer Begleitung über alle Kanäle hinweg. Das erfordert den Aufbau entsprechender Kompetenzen im Rahmen der Plattformökonomie sowie eine umfassende Modernisierung gewachsener Vertriebsprozesse, welche heute häufig noch vorrangig auf den stationären bzw. persönlichen Vertrieb ausgerichtet sind. Rollen im Vertrieb müssen im Rahmen der Plattformökonomie mit B2B-Fokus ergänzt werden. Schließlich muss eine Ansprache von Dritten (Makler, Handwerker und weitere Berufsgruppen) für das regionale Partnernetzwerk gewährleistet werden. Neben der Gewinnung neuer Mitarbeitenden steht für Intelligent Open Finance die Weiterbildung und Befähigung der vorhandenen Mitarbeiterressourcen im Fokus und sinnbildlich für den Erfolg oder Misserfolg neuer Geschäftsmodelle im Rahmen der Plattformökonomie (Abb. 5.14).

Optimierte Datennutzung

Eine optimierte Datennutzung ermöglicht es, zu jedem Zeitpunkt mit den bis dahin generierten bzw. aus der historischen Kundenbeziehung vorhandenen Daten datengestützte und optimal terminierte Angebote zu erstellen. Integrierte Daten sorgen dabei für einen leichten Einstieg sowie die reibungslose Übergabe und Weiterbearbeitung von Vorgängen (FINMAS, 2023, 2024).

Abb. 5.14 Operationalisierung von RUDI im Kontext der Plattformökonomie

Plattformökonomie und Intelligent Open Finance treiben Datenbedarf
Wesentliche technische Voraussetzung für Intelligent Open Finance ist die intelligente Nutzung aller bestehenden Datenquellen und eine umfassende Anreicherung um externe Daten über geeignete Schnittstellen. Eine breite, fundierte Datenbasis stärkt die Qualität verwendeter Ansätze der Künstlichen Intelligenz. Dabei bietet unter anderem die PSD2 eine gesetzliche und technische Grundlage für Open Banking und die Anreicherung eigener Daten um die Daten Dritter im Kontext des Zahlungsverkehrs bzw. zur Auslösung von Zahlungsaufträgen beim kontoführenden Institut. Open Finance ist bislang noch in keinem gesetzlichen Rahmen abgebildet und ergänzt Open Banking durch den Austausch weiterer Daten (Bafin 2024). So werden für eine ganzheitliche Begleitung des Kunden rund um die Immobilie bspw. Versicherungsdaten im Kontext des Cross-Sellings zur Absicherung relevant. Insbesondere Geschäftsmodellansätze im Kontext der transparenten Beratung, des Leadmanagements und der Verwaltung von Immobilien bringen neue Datenquellen sowie Datengenerierungsbedarfe mit sich.

5.3.5 Zusammenfassung der Geschäftsmodell-Innovation Intelligent Open Banking

Zusammenfassend lässt sich folgendes Management Summary für die Geschäftsmodell-Innovation des Intelligent Open Banking formulieren:

Positionierung im Markt- und Wettbewerbsumfeld
- Baufinanzierung als attraktives Ertragsfeld und Ankerprodukt mit hohem sowie erneut wachsendem Marktvolumen.
- Angebote für Modernisierung bzw. energetische Sanierung sind dabei relevant.

- Nutzung und Ausbau des Vertrauensvorsprungs und der hohen Beratungskompetenz der Sparkassen.
- Transparenz und ganzheitliche Lösung mit Fokus auf die gesamte Customer Journey als Wachstumsmotor.

Geschäftsidee

- Ein einziger Zugang zu allen Informationen rund um die Immobilie und Finanzierung mit starker Lead-Zuführung.
- Zentralisiertes Angebot für Kunden und Verwaltbarkeit des Assets „Immobilie" im Cockpit Immobilie.
- Baufinanzierungs- und Immobilien-Kunden werden lebenslang begleitet und u. a. durch Markttransparenz gebunden.
- Ultimative Transparenz und objektiver Wettbewerbsvergleich steigern die Abschlusswahrscheinlichkeit.

Geschäftsmodell

- Leadership bei digitaler Transformation als erste Bankengruppe in Deutschland mit umfassendem Angebot.
- Begleitung der Kunden entlang des gesamten Customer Lifecycles unabhängig vom Produktangebot der Marke.
- Daten als Basis bedürfnisorientierter Kundenansprache – Datennutzung als Sinnbild neuer Wertschöpfung.
- Ausbau von Core-, Near- und Beyond-Banking zur Sicherung von Kundenbindung, Kundenschnittstelle und Ertragspotenzial.

Geschäftssystem

- Maximale Kundenzentriertheit durch KI mit der Möglichkeit jederzeitigen Channel-Hoppings von Online zu Offline.
- Vertriebliche Voraussetzungen mit neuer Vertriebsphilosophie und klarem Rollenverständnis.
- Generierung von Daten an mehr Touchpoints und Anreicherung dieser Daten mithilfe externer Datenquellen.
- Begleitung der Transformation von Organisation, Rollen und Menschen durch Change Management.

Literatur

ARD/ZDF-Forschungskommission. (2023). ARD/ZDF-Onlinestudie 2023. https://www.ard-zdf-onlinestudie.de/files/2023/ARD_ZDF_Onlinestudie_2023_Publikationscharts.pdf. Zugegriffen am 25.03.2024.

Baars, J. E. (2017). Die kundenzentrierte Organisation. Kundenzentrierung mit einem KPI effektiv entwickeln. *MRSG Marketing Review St. Gallen, 1*(2017), 36–42.

Bitkom (2021). 2,9 Milliarden Euro Umsatz: Deutscher App-Markt erreicht neues Rekordhoch. Bitkom Presseinfo vom 2. Okt. 2021. https://www.bitkom.org/Presse/Presseinformation/29-Milliarden-Euro-Umsatz-Deutscher-App-Markt-neues-Rekordhoch. Zugegriffen am 04.01.2023.

Bitkom (2022). 3,4 Milliarden Euro Umsatz: Deutscher App-Markt erzielt neuen Rekord. Bitkom Presseinfo vom 27. Okt. 2022. https://www.bitkom.org/Presse/Presseinformation/34-Milliarden-Euro-Umsatz-Deutscher-App-Markt-erzielt-neuen-Rekord. Zugegriffen am 04.01.2023.

Bleil, S. (2023). Sparkassen mit transparenter Beratung performen deutlich besser. https://www.finmas.de/transparente-beratung-performt/. Zugegriffen am 25.03.2024.

BPB. (2024). Vollkommener Markt. Bundeszentrale für politische Bildung, Das Lexikon der Wirtschaft. https://www.bpb.de/kurz-knapp/lexika/lexikon-der-wirtschaft/21070/vollkommener-markt/. Zugegriffen am 09.08.2024.

Deloitte Whitepaper. (2023). Die PSD3-Revoltion: neuer Schwung für Open Banking? Reflexion zu nicht erfüllten PSD2-Erwartungen, ersehnten PSD3-Perspektiven und zukünftigen Innovationen. https://www2.deloitte.com/content/dam/Deloitte/de/Documents/financial-services/Deloitte-Die-PSD3-Revolution.pdf. Zugegriffen am 09.05.2024.

Deutsche Bundesbank. (2024). Statistiken und Zeitreihen-Datenbanken. https://www.bundesbank.de/dynamic/action/de/statistiken/zeitreihen-datenbanken/zeitreihen-datenbank/723452/723452?tsId=BBIM1.M.DE.B.A2C.A.B.A.2250.EUR.N&dateSelect=2024. Zugegriffen am 06.12.2024.

EHI Retail Institute. (2024). Self-Checkout-Systeme im Handel: Daten & Fakten. https://www.self-checkout-initiative.de/self-checkout/. Zugegriffen am 01.08.2024.

Fedler, T. (2022). Kundenorientierung vs. Kundenzentriertheit. Kompass Frankfurt vom 31. Jan. 2022. https://www.kompassfrankfurt.de/kundenorientierung-vs-kundenzentriertheit/. Zugegriffen am 17.01.2023.

Finanztip. (2023). Preisvergleich: Mit diesen Preissuchmaschinen findest Du den besten Preis. Thorsten Nowag vom 17.Nov. 2023. https://www.finanztip.de/preisvergleich/. Zugegriffen am 01.08.2024.

FINMAS. (2023). *RUDI – rund um die Immobilie* (DSGV-Projekt vom 2. Nov. 2023). FINMAS GmbH.

FINMAS. (2024). *Die neue Effizienz der Baufinanzierung* (ZG-Präsentation vom 26. April 2024). FINMAS GmbH.

FINMAS Whitepaper. (2023). *Transparente Beratung in der privaten Baufinanzierung. Whitepaper.* FINMAS GmbH.

Getbyrd. (2021). 9 E-Commerce-Trends in 2021: 9 Tipps für ein erfolgreiches Jahr für Online-Händler. https://blog.getbyrd.com/9-ecommerce-trends-2021/. Zugegriffen am 01.09.2021.

Global Digital Report. (2023). Special Report Digital 2023. Dein ultimativer Leitfaden für die sich stetig verändernde digitale Welt. https://wearesocial.com/de/blog/2023/01/digital-2023/. Zugegriffen am 25.03.2024.

HDE (2023). HDE Online-Monitor 2023. https://einzelhandel.de/online-monitor. Zugegriffen am 01.04.2024.

Heinemann, G. (2018). *Die Neuausrichtung des App- und Smartphone-Shopping: Mobile Commerce, Mobile Payment, LBS, Social Apps und Chatbots im Handel.* Springer-Gabler.

Heinemann, G. (2019). *Der neue Online-Handel: Geschäftsmodelle, Geschäftssysteme und Benchmarks im E-Commerce* (10. Aufl.). Springer Gabler.

Heinemann, G. (2021). *Intelligent Retail: Die Zukunft des stationären Einzelhandels.* Springer-Gabler.

Heinemann, G. (2023). *Der neue Online-Handel: Geschäftsmodelle, Geschäftssysteme und Benchmarks im E-Commerce* (14. Aufl.). Springer-Gabler.

Heinemann, G. (2024). *Der neue Online-Handel: Geschäftsmodelle, Geschäftssysteme und Benchmarks im E-Commerce* (15. Aufl.). Springer-Gabler.

Heinemann, G., & Gaiser, C. (2016). *SoLoMo – Always-on im Handel: Die soziale, lokale und mobile Zukunft des Omnichannel-Shopping* (3. Aufl.). Springer Gabler.

Hofacker, L., & Langer, N. (2020). Connected Retail 2020. EHI vom 17. Juni 2020. https://www.ehi.org/de/studien/connected-retail-2020/. Zugegriffen am 12.08.2024.

Leichsenring, H. (2023). 10 aktuelle Trends im deutschen Retail Banking: Die Bankgewohnheiten der Deutschen. Der Bank Blog vom 28. März 2023. https://www.der-bank-blog.de/trends-retail-banking-2/studien/37696522/. Zugegriffen am 03.05.2024.

Link, O. (2014). Das alles und noch viel mehr. Der Kunde ist ein unangenehmer Geselle. Und das ist gut so. Sagt der Handelsexperte Gerrit Heinemann. brand eins, 5(2014), 90–94. https://www.brandeins.de/magazine/brand-eins-wirtschaftsmagazin/2014/im-interesse-des-kunden/das-alles-und-noch-viel-mehr.

Lippold, D. (2018). Beschaffungsprozesse im B2B: Wo Buying Center und Selling Center aufeinandertreffen. Vom 25.10.2018. https://www.marconomy.de/wo-buying-center-und-selling-center-aufeinandertreffen-a-765833/. Zugegriffen am 13.01.2019.

OpenPR. (2021). Das bedeutet „Mobile Only": greiterundcie. berät zu neuem Google Index. Pressemitteilung vom 8. April 2021. https://www.openpr.de/news/1208144/Das-bedeutet-Mobile-Only-greiterundcie-beraet-zu-neuem-Google-Index.html. Zugegriffen am 18.07.2021.

Publicis Sapient (2022). Global Banking Benchmark Study 2022. https://www.publicissapient.com/industries/financial-services/global-banking-benchmark-study-2022. Zugegriffen am 25.03.2024.

PwC. (2020). How mature is AI adoption in financial services? PwC Studie 2020. https://www.pwc.de/de/future-of-finance/how-mature-is-ai-adoption-in-financial-services.pdf. Zugegriffen am 25.03.2024.

Rotax, O. (2010). Neue Internet-Service-Geschäftsmodelle revolutionieren den E-Commerce-Markt: Zappos war nur der Anfang. In G. Heinemann & A. Haug (Hrsg.), *Web-Exzellenz im E-Commerce: Innovation und Transformation im Handel* (S. 189–206). Gabler.

Sancar, B. (2023). Quo Vadis Beyond Banking? Zinswende & Relevanz regionaler Beyond Banking Ökosysteme. Der Bank Blog vom 18. Aug. 2023. https://www.der-bank-blog.de/quo-vadis-beyond-banking/retail-banking/37700804/. Zugegriffen am 25.03.2024.

Sermon, E. (2019). Customization steht bei Online.-Shoppern hoch im Kurs. Twitter vom 3. Juli 2019. https://twitter.com/ebenlcs/status/1146443102909063168. Zugegriffen am 04.07.2019.

Treiß, F. (2017). Interview: IFH-Forscherin Eva Stüber über Cross-Channel und Kundenzentrierung. Location Insider vom 13. April 2017. http://locationinsider.de/interview-ifh-forscherin-eva-stueber-ueber-cross-channel-und-kundenzentrierung/. Zugegriffen am 14.04.2017.

Weidemann, T. (2019). Das sind die E-Commerce-trends für 2020. t3n Trends vom 18. Dez. 2019. https://t3n.de/news/e-commerce-trends-fuer-2020-1231885/. Zugegriffen am 01.08.2024.

Yousofzai, Y., Stylianou, G., & Bezler, S. (2024). Open Banking und Open Finance: Innovationstreiber auch für den Kapitalmarkt? BankingHub vom 21. Feb. 2024. https://bankinghub.de/blog/open-banking-open-finance. Zugegriffen am 25.03.2024.

zeb (2023). Die Bankfiliale der Zukunft. zeb Whitepaper: zeb.Filialkompass. https://zeb-consulting.com/de-DE/publikationen/die-bankfiliale-der-zukunft. Zugegriffen am 25.03.2024.

Umsetzung digitaler Plattformmodelle und Ausblick

6

Zusammenfassung

Abschließend werden den Banken und Sparkassen Empfehlungen für eine „All-in-One“-Plattformlösung auf White-Label-Basis (B2B2C) gegeben. Die Banken sollten sich dabei an der „Frictionless Business Intelligence“orientieren, wie sie in anderen Branchen bereits üblich ist, und versuchen, nach dem Vorbild des Casual Banking Geschäftsmodelle revolutionär weiterzuentwickeln. Dabei ist die Integration von FinTechs und KI elementar.

6.1 Umsetzung digitaler Plattformmodelle im Banking

Für eine zukünftige Sparkassen-Plattform kann die White-Label-Lösung von FINMAS genutzt werden, die bereits von vielen Sparkassen für ihr Online-Angebot verwendet wird. Diese kann ohne großen Zusatzaufwand zu einer All-in-One-Plattform ausgebaut werden, wobei sie unterstützende Services anbietet und Lieferanten sowie Dienstleister im B2B-Netzwerk an Bord bringt.

Diese Erweiterung des B2C-Angebots ermöglicht eine horizontale Skalierung und verstärkt damit den Netzwerkeffekt, wobei Kuratierung und ein All-in-One-Ansatz mit einfachster Bedienbarkeit für Kundenzentrierung sorgen. Die technologiebedingte Transformation führt auch bei Sparkassen zu einer bidirektionalen Interaktion, da Kunden ihre passive Rolle als Konsumenten ablegen und wichtige Partner in der Wertschöpfung werden. Wenn diese Beziehungen durch neue Technologien organisiert und orchestriert werden, kann eine Expansion schneller voranschreiten, was jedoch „disruptives Denken“ und eine höhere Arbeitsgeschwindigkeit erfordert. Die Implementierung neuer Arbeitsweisen und agiler Methoden kann die Projektdauer verkürzen und eine schnellere Anpassung an die

G. Heinemann et al., *Intelligent Open Finance*,
https://doi.org/10.1007/978-3-658-47925-1_6

Umgebung ermöglichen, wobei Automatisierung und KI helfen. Ziel muss eine Lifestyle-Bank mit Integration von FinTechs und KI sein. Solche „Casual-Banken" müssen zwanglos, lässig und emotional auftreten, wobei Self-Service-Convenience bei Zugang, Suche, Auswahl, Konfiguration und Abschluss das Plattformerlebnis für die Kunden definiert. Sparkassen können Kundendaten nutzbar machen, um sich mit ihnen zu hochindividualisierten Lifestyle-Banking-Plattformen der Zukunft sowie modernen Omnichannel-Anbietern zu entwickeln.

6.1.1 B2B2C-Geschäftsmodell auf Basis von White-Label-Technologie

Solch eine All-in-One-Plattform kann auf Basis einer White-Label-Lösung wie der von FINMAS arbeiten (Finmas, 2020). Diese agiert dabei in der Rolle des Plattform-Orchestrators und kombiniert erforderliche Technologien mit Geschäftsmodellen und B2B-Netzwerken. Eine Vernetzung von Banking mit banknahen und bankfremden Dienstleistungen und Services, u. a. der Möglichkeit der Optimierung von Verbraucherverträgen, ermöglicht das vollumfängliche Besetzen der Kundenschnittstelle. Durch die Nutzung bestehender sowie erweiterter Netzwerke zur horizontalen und vertikalen Erweiterung der Geschäftsmodelle können dem Endkunden modernste Lösungs- und Serviceangebote unterbreitet werden. Dabei verbindet FINMAS Sparkassen mit Drittanbietern, B2B-Lieferanten und externen Vertrieben. Dies ermöglicht ein Komplettangebot und eine Komplettlösung für Lead-Generierung, Beratung und Produktabschluss inklusive Produktvergleich und Vertragsoptimierung sowie -verwaltung in den Bereichen Immobilien, Finanzierungen, Versicherungen, Verbraucherverträge sowie Banking („All-in-One"). Die Anbindung von Drittanbietern und die Verwaltung von Fremdverträgen erfolgt unter anderem über API-Schnittstellen. Neben der Akquise und Unterstützung der Produktlieferanten (Finanzdienstleister) erfolgen die Anbindung sowie Betreuung, Entwicklung und Professionalisierung der Sparkassen sowie Support und das Vertrags- und Provisionsmanagement zentral durch FINMAS. Für Endkunden ist die Plattform kostenfrei, um einen Netzwerkeffekt zu generieren. Sparkassen nutzen die Plattform in einem transaktionsbasierten Geschäftsmodell und profitieren davon, dass sie die Kunden mit sämtlichen Bankprodukten unterschiedlicher Anbieter bedürfnis- und lösungsorientiert beraten können (Multilender-Anbieter). Der Angebotsumfang kann dabei mindestens um den Faktor 10 gegenüber dem bisherigen Angebot erweitert und institutsindividuell festgelegt werden. Dadurch sind Sparkassen wettbewerbsfähig und in der Lage, die Kundenschnittstelle vollumfänglich zu besetzen und im Kerngeschäft die Margen zu stabilisieren, Provisionserlöse zu generieren sowie Marktanteile zu sichern und auszubauen. Pricing, Gebühren und Kalkulation sind auf Direktbankniveau und aufgrund hoher Markttransparenz wettbewerbsfähig steuerbar (vgl. Abb. 6.1).

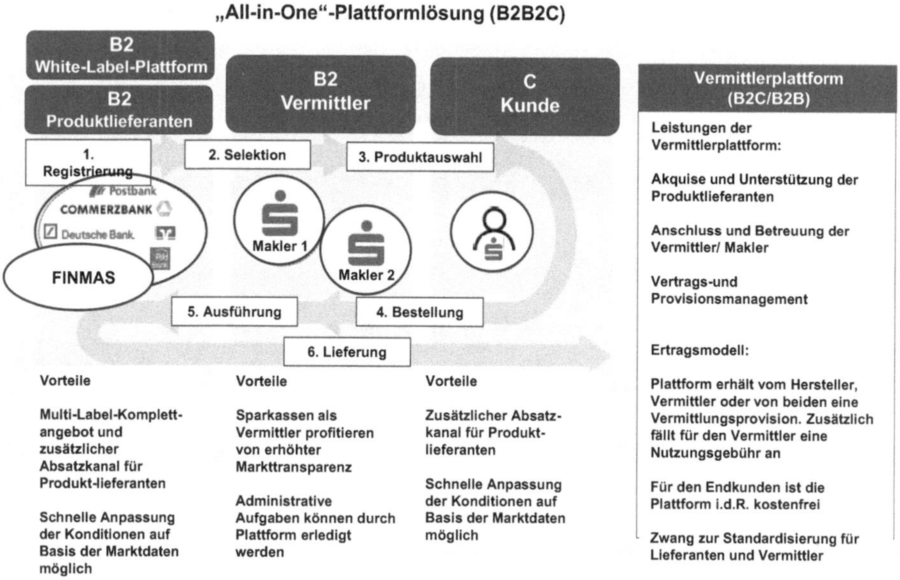

Abb. 6.1 B2B2C-Geschäftsidee: horizontale „All-in-One"-Plattformlösung auf White-Label-Basis. (In Anlehnung an Kleine et al., 2018)

Horizontale Skalierung und Netzwerkeffekte der All-in-One-Plattform

Eine permanente Erweiterung des B2C-Angebots ermöglicht eine horizontale Skalierung und verstärkt dadurch den Netzwerkeffekt. Zugleich sorgen kuratierte Angebotslösungen inklusive Drittanbieterprodukten und ein All-in-One-Ansatz mit einfachster Bedienbarkeit für Kundenzentrierung und Bedürfnis- sowie Lösungsorientierung. In diesem Sinne sind Komplettpakete denkbar, auch als Flatrate (Abb. 6.2). Im Rahmen der All-in-One-Plattform sind exponentielle Technologien wie künstliche Intelligenz (KI), Data Science, Netzwerke, Computersysteme sowie Robo-Advisor-Elemente einsetzbar. Dadurch werden die Transaktionskosten für die Erfassung und Auswertung von Informationen und damit die Unsicherheit des Verbrauchers bei der Entscheidungsfindung drastisch sinken und Berater bei einer einfachen, bedürfnisorientierten Produktempfehlung unterstützt, unter anderem auch bei komplexen Vorhaben wie einer Baufinanzierung. Gleichzeitig wird es möglich, Informationen effizienter auszutauschen, zu kommunizieren und zu speichern und Beratern und Verbrauchern einen kongruenten Überblick über die persönliche sowie finanzielle Situation und eventuelle Bedarfe an Produkt- und Serviceangeboten zu geben. Dieser Effizienzzuwachs legt den Grundstein, um nicht nur eine viel größere Anzahl an Partnern, Lieferanten, Kunden und Konsumenten als in der Vergangenheit zu betreuen, sondern auch mit einer breiten Masse, der Community und Crowd, in einen bedeutungsvollen und langfristig orientierten Austausch zu treten. Dies ermöglicht eine dezentralisierte Zusammenarbeit zwischen einer großen Anzahl von Stakeholdern zu einem deutlich niedrigeren Preis und geringerem Aufwand (Rotax et al., 2019). Zugleich können

Abb. 6.2 Horizontale Skalierung als All-in-One-Plattform. (In Anlehnung an Kleine et al., 2018)

über die Plattform Dienstleistungen mit Grenzkosten nahe Null angeboten werden. Neben der Verringerung der Grenz- und Transaktionskosten kommt noch ein weiterer wichtiger wirtschaftlicher Effekt hinzu, nämlich der Netzwerkeffekt. Dieser ist der Hauptgrund für einen wachsenden Kundenstamm, eine Erhöhung des Marktanteils und eine Verbesserung des USPs von digitalen Produkten und Dienstleistungen. Durch die „All-in-One-Kundenplattform" können direkte Netzwerkeffekte erzielt werden, wenn der Gesamtwert eines Produkts oder einer Dienstleistung mit der Anzahl seiner Nutzer steigt. Weitere indirekte Netzwerkeffekte sind durch zusätzliche Produkte oder Dienstleistungen erreichbar, die entweder von den Nutzern selbst oder von Drittentwicklern den Plattformen hinzugefügt und im Rahmen von Cross- und Up-Selling vermarktet werden können. Insbesondere KI ermöglicht hier bessere und individuellere Beratung und führt in Kombination mit anbieterunabhängigen Produkt- und Serviceportfolios aus Verbrauchersicht zu einem hohen Mehrwert. Allerdings müssen die Sparkassen und Banken in diesem Szenario ihre Organisation für die Zusammenarbeit mit Geschäftspartnern und Nutzern öffnen. Dies stärkt das Leistungsversprechen und eröffnet neue Wachstumschancen (Rotax et al., 2019).

6.1.2 FRIBI-Banking: Treiber von Frictionless Business Intelligence

Durch die Kombination aus technologischem Fortschritt und den zugrunde liegenden ökonomischen Effekten sowie Netzwerkeffekten können Unternehmen in eine neue Ära eintreten: die Ära des Frictionless Business (FRIBI). Plattformen und neue Technologien zwingen Banken und Sparkassen aus ihrer Komfortzone, da sie ihr Geschäft mit ihren Partnern, Lieferanten, Kunden und Konsumenten offener und kooperativer gestalten müssen. Diese verbraucher- und technologiebedingte Transformation verändert die Art und Weise, wie Banken und Sparkassen mit alten und neuen Stakeholdern in ihrem Umfeld interagieren. Interaktion wird bidirektional und technologiebasiert. Da potenzielle Nutzer ihre passive Rolle als Konsumenten hinter sich gelassen haben, werden sie zum wichtigen Partner in der Wertschöpfung eines Unternehmens. Eine kundenzentrierte Weiterentwicklung von Produkt- und Serviceangeboten, Systemen und Technologien sowie Ansprache-, Betreuungs- und Informationsaktivitäten sichert eine nachhaltige Wettbewerbsfähigkeit. Sollten Banken und Sparkassen es nicht schaffen, das notwendige Vertrauen für solch enge Beziehungen zu entwickeln, werden sich Partner, Bestandskunden und potenzielle Nutzer langfristig abwenden. Wenn diese Beziehungen jedoch durch Technologien organisiert und orchestriert werden, kann eine Sicherung der Marktposition garantiert werden und eine Expansion schneller als je zuvor voranschreiten. Dies erfordert jedoch „disruptives Denken und Handeln". Eine selbstorganisierte Belegschaft mit neuem Skill- und Mindset soll ein gemeinsames Ziel verfolgen, ohne dass starre Kontrollsysteme erforderlich sind und einschränken. Denn diese verlangsamen oftmals die Anpassungsfähigkeit der gesamten Organisation. Dazu müssen die Organisationen ihre Arbeitsgeschwindigkeit erhöhen, um in einem komplexen Geschäftsfeld mit häufig auftretenden und unvorhersehbaren Veränderungen erfolgreich zu sein. Anpassungsfähigkeit und zeiteffizientes Arbeiten mit Erlaubnis für „Trial and Error" spielen in einer Umgebung großer Marktschwankungen eine Schlüsselrolle. Die Implementierung neuer Arbeitsweisen und agiler Methoden verkürzt nicht nur die durchschnittliche Projektgeschwindigkeit, sondern ermöglicht auch eine schnellere Anpassung an die Umgebung eines Unternehmens im stetigen Wandel mit Entscheidungen am Ort des Handels ohne einschränkende Hierarchieebenen und Gremienstrukturen. Um die Handlungsfähigkeit im digitalen Kontext sicherzustellen, benötigen Banken und Sparkassen neue Mitarbeiterressourcen und -fähigkeiten mit starkem Fokus auf IT-Entwicklung, IT-Management, Data Analytics und Data Science sowie Digitalmarketing. Dabei helfen Automatisierung und KI und ein aktives Angehen von Legacy-Systemen, welche digitale Geschäftsmodellinnovationen und -weiterentwicklungen ausbremsen und ganze Organisationen unflexibel machen. Es bedarf also eines hohen Maßes an Bereitschaft und Ressourcen sowie Veränderungswillen (Rotax et al., 2019) (vgl. Abb. 6.3).

6.1.3 Best-Casual-Bank mit Top-Plattformerlebnis

Berater bleiben für Generation Y wichtig, aber die künstliche Intelligenz gewinnt an Relevanz. Intensive Kommunikation durch Chatbots festigt positive Erwartungen. Voicemails und Sprach-Interfaces, wie Alexa, Siri oder der Google Assistant, werden zur neuen Schnittstelle zwischen Menschen und Banken und müssen an den richtigen Stellen bzw. zu den richtigen Zeitpunkten entlang der Customer Journey mit dem Berater verknüpft werden. Jederzeit schnelle Antworten bekommen zu können wird auf Basis der insbesondere im E-Commerce gewonnenen Serviceerfahrungen als selbstverständlich vorausge-

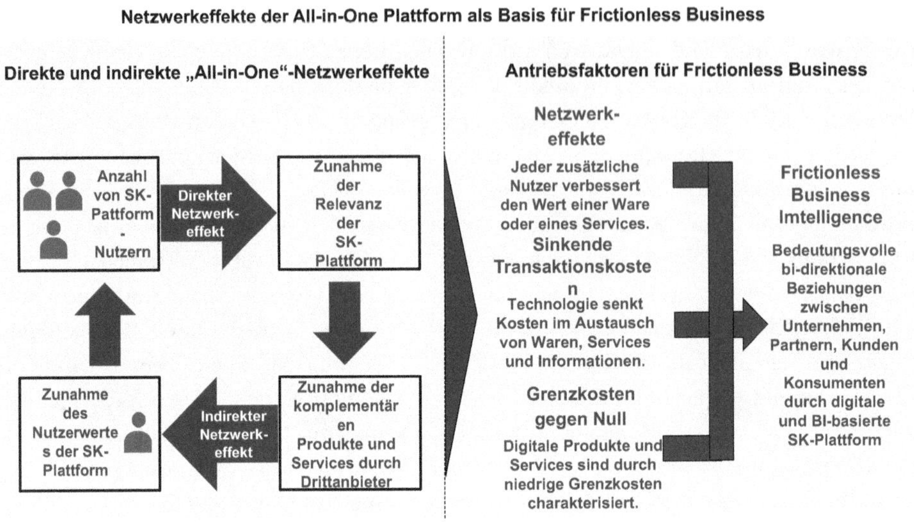

Abb. 6.3 Frictionless Business Intelligence. (In Anlehnung an Rotax et al., 2019)

setzt. Digitalbasierte Dialoge zwischen Kunde und Bank werden wichtiger und sind dann erfolgreich, wenn sie auf Basis von Daten und KI zum Zeitpunkt des prognostizierten bzw. akuten Bedürfnisses stattfinden. Eine zentrale Rolle spielen dabei Electronic Cash, Electronic Banking und auch das Home Banking. Dabei werden bspw. Kreditkarten immer smarter und verbinden den Geldfluss mit dem Datenfluss. Deswegen muss sich die „All-in-One"-Kundenplattform als anwenderfreundliche, für mobile Endgeräte optimierte Benutzeroberfläche präsentieren. Dabei müssen Informationsverarbeitung, Beratung und Risikomanagement zu einer integralen Service-Leistung verschmelzen. Die „digitale interaktive Kompetenz" einer Bank wird zum entscheidenden Wettbewerbsfaktor, auch in der digitalen Kundengewinnung. Self-Service-Convenience von Zugang, Suche, Information, Auswahl, Konfiguration und Abschluss wird die Qualität des Plattformerlebnisses der Kunden-Interaktivität definieren. Die Bequemlichkeit der Nutzer ist bei der Gestaltung individueller Services, der Personalisierung der Angebote und der Angabe benötigter Daten und Informationen in Antrags- und Abschlussstrecken, bspw. durch Spracheingabe, zu berücksichtigen. Casual Banking bedeutet dabei auch die selbstverständliche Integration von Angeboten und Services Dritter, bspw. von Online-Bezahlmethoden, aber auch von banknahen und bankfremden Services Dritter wie digitale Hausverwaltungsfunktionen für Kapitalanleger und Verbindungen zu den Services von Bürgerämtern (BLSK Blog 2019) (vgl. Abb. 6.4).

Integration von FinTechs und KI

Convenience und Schnelligkeit wirken sich unmittelbar auf die Kundenzufriedenheit aus. Vor allem Amazons One-Click-Online-Shopping und die zunehmende Verbreitung von Chats und Instant-Messaging haben die Erwartungen in Bezug auf die Reaktionszeiten be-

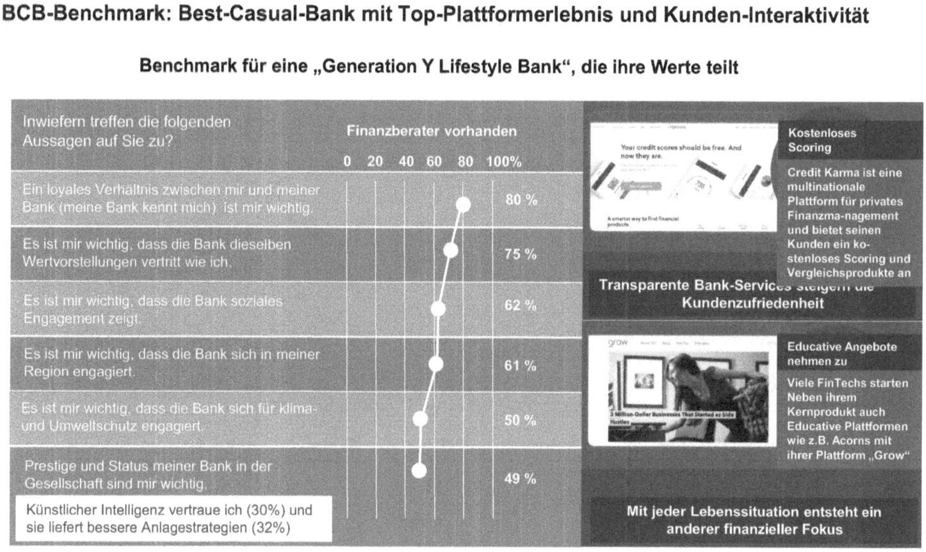

Abb. 6.4 Anforderungen der Generation Y an Banken. (Rieken & Schaffranski, 2019)

schleunigt. Die Mehrzahl der Kunden wünscht sich innerhalb einer Stunde eine Antwort auf ihr Anliegen, und zwar kanalübergreifend. Dabei bestimmt die persönliche Lebenssituation das Interesse an Finanzangeboten und damit die Kaufbereitschaft. Die automatische Datenanalyse der Kontobewegungen eröffnet hier neue Möglichkeiten, individuelle Lösungen bei finanziellen Herausforderungen anzubieten. Kombiniert mit der Möglichkeit, zentrale Lebensereignisse oder Fragestellungen des Nutzers zu erfassen, werden Cross- und Up-Selling in einer digitalen Umgebung ermöglicht. Kundenindividuelle Produkte und Services müssen sich daher auch automatisch an neue Lebenssituationen anpassen können und Kunden dann angesprochen werden, wenn konkrete Bedürfnisse prognostiziert oder erkannt werden. Zusätzlich wird der neue Bank-Service zum Budgetmanager des Kunden und ermöglicht die Steuerung seiner persönlichen Ausgaben und Verbindlichkeiten über das Banking hinaus, bspw. im Managen und Optimieren von Verbraucherverträgen. Zugleich sinkt die Zahlungsbereitschaft: Casual-Banking-Kunden wollen für ihr Konto dauerhaft nichts zahlen. Zahlungsbereitschaft entsteht nur dort, wo ein echter Mehrwert wahrgenommen wird. Banken und Sparkassen müssen daher eine Strategie entwickeln, Kunden, die ihre Girokonten dort als Hauptbankverbindung nutzen, zu gewinnen und zu halten. Nur so lassen sich die für bedürfnisindividuelle Produkt- und Serviceangebote notwendigen Daten sammeln. Ergänzt um die von der Zielgruppe geforderte Schärfung in den Bereichen Umwelt und Soziales können die Sparkassen zu einem Umfeld der Kunden werden, das aus den „Datenspuren im Netz" nicht nur kurzfristig Profit schlägt, sondern diese Daten nutzbar macht, um sich zu hochindividualisierten „Lifestyle-Banking-Plattformen" der Zukunft zu entwickeln, welche Kundenbedürfnisse erkennen und erfüllen. Die Berücksichtigung des individuellen Lebensgefühls bei gleich-

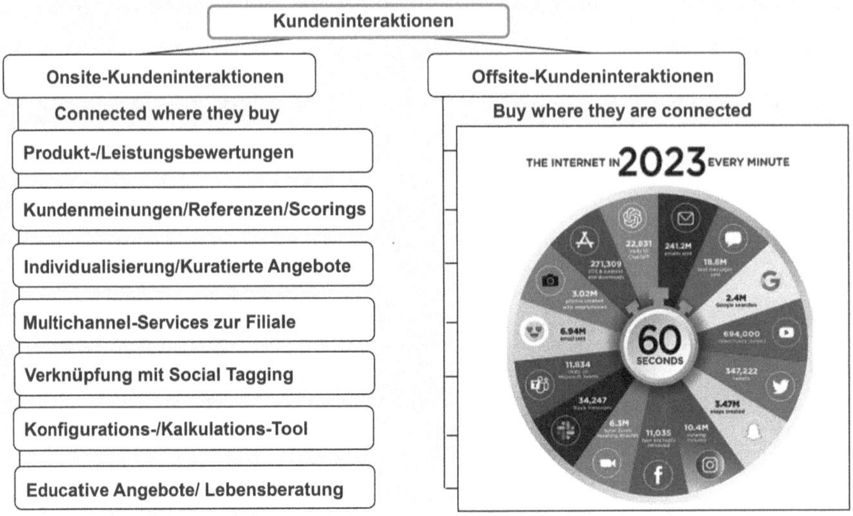

Abb. 6.5 Internetbasierte Kundeninteraktion. (Austin, 2023; Heinemann, 2024)

zeitiger Besinnung auf die traditionellen Werte der Sparkassen wird zur Leitplanke für zukünftige digitale Angebote und Services. Dies eröffnet aber auch enorme Chancen, als moderner Omnichannel-Anbieter zu agieren, immer mit dem Fokus, ein anbieterunabhängiges Produkt- und Serviceangebot zu unterstützen (BLSK Blog 2019) (vgl. Abb. 6.5).

6.2 Konkrete Umsetzungsplanung

Banken und Sparkassen benötigen eine Strategie, um sich im Zeitalter der digitalen Revolution zukunftsfähig aufzustellen. Die Mehrzahl von ihnen hat diesbezüglich offensichtlich Unterstützungsbedarf, um digitale Lösungen zu entwickeln und umzusetzen und auf Basis der Möglichkeiten der Digitalisierung Geschäftsmodellinnovationen voranzutreiben (Dialogplattform, 2015). Sie benötigen sowohl eine Online-Strategie als auch eine Offline-Strategie, welche im Zusammenspiel stationäre Stärken mit dem Online-Angebot verknüpfen (FINMAS, 2020; Heinemann & Kannen, 2020). Durch eine Kombination des Vertrauensvorschusses der Sparkassen mit plattformökonomischen Geschäftsmodellen werden die Möglichkeiten des Internets genutzt (insbesondere auch im Hinblick auf Reichweite) und stationäre Kernfunktionen entlang moderner Kundenerwartungen innoviert. Diesbezüglich gibt es übergeordnete Handlungsfelder, die neben der Strategieentwicklung vor allem den Abbau von Barrieren und auch den allgemeinen Schulungsbedarf betreffen (vgl. Abb. 6.6).

Die Entwicklung einer Digitalstrategie erfolgt idealerweise in strukturierter Form. Von der Grundsatzentscheidung bis zur Umsetzung und dem Betrieb eines plattformöko-

Abb. 6.6 Übergeordnete digitale Handlungsfelder für stationäre Händler im Mittelstand. (Dialogplattform, 2015; Heinemann, 2017)

nomischen Geschäftsmodells im Banking bietet sich ein Vorgehen in vier Phasen an. Um pragmatisch, effizient und schnell zu umsetzbaren Ergebnissen zu kommen, empfiehlt sich vor allem für die ersten zwei Phasen ein stark von Workshops getriebenes Vorgehen. Dieses sollte zumindest die Definition eines Masterplans zum Ziel haben (vgl. Abb. 6.7).

In der **ersten Phase** geht es vorrangig um die Grundsatzentscheidung („Go/No-Go") für eine konsequent gelebte Digital- und Onlinestrategie mit plattformökonomischen Elementen. Diesbezüglich bietet sich ein erster Workshop an, der im Vorfeld sauber vorbereitet werden sollte und vor allem eine interne Analyse und Zieldefinition vorsieht. Dabei sind bestehende Markt- und Wettbewerbsanalysen sowie Potenzialanalysen zu sichten, eine Standortbestimmung anhand aktueller Kennzahlen zu erarbeiten und eine genaue Einordnung des Zielverständnisses der einzelnen Stakeholder (durch gezielte Interviews) einzuholen. In der ersten Phase müssen außerdem veränderte Kundenanforderungen gemessen, verstanden und dokumentiert werden. Auch sind Kernfragen zum Heben von Online-Wachstumspotenzialen wie unter anderem strategische Rahmenbedingungen und businessseitige Voraussetzungen zu klären. Ergebnis ist die Darstellung der für die Bank oder Sparkasse relevanten Markt- und Wettbewerbssituation und konkreter Handlungsoptionen für plattformökonomische Geschäftsmodellinnovationen, die dann die Basis für den nächsten Workshop bildet. Dabei sollten vor allem die Erwartungshaltungen des Managements an eine Digital- und Online-Strategie inklusive Chancen und Risiken herausgearbeitet werden. Ziel sollte das Herleiten relevanter Handlungsoptionen (Long List) sowie das Herbei-

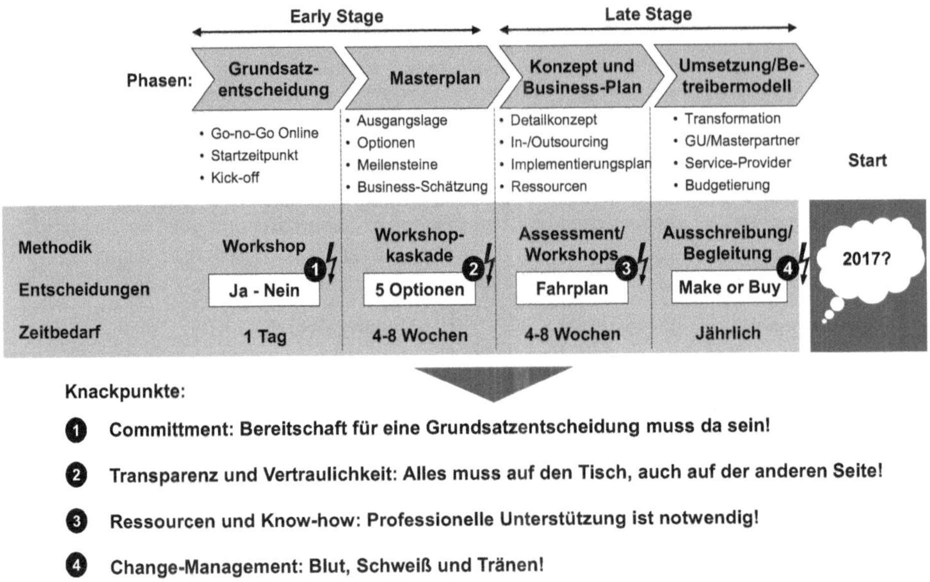

Abb. 6.7 Entwicklung und Umsetzung einer Online-Strategie in vier Phasen

führen einer Grundsatzentscheidung für bzw. gegen eine Online- und Plattformökonomie-Offensive im Führungskreis sein. Dies beinhaltet ein klares Commitment des Managements für die Umsetzung dieser Digital- und Online-Offensive.

Die **zweite Phase** fokussiert sich auf die Priorisierung der im ersten Workshop ermittelten Handlungsoptionen (Long List) und eine Richtungsentscheidung in Bezug auf die umzusetzende(n) Handlungsoption(en). Diese Phase besteht aus mindestens zwei Workshops mit jeweils einer Vorbereitungsphase. Diesbezüglich ist zunächst je Handlungsoption eine quantitative Abschätzung der Online-/Multi-Channel-Potenziale und der einzubindenden Drittanbieter-Produkte und -Services, eine Analyse der Wettbewerbssituation sowie eine grobe Definition der Businessvoraussetzungen (Ressourcen, Fähigkeiten, Organisation Prozesse/IT, Kooperationen) erforderlich. Auf Basis einer groben Zieldefinition (Erwartung in Bezug auf das Online-Geschäft in Zahlen) sollte dann eine gemeinsame Priorisierung der Handlungsoptionen sowie eine Auswahl der für das Unternehmen weiterzuverfolgenden Optionen vorgenommen werden. Damit wird es möglich, einen weiteren Workshop zur Entwicklung eines Masterplans durchzuführen. Dieser beinhaltet die Herleitung der Marktgröße und das Ableiten des Vertriebs- und Marketingpotenzials für die selektierte(n) Option(en) inklusive Zieldefinition. Ebenso sollten eine detailliertere Wettbewerbsanalyse vorgenommen und relevante Positionierungsoption(en) (Online-USP) definiert werden. Auch eine Vertiefung der Businessanforderungen an Ressourcen, Fähigkeiten, Organisation und Prozesse/IT ist Gegenstand dieses Workshops. Hier ist insbesondere zu beleuchten, welche Kooperationsmöglichkeiten im Bereich von Serverhosting, Cloudstrukturen, Endkundenanwendungen und Data-Science-Anwendungen und -Methoden bestehen. Damit kann dann der grobe Umsetzungsplan

(Projektmodule, Meilensteine und Verantwortlichkeiten sowie Zeitfenster) definiert und eine grobe Kosten-/Nutzen-Abschätzung (sehr grober Business Case) erarbeitet werden. Das Ergebnis der zweiten Phase wäre somit eine (oder mehrere) gemeinsam ausgewählte Handlungsoption(en), die zum Unternehmen und zum Marktumfeld passen. Darüber hinaus sollte ein grober Masterplan (inklusive Kosten-/Nutzen-Betrachtung) für die gewählte(n) Option(en) vorliegen.

In einer **dritten Phase** wird das Detailkonzept inklusive Businessplanung erarbeitet. Nach der Entscheidung über das Zusammenspiel von In- und Outsourcing sowie die erforderlichen Ressourcen ist abschließend der Implementierungsplan zu verabschieden. Dieser wird nach Arbeitspaketen aufgestellt und mit Zeitvorgaben und Verantwortlichkeiten versehen. Wichtig ist, dass in dieser Phase nur noch über das „Wie", „Wann" etc. gesprochen und nicht mehr über die grundsätzlichen Entscheidungen diskutiert wird. Das heißt, die eingebundenen Mitarbeiter prüfen nun detailliert, welche Barrieren und Knoten auftreten können und gelöst werden müssen, um die vorgegebenen Ziele zu erreichen. Die dritte Phase mündet schließlich in einen Businessplan für Geschäftsmodellinnovationen im Rahmen der Digital- und Online-Strategie.

In der **vierten Phase** kann dann die Umsetzung der „digitalen Transformation" in Angriff genommen und das Detailkonzept in ein konkretes Betreibermodell überführt werden. Dieses sollte im Hinblick auf die Zusammenarbeit mit Masterpartnern und Service-Providern als „operative Dauerherausforderung" gesehen werden.

6.3 Ausblick

Eine Digital- und Online-Strategie verlangt ein radikales Umdenken in allen Bereichen. Dies wird oftmals durch die hohe Volatilität im Zielbild erschwert (Bohl, 2016; Heinemann, 2017). So ist nicht mit Sicherheit zu sagen, welche Player sich in Zukunft auf dem jeweiligen Markt befinden, da der rasante Wandel zuverlässige Zukunftsprognosen kaum möglich macht. Viele Banken lassen sich zu schnell durch den sich verändernden Anpassungsbedarf und immer neue Kundenwünsche verunsichern. Insofern müssen Trends ständig beobachtet und analysiert werden. Nur so können die Banken schnell genug auf neue Anforderungen reagieren (Bohl, 2016; Heinemann, 2017). Es gilt, sich im sich verändernden Ökosystem zukunftsfähig zu positionieren.

Digitale Adoption und Transformation

Die Entwicklung und Verabschiedung einer – auch gegenüber den Innovatoren – wettbewerbsfähigen Digital- und Onlinestrategie unter Infragestellung bestehender Geschäftsmodelle wird auch als digitale Adoption bezeichnet. Hierbei geht es vor allem darum, die eigene Messlatte gegenüber den disruptiven Pure Plays hoch genug zu legen. Nur so kann eine erfolgreiche Umsetzung der Digital- und Onlinestrategie mit plattformökonomischen Geschäftsmodellinnovationen gelingen, für die sich der Begriff der digitalen Transformation durchgesetzt hat. Wie das Kaninchen vor der Schlange sitzen allerdings immer noch zu viele Banken und Sparkassen vor der Entscheidung, die Plattformökonomie in Geschäftsmodelle des Bankings konsequent zu integrieren und durch die Kombination des klassischen Bankings mit banknahen und -fremden Angeboten und Services einen hohen Kundenmehrwert zu schaffen und so die digitale Kundenschnittstelle in allen Lebensbereichen des Verbrauchers möglichst vollumfänglich zu besetzen.

Dem „Prinzip Hoffnung" folgend werden dabei Online Pure Plays vielfach für tot erklärt oder als „Non-Profit-Veranstaltungen" abgetan. Immer wieder werden die gleichen „Killerargumente" aufgetischt und Ausreden gefunden, den Schritt in die Online-Welt (noch) nicht konsequent und für das gesamte Produkt- und Leistungsangebot zu gehen und dieses punktuell durch kuratierte Drittanbieterleistungen zu ergänzen. Es fehlt zuweilen nicht nur am Bewusstsein für die Notwendigkeit der Transformation und Vernetzung, sondern auch an Risikobereitschaft. Ein Bankkonzern muss viel Geld in die Hand nehmen, wenn das Management beschließt, die Digitalisierung mit Vollgas voranzutreiben. Es müssen Komfortzonen abgebaut werden, sowohl bei den Mitarbeitern als auch bei den Führungskräften (Kolbrück, 2015), und benötigte Mitarbeiterfähigkeiten durch gezieltes Recruiting eingekauft werden. Denn die schnellen und zunehmend bankfremden Wettbewerber machen vor, dass Komfortzonen und ausgeprägte Hierarchien eher hinderlich sind, wenn es darum geht, schnell auf Marktentwicklungen und moderne Kundenbedürfnisse reagieren zu können. Auch hier haben viele Geldinstitute noch keine Vorstellung davon, wer in Zukunft was können muss und wie sich dadurch das Recruiting und die Personalentwicklung ändern müssen (Bohl, 2016).

Daraus ergeben sich neue Fragestellungen, zum Beispiel: Wie qualifizieren wir unsere Mitarbeiter weiter? Welche Leute sollen ergänzend eingestellt werden? Welche Kompetenzen sind gefragt? Etliche Unternehmen vertrauen auf Generalisten, um die Herausforderungen zu meistern. Doch um die entsprechenden High Potentials anzuziehen, müssen Banken und Sparkassen erst eine entsprechende Anziehungskraft entfalten, wie es die Pure Plays bereits tun. Denn auch große Unternehmen dürfen nicht mehr nur auf ihre klassischen Stärken vertrauen, sondern müssen sich stetig weiterentwickeln. Dabei könnte unter gewissen Voraussetzungen sicherlich auch eine Verzahnung mit Start-ups sinnvoll sein (Link, 2015; Bohl, 2016). Es ist aber auch das Enabling der Mitarbeiter durch die Mitwirkung in relevanten Verbänden oder die Teilnahme an Konferenzen und Messen denkbar, um dadurch einen gezielten Wissenstransfer zu bewirken.

Zunehmend beteiligen sich Traditionsbanken bereits in der Frühphase an Start-ups bzw. FinTechs, um von disruptiven Innovatoren zu lernen. In dieser Phase ist jedoch häufig noch nicht der „Proof of Concept" erfolgt, sodass noch gar nicht feststeht, ob die Geschäftsidee disruptives Potenzial hat. Zudem hat eine derartige Beteiligung nichts mit einer digitalen Transformation zu tun. Diese entspricht eher einem umfassenden Sanierungsprojekt. Dabei geht es um eine grundlegende innovative Veränderung bestehender Geschäftsmodelle, um Change Management, Restrukturierung, Prozessoptimierung, Know-how-Transfer etc. und damit um völlig andere und viel weitreichendere Themen als im Beteiligungsmanagement. Sicherlich können junge Gründer frischen Input geben, allerdings muss dafür die bestehende Organisation radikal geöffnet und erneuert werden, um die Impulse aus dem digitalen Portfolio im bisherigen Kern integrieren und umsetzen zu können. Hierfür fehlt nicht selten die Basis in Form einer digitalen Strategie, die aber entsprechend der allgemeingültigen Managementregel „Structure follows strategy" immer am Anfang stehen sollte. Sonst besteht Unsicherheit darüber, welche Schritte im Rahmen der Digitalisierung für das eigene Unternehmen einzuleiten sind. Hierfür liefert die Innovationstheorie wertvolle Hinweise, denn der Erkenntnisphase sollte eine zukunftsfähige Adoption folgen, bevor eine umfassende Institutionalisierung erfolgen kann.

Geht es schließlich um die Umsetzung der gewonnenen Erkenntnisse, kommt es wesentlich auf die passende Organisationsentwicklung an. Dafür müssen agile Strukturen geschaffen werden, um potenzielle Innovationen schnell genug prüfen, in Hinblick auf Skalierungsmöglichkeiten nutzen sowie abteilungsübergreifend verorten zu können. Dafür ist das Commitment der Geschäftsleitung enorm wichtig. Dies erfordert eine Kultur, die Innovation fördert und eine Sensibilität für digitale Trends schafft. Das schließt auch die Bereitschaft ein, das eigene Geschäftsmodell zu hinterfragen, bevor es ein Innovator tut (Bohl, 2016). Aussagen wie die von US-amerikanischen CEOs („Wer bei der Digitalisierung nicht mitzieht, fliegt") wären schon vor dem Hintergrund des deutschen Betriebsverfassungsgesetzes für eine deutsche Großbank undenkbar. Groß ist zudem die Angst vor Kulturveränderung: Traditionelle Bankkonzerne werden oft hierarchisch und konservativ geführt. Mit dieser langjährig praktizierten Unternehmenskultur fällt es ihnen allerdings immer schwerer, an hoch qualifizierte Absolventen heranzukommen, die sie vor allem für die digitale Transformation benötigen. High Potentials, die im Digitalbereich oder Bankumfeld Karriere machen möchten, bewerben sich lieber bei Online Pure Plays wie zum Beispiel N26. Hier finden sie eine Gründeratmosphäre vor, charakterisiert durch lockeren Umgang untereinander, Freiraum und Möglichkeiten, an Themen kreativ zu arbeiten. So etwas lockt junge Berufseinsteiger von der Uni an. Sie lernen sehr viel, um sich dann unter Umständen selbstständig zu machen, wie es in bankenfremden Branchen ehemalige Mitarbeiter von Zalando und Rocket taten (Heinemann, 2017). Ein echter Generationenwechsel würde in diesem Fall bedeuten, dass nicht die alten Entscheidungsträger mit einer „digitalen Allergie" in den Aufsichtsräten das Thema weiterhin ausbremsen.

Im Mittelpunkt aller Überlegungen zur Digital- und Onlinestrategie und der plattformökonomischen Innovation bestehender Geschäftsmodelle muss allerdings immer der Kunde stehen. Thema ist inzwischen längst nicht mehr, was technisch möglich ist, sondern vielmehr die Frage, was die Bedürfnisse der Kunden sind und über welche Kooperationsnetzwerke diese bedürfnisübergreifend erfüllt werden können. Oder die Frage, wie Unternehmen mithilfe der neuen technischen Mittel Mehrwerte für ihre Kunden schaffen können, welche für Alleinstellungsmerkmale im Markt sorgen (Bohl, 2016). Transparente, anbieterunabhängige Lösungsangebote mit Multibanking-Möglichkeiten und innovativen Services, welche Banking mit Alltagsthemen verknüpfen und bedürfniszentriert Lösungsangebote unterbreiten, sind in der Lage, diese Mehrwerte zu bieten. Glücklicherweise gibt es bereits schlagkräftige B2B2C-White-Lable-Lösungen für Plattformmodelle im Banking, die einen kooperativen Ansatz ermöglichen und zeitfressende Experimente sowie hohe Investitionssummen überflüssig machen.

Literatur

Austin, D. (2023). 2023 Internet Minute Infographic, by eDiscovery Today and LTMG!: eDiscovery Today vom 20. April. https://ediscoverytoday.com/2023/04/20/2023-internet-minute-infographic-by-ediscovery-today-and-ltmg-ediscovery-trends/. Zugegriffen am 25.03.2024.

Bohl, O. (2016). Digitale Transformation: Start-up-Qualitäten sind gefragt. In: Internet World Business vom 11. August 2016. https://www.internetworld.de/onlinemarketing/expert-insights/digitale-transformation-start-up-qualitaeten-gefragt-1115686.html. Zugegriffen am 14.08.2016.

Dialogplattform (2015). Handel im digitalen Zeitalter und seine Anforderungen. Dialogplattform Einzelhandel. Zusammenfassung des 1. Workshops der Reihe „Digitalisierung und technologische Herausforderungen" im Rahmen der Dialogplattform Einzelhandel am 28. Mai 2015 im Bundesministerium für Wirtschaft und Energie, Berlin.

FINMAS. (2020). Plattformökonomie im Banking. Studie der FINMAS GmbH, Berlin. https://www.finmas.de/plattformstudie/. Zugegriffen am 01.02.2025.

Heinemann, G. (2017). *Die Neuerfindung des stationären Einzelhandels: Kundenzentralität und ultimative Usability für Stadt und Handel der Zukunft*. Springer-Gabler.

Heinemann, G. (2024). *Der neue Online-Handel: Geschäftsmodelle, Geschäftssysteme und Benchmarks im E-Commerce* (15. Aufl.). Springer-Gabler.

Heinemann, G., & Kannen, K. (2020). Plattform werden oder Sterben. In FAZ/Wirtschaft, Der Betriebswirt, Nr. 34, vom 10. Februar 2020.

Kleine, J., Jolmes, M., & Peschke, T. (2018). Plattformökonomie im Finanzdienstleistungssektor: Ausprägungsarten, Ausgestaltungsoptionen und Konzeptentwicklung für Volksbanken und Raiffeisenbanken. Genossenschaftsverband Bayern. https://www.profil.bayern/11-2018/top-thema/viel-mehr-als-ein-vertriebskanal/. Zugegriffen am 01.02.2025.

Kolbrück, O. (2015). Gerrit Heinemann: „Manche Händler wollen wahrscheinlich sterben". Interview vom 19. November 2015. http://etailment.de/thema/player/Gerrit-Heinemann-digitale-transformation-3759. Zugegriffen am 20.11.2015.

Link, O. (2015). Wehrt Euch! Oder ist es dafür zu spät? Streitgespräch zwischen Jochen Krisch und Gerrit Heinemann. *brand eins*, 4/2015, S. 62–67. https://www.brandeins.de/magazine/brand-eins-wirtschaftsmagazin/2015/handel/wehrt-euch-oder-ist-es-dafuer-zu-spaet.

Rieken, J., & Schaffranski, M. (2019). *Trendstudie: Zehn kulturelle Forderungen der Generation Y.* Sparkassen Innovation Hub & Trendbüro Wippermann. https://www.blskblog.de/files/2019/04/2019-Trendstudie_S-HUB.pdf

Rotax, O., Marcone, A., & Felsmann, D. (2019). ExO – exponentielle Organisation als Beschleuniger der Transformation. In G. Heinemann, M. Gehrckens, T. Täuber, & Accenture (Hrsg.), *Handel mit Mehrwert: Digitalisierung von Märkten, Geschäftsmodellen und Geschäftssystemen* (S. 379–396). Springer-Gabler.

Kolibri 360 GmbH
Ferdinand-Jühlke-Straße 7
99095 Erfurt, Deutschland
produktsicherheit@kolibri360.de